Liberal
Democracy and
Free Market
Economy in
Korea

자유민주주의와 시장경제

Liberal Democracy and Free Market Economy in Korea

by Inchul Jeffrey Kim

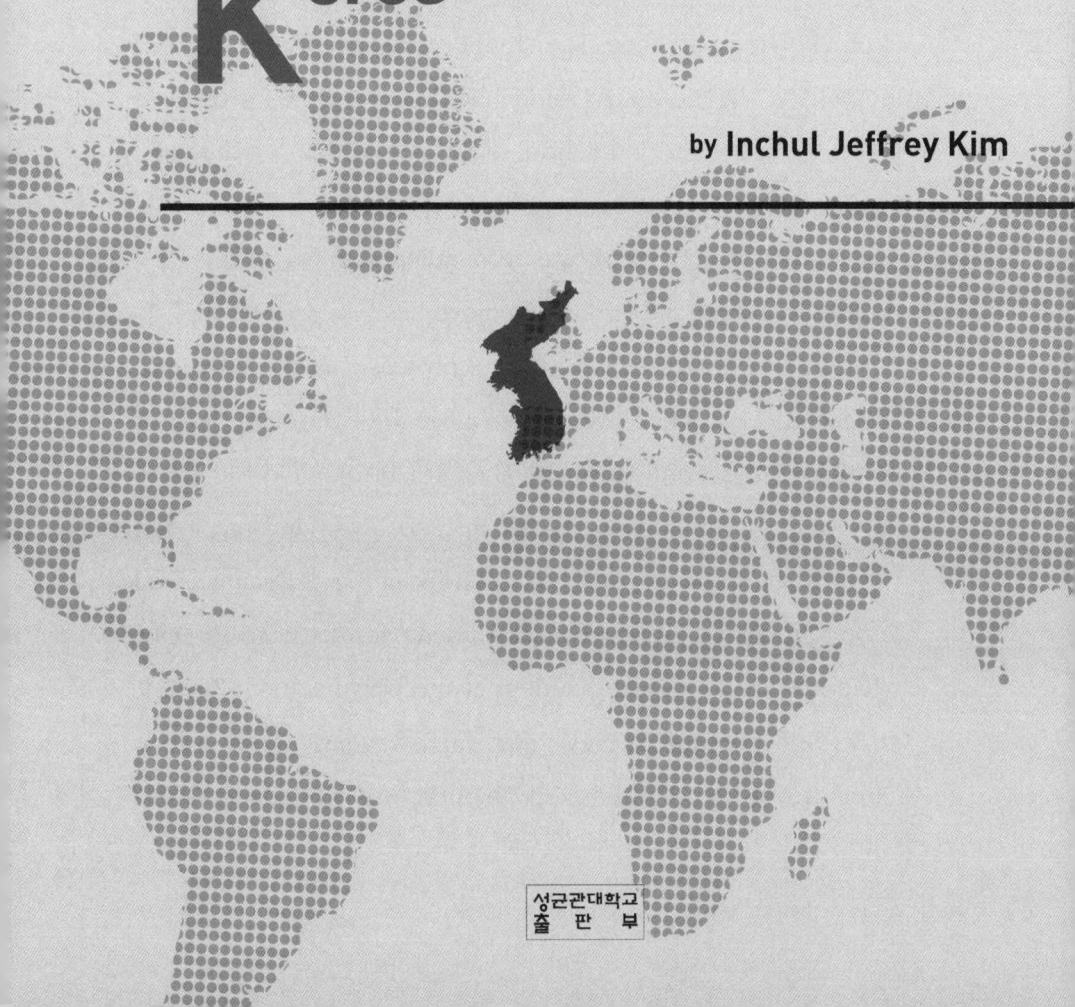

성균관대학교
출 판 부

This book compiles twelve lectures I gave on YouTube over the past two years and two articles I published in Korean newspapers following my visit to the Mont Pelerin Society(MPS) International Conference. The Mont Pelerin Society was founded in April 1947 by Professor Friedrich Hayek(1899 – 1992), a longtime professor at the London School of Economics(LSE). At the time, Professor Milton Friedman(1912 – 2006), a young professor at the University of Chicago, was a founding member of the MPS. Professors Hayek and Friedman enjoyed a close relationship.

Aaron Director(1901-2004), then a professor at the University of Chicago Law School, was a close friend of Hayek's. Director facilitated the publication of Hayek's book, "The Road to Serfdom," by the University of Chicago Press and facilitated Hayek's return to the University of Chicago as a Distinguished Research Fellow. Professor Milton Friedman met Rose Director while he was a graduate student at the University of Chicago, and they married in New York a few years later. Aaron Director, who is 11 years older than Professor Friedman, is his brother-in-law. Thus, Professor Friedman and Professor Hayek were very close from a young age.

Learning about this special relationship between Professor Hayek and Professor Friedman allowed me to understand that while the two professors may disagree on economic theory, they ultimately find a way to understand each other.

My middle name, "Jeffrey," is my pen name. My name became known internationally by writing a column for The Korea Times, an English-language newspaper in Korea, for approximately six years from 2014 to 2010.

I am currently a permanent member of the Mont Pelerin Society. The Korea Economic Daily, a leading newspaper in Korea, hosted the Mont Pelerin Society conference in Seoul from May 6-10, 2017, demonstrating to the world Korea's rapid economic development through its pursuit of a free, democratic, market economy.

This event required over four years of preparation. During this process, many foreigners called me "Jeffrey" rather than "Inchul." Given the many people in Korea named "Kim Inchul," this often leads to confusion, and I realize that adding "Jeffrey" serves a more convenient purpose both domestically and internationally.

| CONTENTS |

Part 1 | Strengthening the System of Liberal Democracy and Market Economy

The liberal democracy and market economy system represent the national identity of the Republic of Korea. To put it a little more simply, the political system of the Republic of Korea is liberal democracy, which is distinct from dictatorial communism, and this can be said to be a compound word of liberalism and democracy. Also, the market economy is not a planned economy led by the government, but an economic system led by the market.

Even in the liberal democracy system, there are advanced and developing country types. Likewise, even in the market economy system, there are advanced and developing country types. Therefore, even if the Republic of Korea is ranked in the top 10 in the world in terms of GDP, if we fail to solve the security issue, our liberal democracy and market economy could disappear overnight.

The tasks raised in Part 1 are as follows. First, let's find out why we need to strengthen the liberal democracy and market economy system and what tasks the Republic of Korea is currently facing. The politics and economy of the Republic of Korea are now risky and uncertain than ever before. The reason is that, above all, the world is currently experiencing a new Cold War. The United States and China are currently engaged in an economic war, including tariff policies, in order to seize hegemony, but military friction between the United States and China may also occur in the future.

Russia, a military powerhouse, invaded Ukraine by force on February 24, 2022, and three years have passed since then, but Ukraine has not fallen. The destruction of major buildings in both countries has already been enormous, and there have been numerous casualties, so it has become difficult for either side to easily back down emotionally. Russian President Putin has no intention of stopping the invasion of Ukraine right away. US President Trump is trying to mediate the Russia-Ukraine war, but Trump and Putin have different intentions, making it difficult to reach a ceasefire. Many countries around the world have sent weapons and medicine to Ukraine, but the war still continues. Korea is currently helping Ukraine on humanitarian grounds. The United States is building a defensive wall to prevent Russia from committing another act of aggression by combining the power of its military alliance with Japan, Canada, and Australia, including the European Union. In this situation, North Korea, which is gaining military power from Russia and China, continues to threaten South Korea with nuclear weapons from time to time, making the situation on the Korean Peninsula very unstable.

President Xi Jinping, who became the top leader of China in 2013, broke the promises made by past Chinese leaders and completely turned to a communist country. And now China is firmly on the side of communist Russia.

In 1997, China took back Hong Kong from Britain, which had been under British rule for 150 years, and in the future, China wants to occupy Taiwan into China. And China is subtly supporting North Korea's nuclear armament. In response, the U.S. is strengthening ties with NATO (North Atlantic Treaty Organization). According to the security agreement between the U.S. and Taiwan, the U.S. is protecting Taiwan.

In this situation, South Korea has no choice but to continue pursuing national security and economic growth at the same time. South Korea cannot take charge of its national security alone. Currently, no country on Earth can take charge of its own national security alone. It costs a tremendous amount of money, and self-defense is impossible.

In order to respond to the current threat from the three-way alliance of Russia, China, and North Korea, South Korea must have military and economic alliances with Japan and the United

States. Only then can South Korea maintain its liberal democracy and market economy system.

Part 2 is "The Meaning and Role of Liberal Democracy and Free Market Economy." Part 3 is "The History of the Evolution of Liberal Ideology and Key Figures of the Times." Part 4 is "Why is a Free-Market Economy Good?" Part 5 is "Key Figures of the Austrian School and Their Activities." Part 6 is about "Hayek's Life and the Founding of the Mont Pelerin Society." Part 7 is "Austrian School and Chicago School Under One Roof." Part 8 is "The Academic Contributions of Milton Friedman, the Chair of the Chicago School." Part 9 is "The 2017 Mont Pelerin Society (MPS) Seoul General Assembly." Part 10 is "The Challenge of 21st Century Financial Capitalism." Part 11 is "Strengthening Korea's Security and Economy in the Global Era of Survival of the Strong." And finally, Part 12 is "Korea's Choice: Liberal Democracy and Market Economy." Part 13 is "Why Did the UK Leave the EU (European Union)?"

Now, I would like to briefly explain the contents of each title. Part 2 of the lecture is about "The Meaning and Role of Liberal Democracy and Free Market Economy." The main contents of the lecture are as follows. The most important thing is that we clearly distinguish between the concepts of liberal democracy and free market economy and accurately understand the contents and scope of the terms.

Liberal democracy is a political term that is a compound word of liberalism and democracy. The liberalism that people usually talk about refers to 'individual freedom'. A liberal democratic country is different from a communist or despotic country. In such a country, the ruler seizes all power of the country and directly decides on major national issues. However, in a liberal democratic country, the people decide on major national issues through direct elections, and other issues are decided by politicians who have received the will of the people. In a free market economy, unlike in a communist country, the planned economy is not led by the government, but producers can freely sell in the market and consumers can freely buy the products they want in the market.

The main content of the third lecture is 'The history of the evolution of liberal ideology and major figures of the times'. We need to know the concept of ideology, but we will also find out who the major figures were active in that era. If we look into the family backgrounds and educational environments of the major figures, we can understand their ideology more easily and accurately.

Liberalism is a political ideology that recognizes the dignity of an individual's personality and guarantees the freedom of an individual's economic and social activities within the scope of not harming others. It can be said to be a social philosophical ideology that regards freedom as the highest political and social value. Liberalism can be said to be an ideology that seeks liberation from unfair domination or oppression by those in power. Liberals do not completely deny the role of the government. Liberals also recognize the need for a certain level of government control over public goods, laws, and welfare.

Historically, there have been many philosophers who have advocated liberalism, but among them, the most outstanding figures are, in order of birth year, John Locke (1632-1704) of England, Montesquieu (1689-1755) of France, Adam Smith (1723-1790) of Scotland, and John Stuart Mill (1806-1873) of England. Adam Smith and Stuart Mill were philosophers who argued for the importance of economic freedom as well as political ideology. By examining the family backgrounds and educational backgrounds of liberal thinkers, we can understand their theories and arguments more accurately.

The fourth lecture is "Why is a free-market economy good?" The great philosophers mentioned above theoretically and logically explain why a free-market economy is good, but Adam Smith and Ricardo also explain why it is good empirically. We will learn how useful a free-market system that includes not only domestic market transactions but also international trade transactions. In his 1776 "The Wealth of Nations," Adam Smith argued for the "theory of absolute advantage," which states that if any country manufactures and sells goods at the lowest price, all countries that trade with it will benefit.

In addition, 41 years later, David Ricardo attracted the world's attention by arguing for the "theory of comparative advantage," which states that if two countries specialize in goods in which they have a comparative advantage and exchange them with each other, they will gain greater profits.

Professor Milton Friedman of the University of Chicago, who won the Nobel Prize in Economics in 1976, retired from the University of Chicago at the age of 65 and, while working at the Hoover Institution of Stanford University in Southern California, explained the free market system to the general public in terms of practical policies rather than theories on TV debates.

He traveled to many countries with his wife and TV camera crews, not only in the United States but also around the world, trying to remind ordinary people why the free-market system is necessary and good. His wife, Rose Director Friedman, is also an economist, and they met and married while they were graduate students at the University of Chicago. After the trip, his wife meticulously organized the lecture content and made it into a book for people around the world to read. The book that was created was "*Free to Choose.*" It was a very satirical incident, but there is a record that many people from socialist countries, including Russia, bought the book.

The fifth lecture is about "Austrian School and Key Figures." When talking about 19th and 20th century economics, the Austrian School of Economics cannot be left out. Of course, the founder of modern economics cannot be left out, Adam Smith

(1723-1790), the author of "The Wealth of Nations" published in 1776 in the late 18th century. In Korean academic circles, Professors Ludwig von Mises (1881-1973) and Friedrich August Hayek (1899-1992) are relatively well-known when it comes to the Austrian School of Economics. Among the Austrian School of Economics, I cannot help but point out the senior scholars who had a great academic influence on both Professors Mises and Hayek.

Two scholars who contributed greatly to the development of modern economics are Carl Menger (1840-1921) and Eugen von Bohm-Bawerk (1851-1914). Professor Menger is especially revered as the founder of the marginal utility theory in microeconomics. Mises and Hayek, who were greatly influenced by them, are very critical of mainstream economics. They assert that the 'scientific prediction of economic phenomena' that mainstream economics boasts of is impossible. Since positivism in social science is not based on solid logical grounds, they believe that mainstream economists who seek statistical correlations between economic phenomena are all wrong.

However, Hayek, a professor of the Austrian School, somewhat sympathized with the Chicago School's positive economics research. And Professor Hayek, who was praised for broadening the horizons of modern economics, won the Nobel Prize in Economics in 1974.

My 6th lecture is about Hayek's founding of the Mont

Pelerin Society (MPS for short). In 1947, after the terrible end of World War II, Hayek and 39 other scholars founded the MPS, lamenting the fact that the world was still haunted by the specter of totalitarianism that suppressed freedom. They were economists, historians, and philosophers, and most of them were economists. This group consists of people who propose free market economic policies and advocate political values for an open society. Korea also prepared for four years and held the MPS Seoul General Assembly in May 2017.

My 7th lecture is about "Austrian School and Chicago School under One Roof." The Austrian School and Chicago School have the same roots. This is because Adam Smith, who pioneered the free market economy, is the founder of both schools. However, many people in Korea do not know this fact.

When Hayek (1899-1992) founded MPS in 1947, Milton Friedman (1912-2006), who was a first-year professor at the University of Chicago at the time, attended the MPS inaugural general meeting held in Mont Pelerin, a Swiss resort town, with his senior professor Frank Knight (1855-1972) as a founding member. There was a time when Professor Hayek and Professor Friedman were on opposite sides in analyzing the causes of the Great Depression of 1929-32, and their relationship was very bad.

However, soon, the old relationship was restored through mediation by many people. For example, Professor Friedman took over the MPS Society founded by Professor Hayek and served as the president of MPS from 1970-72 and did a lot of work. Professor Hayek received the Nobel Prize in Economics in 1974, and Professor Friedman received the Nobel Prize in Economics in 1976. Since then, the Austrian School and the Chicago School have been living together under the same roof.

The 8th lecture is about "The Contributions of Milton Friedman, the Leader of the Chicago School." I started my doctoral studies at the University of Chicago in the spring semester of 1976. Thinking back now, I think that was a great fortune for me.

That was because 1976 was Professor Friedman's last year as a professor at the University of Chicago. He was going to Stanford University's Hoover Institution as a researcher in early 1977, so he provided one-sided "educational services" to graduate students for the last time. It was an economics seminar course, and students mainly asked questions and Professor Friedman answered them.

I learned a lot without the burden of having to get good grades. Then, in October of that year, the world's media simultaneously announced that Professor Friedman had won the Nobel Prize in Economics. All the students and professors at the University of Chicago cheered, "Bravo!" I learned a lot about his economic thought and the background of economic theory.

The 9th lecture was "The 2017 Mont Pelerin Society (MPS)

Seoul General Assembly." It was held in Korea in May 2017, 70 years after the MPS Society was founded in April 1947. Japan had already hosted the MPS General Assembly twice, and Taiwan and Hong Kong had also hosted it. Taiwan, Hong Kong, and Korea, along with Singapore, were called the four major economies in Asia by leaping from one of the world's poorest countries to an advanced economy less than 10 years after introducing the market economy system in the early 1960s. However, Korea was able to host the MPS Seoul General Assembly for the first time after 70 years.

MPS has produced eight people including Professor Hayek, as well as Milton Friedman, George Stigler, James Buchanan, Ronald Coasner, Gary Becker, Maurice Mallet, and Vernon Smith. Therefore, MPS is recognized as a prominent academic society among free economists overseas. It holds a regular general meeting every two years, and in years when there is no general meeting, it holds regional meetings in major cities around the world.

It takes a lot of preparation to host the MPS general meeting. It takes four years of preparation to accommodate about 800 regular members and other invited celebrities. The MPS Seoul general meeting in May 2017 was a time of many political and economic difficulties in Korea. However, the event was successfully held thanks to the dedicated support of various related organizations and groups.

The 10th lecture is about "The Power of the Capitalist Market Economy in the Early 21st Century." Among the presentations at the MPS New Delhi General Assembly in September 2024, there was a claim that the importance of the capitalist market should be better known to the public.   Surprisingly, it was pointed out that college students, whether in developed or developing countries, do not properly understand the superiority of the free market economy. The author would like to explain to people with college-level knowledge why the free-market economy is necessary and good.

The 11th lecture is about "The Challenge of Financial Capitalism in the 21st Century." China, a socialist country, became the 143rd member of the World Trade Organization (WTO) in November 2001. Since then, the Chinese economy has grown at a terrifying rate until the outbreak of COVID-19 in January 2020. The world economy has also grown at a fast rate, although much slower than China. This is because many countries around the world have benefited from China's low-wage labor.

However, the US economy was in trouble due to the recession that followed the September 11, 2001 terrorist attacks. The excessive use of low-interest rate policies and housing support policies eventually led to the 2008 financial crisis. As the US government and the Federal Reserve overcame the serious financial crisis, the contradictions and absurdities of financial capitalism became known to the outside world, causing many people, especially young students and college students in their teens and twenties, to feel disappointed and angry and take to the streets, shouting "Occupy the Wall Street", which means "anti-capitalism." "Wall Street" in the US is also called "월가" in Korean.

It is the US financial market where the US stock exchange and large financial institutions are located, and it is also the core of the global financial market. In response to the opposition of young Americans to Wall Street, an easy explanation that supports the free market is needed.

The 12th lecture is "Strengthening Korea's Security and Economy in the Global Survival of the Fittest Era." Korea's security is very important in a world facing a new Cold War. We are in a situation where we must come up with countermeasures more than anything else. All citizens must unite and become one in protecting the country.

In a situation where we must worry about security before the economy, it is more important than ever to come up with specific countermeasures that we can take. If we prioritize the economy over security, there will be no security or economic growth. We have entered an era where we can have both security and an economy only if we prioritize security over the economy.

The 13th lecture is "Korea's Choice is Liberal Democracy-

Market Economy." We are now facing a complex crisis in politics, society, and the economy. The time for discussing vague liberal ideology and free market systems has passed. Now, we must come up with concrete and specific countermeasures. We have been claiming to foreigners that "our Republic of Korea has had a liberal democracy-free market economic system for the past 30 years," but it has only looked good on the outside and has not yet reached the liberal democracy-free market system of advanced countries. According to scholars from advanced countries, Korea is a capitalist economic country, but it has not yet been able to clearly escape from the crony capitalism system.

The 14th lecture is the last one and the title is "Why did Britain leave the European Union?" British citizens made economic calculations for a long time before leaving the EU. There were many British citizens who opposed leaving the EU, but after heated domestic debate, Britain ultimately decided to leave the EU. I would like to explain the process.

Part 2 | Freedom, Liberalism, Democracy, and Free Market

1. The Concept of Freedom and Liberty

Words such as economic freedom, liberalism, democracy, and free market economy are very important concepts, and even elementary school students learn them in school, so they know their basic meanings. However, it is not easy to understand the specific scope of civil liberty, what the idea of democracy refers to, and what the market economy means in the process that people feel and experience in real life.

First, let's find out what the concept of "jayu(自由)" means. In English, it is called "freedom" or "liberty." Since the concept of "freedom" originated in the West a long time ago, it is not easy for Asians to accurately understand the difference between "freedom" and "liberty."

〈Fukuzawa Yukichi(福澤諭吉, 1835~1901)〉

〈Yu Giljun(1856~1914)〉

The first person to introduce the concept of 'freedom' to our country was Yu Gil-jun (1856-1914), a diplomat and reformist intellectual from the late Joseon Dynasty. He was a rare scholar during the Korean Empire who studied abroad in the United States and Japan at an early age to introduce new cultures and wrote 'Seoyu Gyeonmunrok(西遊見聞錄)' after traveling around the West for future generations. He completed the writing while he was under house arrest due to political incidents. It is known that he was inspired to write 'Seoyu Gyeonmunrok' after reading 'Seoyangsajeong(西洋事情, Things Western)' by Yukichi Fukuzawa, a pioneer in Japan. The person who appears on the surface of the Japanese currency, the '10,000 yen' bill, is Yukichi Fukuzawa (1835-1901). Here, he interpreted 'Freedom' and 'Liberty', which were core values of Western modernity, as having the same meaning and translated them as 'Freedom', and it is said that Yu Gil-jun accepted his translation as it was.

What is 'freedom' that we know in this day and age? The Korean dictionary defines 'freedom' in three meanings. First, in its general sense, it refers to a state in which one can do as one pleases without being bound by external constraints or anything. Second, in its legal sense, it refers to an act of doing as one pleases without being bound by others within the scope of the law. And third, in its philosophical sense, it refers to recognizing the objective necessity of nature and society and utilizing it.

As mentioned above, Japanese Fukuzawa Yukichi and Yu Gil-jun were not able to accurately distinguish between 'Freedom' and 'Liberty' as non-English speaking Asians, but native English speakers clearly distinguish between 'Freedom' and 'Liberty'. 'Freedom' refers to freedom as a basic human right, and refers to a state in which one can freely pursue what one wants while acknowledging the freedom of others. In contrast, 'Liberty' refers to freedom from being forcibly oppressed by divine power, royal power, state power, or a privileged class.

2. The Concept of Liberalism

Now that we know the meaning of 'freedom' and 'liberty' to some extent, let's take a closer look at what 'Jayujooui(自由主義)' is. 'Jayujooui' is 'Liberalism' in English. According to the Korean dictionary, "Liberalism is a political ideology that recognizes the dignity of individuals and guarantees the freedom of individuals' economic and social activities within the scope of not harming others. It is a social philosophical ideology that regards freedom as the highest political and social value."

3. The Relationship between Liberalism and Democracy

Currently, there are 193 member countries in the UN. The Republic of Korea and the Democratic People's Republic of Korea became UN member countries on the same day, September 17, 1991. If any country wants to become a UN member country, it must first receive approval from the Security Council, the highest core body of the UN. When the UN was founded in 1945, there were 51 UN member countries, but now it can be said that all countries in the world have become UN member countries.

When comparing national identities, the political system and economic system of the country are important criteria. The media outlets of our country simply express Korea's national identity as "liberal democracy and market economy."

In relation to political systems, liberalism and democracy may seem to mean the same thing at first glance, but there is a clear difference. Liberalism aims to prioritize individual freedom and protection of rights. However, democracy prioritizes rule by the majority and the proposition that the people are the masters. During the era of modern European civil revolutions, liberalism and democracy were both cooperative relationships opposing monarchy. However, there are some differences in the values they emphasize. Liberalism is much closer to individualism, and democracy is closer to communitarianism and republicanism, so liberalism and democracy can be seen as having a somewhat tense relationship with each other.

Here, 'republicanism' emphasizes public interest and the well-being of the community in order to guarantee the interests and rights of all. Each individual may be different, such as nobles or commoners. However, from the standpoint of social groups or communities, it also applies to the political philosophy that the virtues of the people or citizens, which are all republican concepts, should be promoted.

Similar to Western Europe, in the past, in the process of pursuing freedom of thought and politics, liberalism fought against military dictatorship along with democracy. However, in modern times, when we have become a wealthy advanced country through a free trade economic system in the economic field, liberalism and democracy often clash with each other in terms of private property rights. In particular, ahead of presidential and general elections where the outcome is determined by the principle of majority rule, liberalism and democracy clash fiercely as both the ruling and opposition parties compete to use the government budget for favoritism policies.

However, this is not easy to resolve. Everyone will pursue liberalism for their own rights and ownership within their own domain, but when their freedom is restricted by the freedom of others, they insist on equality and duty. Even outside of the economic sphere, there are many cases where the pursuit of individual freedom and the pursuit of public interest conflict with each other. Let's assume that in order to resolve the concentration of population in the metropolitan area, large corporations and prestigious private universities in Seoul are forcibly relocated to the provinces. Of course, this is if the majority of the people want it. Forcibly relocating these companies and schools to the provinces for the sake of the value of balanced regional development falls within the realm of democracy. However, the right of private companies and private schools to remain in the Seoul area falls within the realm of liberalism.

4. Three Types of Liberal Thought

From about 400 years ago to the present, mankind has experienced or observed three major types of liberalism: classical liberalism, neoliberalism, and libertarianism.

They have made great efforts to obtain freedom from the power of the crown and religion, and have achieved many accomplishments, although they are not yet complete. In particular, leaders who contributed to obtaining individual freedom by opposing the power of the crown in the early stages were John Locke (1632-1704), Adam Smith (1723-1790), and John Stuart Mill (1806-1873) of England.

1) Classical Liberalism

First, let's briefly look at the era of classical liberalism. Classical liberalism is a political ideology that emerged mainly in Western Europe during the 300 years from the 17th century to the 19th century. This refers to the liberal ideology that pursues a state governed by law based on human rights and free economic rules bestowed by heaven. In the 19th century, as reformist liberal ideologies such as social liberalism emerged, it began to be called classical liberalism in order to distinguish it from the previous traditional liberalism.

Classical liberalism is an ideology that historically served as the basis for the civil revolution. In 17th century England, as commerce and industry developed, the power of the middle class engaged in commerce gradually grew stronger. The middle class tried to protect their private property and economic freedom against the king and high-ranking nobles who exploited them, and this led to a conflict with the royal authority, resulting in the Glorious Revolution (1688) and the establishment of parliamentary democracy. This political change in England led to the outbreak of the American War of Independence (1775-1783) and the French Revolution (1789-1799), and this led to the establishment of Western democratic systems.

2) Neoliberalism

Neoliberalism can be seen as one of the economic liberalisms that emerged in the latter half of the 20th century. Neoliberalism began to emerge in the early 1970s as globalization of capital intensified. Neoliberalism was born out of the desire to recognize the need for government-led social policies in response to the shortcomings of the laissez-faire liberalism of the 19th century, while at the same time maintaining the tradition of capitalist free enterprise and opposing socialism.

Neoliberalism is closer to classical liberalism and can be seen as pursuing conservative liberal values in social terms. While classical liberalism advocates the complete abolition of state intervention, neoliberalism uses a method of authoritatively establishing the order of market competition with a strong government behind it. In the 20th century, neoliberalism opposed the welfare policies of a strong government.

In the 1980s, the Thatcher government in the UK advocated neoliberalism and pursued a 'small but strong government' that ensured the maintenance of public order and market discipline by strengthening the power structure. In the case of South Korea, historians generally consider the origin of neoliberalism to be the latter half of the Kim Young-sam administration. President Kim Young-sam pursued a small but strong government, emphasis on the free market economy, deregulation, emphasis on free trade agreements, and flexibility in the labor market. In the case of countries that implement neoliberalism, they generally mix free market capitalism and state capitalism, but they are more focused on the free market economy.

3) Libertarianism

Libertarianism is an ideology that values individual freedom as the top priority and advocates maximum protection for it. Libertarianism is a stronger liberal ideology than classical liberalism. The word that comes at the opposite end of authoritarianism is not classical liberalism, but libertarianism. This is because while authoritarianism is an ideology that affirms the national authority and domination of a certain power or individual, libertarianism rejects authority and domination.

For reference, in Korean, libertarianism is translated as 'free willism', in Japanese as 'complete liberalism', and in Chinese as 'free-manism' or 'laissez-faire liberalism'.

However, regardless of how libertarianism is translated, there is a problem that readers must be careful about. Among those who advocate libertarianism, there are both left-wing libertarians and right-wing libertarians. When libertarianism first emerged, anti-authoritarian socialists or anti-government socialists all claimed that they were libertarians.

In the mid-20th century, the right-wing in the United States claimed, "We are definitely 'right-wing libertarians'," so there is some room for confusion, so we need to be careful.

5. Characteristics and Roles of a Free Market Economy

Now, let's think about a free market economy with no government intervention at all. Let's take a closer look at what the role of the market is and why the market is important. The core of a free market economy is that prices move freely in the market according to supply and demand.

Markets include the commodity market, residential housing market, financial market, capital market, and foreign exchange market. In any market, prices move freely according to the supply and demand situation, satisfying both demanders and suppliers. If demand exceeds supply, prices rise, thereby matching demand and supply. And if supply exceeds demand, prices fall, thereby matching demand and supply. For example, in the US dollar market, if demand for dollars exceeds supply, the dollar price rises, which in turn raises the exchange rate and simultaneously lowers the value of the won. In the rental housing market, if demand exceeds supply, the monthly rent price will certainly rise. If supply exceeds demand in the rental housing market, the monthly rent price will certainly fall.

If the government forcibly holds the rental housing market rent at a low level in order to help poor monthly renters, the supply in the market will decrease even more, putting monthly renters who are trying to secure rent in an even more difficult situation. That is why a free market economic system without government intervention is good.

Part 3 | The History of Liberal Thought and Key Figures of the Times

The theme of Part 3 is "The History of Liberal Thought and Key Figures of the Times." We can learn about when, and under what circumstances liberalism began, and who inherited it and how. The first figure is Thomas Hobbes.

1. The Democratic Social Contract Theory of Thomas Hobbes(1588-1679)

Hobbes was born in England. His father was a poor pastor, but Hobbes entered Magdalen Hall College, a Puritan school at Oxford University, at the age of 14 and received a bachelor's degree. Hobbes served as a tutor to the Cavendish family. He traveled around Europe from 1610 to 1615 with William Cavendish, whom he taught at home, and broadened his knowledge. He was fluent in Greek and Latin, and translated the

⟨Thomas Hobbes(1588~1679)⟩

famous book Thucydides' History of the Peloponnesian War in 1628. In short, Thucydides' History of the Peloponnesian War is a book that states that when a new power rises, war occurs in the process of existing powers restraining it.

Hobbes was the first modern political philosopher to write clearly and in detail about the social contract theory. According to him, individuals with selfish nature in the state of nature endlessly pursue their own interests and develop a 'war of all against all', which ultimately suppresses individual rights by the state. Therefore, he published the book 'Leviathan' in Latin in 1651, which states that the power of kings exists according to a social contract with citizens. Hobbes called the state Leviathan to emphasize that the state is an artificial product created by a 'social contract'. 'Leviathan' was the political belief of the English royalists at the time.

This book was dedicated to Charles II, who was in exile in Europe, but was rejected. Charles II and his advisors were not pleased with Hobbes's argument that defended absolute monarchy based on the concept of social contract. The reason was that if the king obtained power through a contract made by the citizens for their own preservation, the king's power was formed from below. Hobbes argued that the king should have concentrated power in order to be independent from the power of the church, but the king could not accept the argument that power naturally came from the citizens. So in the end, the English royalists adopted the divine right of kings theory, which states that the king's power is granted by God, instead of Hobbes' logic.

2. John Locke's Social Contract Theory

John Locke (1632-1704) of England was born in Wrington, Somerset, a little away from Bristol, a port city in southwestern England. Locke grew up in a relatively wealthy family because his father was a lawyer. He spent most of his childhood in Pensford. When he was 15, he studied Latin, Greek, Hebrew, and Arabic at Westminster School.

At the age of 20, Locke entered Oxford Christ Church College on a scholarship. At Oxford, he studied classical languages, metaphysics, and logic. In 1656, at the age of 24, he received a bachelor's degree, and in 1658, he received a master's degree and became a professor at his alma mater. After that, he studied medicine at Oxford University and became a doctor.

〈John Locke(1632~1704)〉

In 1666, at the age of 34, Locke met the Earl of Ashley. Earl Ashley went to Oxford University Hospital to receive treatment for his chronic liver disease, and there he met the young and capable doctor Locke. Ashley asked Locke to become his medical attendant. Locke accepted his request and began working as a full-time doctor at Ashley's London mansion the following year in 1667. There, when his liver disease recurred, he sought the advice of several fellow specialists and removed his gallbladder to treat it. As a result, Earl Ashley, who was dying, came back to life. Earl Ashley, who founded the Whig Party in England in 1672, was called the Earl of Shaftesbury at the same time. Locke began his political activities in London while sharing life and death with the Earl of Shaftesbury.

At that time, the Tory Party, the royalist party, and the Whig Party, the parliamentary party, were in a confrontational structure. However, Shaftesbury of the Whig Party was arrested for treason and released by the parliamentary court, so he went into exile in Amsterdam, Netherlands in 1682. Locke followed him to the Netherlands in 1683 and lived in exile for about five years. In this way, John Locke had a harsh experience as a scholar, doctor, and politician.

When the Glorious Revolution succeeded in 1688, Locke was able to return to England. While in exile in the Netherlands, Locke wrote three books: Essay Concerning Human Understanding, the Two Treatises of Government, and A Letter Concerning Toleration all appearing in quick succession. Of these, his second book, Treatise of Government, contains much about liberty. If we compare the 'state of nature' of Thomas Hobbes, which we discussed earlier, with the state of nature of John Locke, which we just pointed out, the two were born and educated in the same place, England, but their claims are slightly different. This is because the two were active in slightly different times and their experiences were also different. Hobbes was born in 1588 and Locke was born in 1632, 44 years apart. In addition, Hobbes was a pure scholar, while Locke had harsh life experiences as a scholar, doctor, and politician. Before discussing the idea of liberalism, the two explained the conditions and circumstances of the state of nature differently. Thomas Hobbes predicted that in the state of nature, 'there would be a war of all against all.' The 'state of nature' he spoke of was 'the state of nature before political power existed.'

Hobbes was generally negative about humans. However,

unlike Thomas Hobbes, John Locke assumed that in the state of nature, only political power was absent, and that humans were beings who could think of each other using reason. However, John Locke realized the reality that people are not always rational and not always altruistic after experiencing political life. He argued that in a state of nature without law and order, even individuals should be able to protect their lives and property. He argued that in a state of nature without political power, people whose rights have been violated should have the right to punish those who have caused harm. Likewise, he argued that when there is no higher legislative body between nations, then it is a state of nature and all nations should be able to claim the right to punish the nations that invade.

3. Adam Smith's Market Economy Thoughts

Adam Smith (1723-1790) was a world-renowned scholar who laid the foundation of modern economics as a philosopher at the time. Adam Smith is revered as the father of economics in modern times due to his market economy thoughts and economic theories. Modern economics was launched with the book "An Inquiry into the Nature and Causes of the Wealth of Nations" written in 1776, and Adam Smith laid the foundation for the classical free market economy. He created the concept of division of labor in The Wealth of Nations and argued that

⟨Adam Smith(1723~1790)⟩

rational self-interest and fair market competition lead to economic prosperity.

However, before writing The Wealth of Nations, he wanted to find out what human moral sentiments were, even if it took a long time. So he first published The Theory of Moral Sentiments in 1759. Then, 17 years later, in 1776, he published The Wealth of Nations.

Writing The Theory of Moral Sentiments was by no means easy. Adam Smith, who was a political economist at the time, was born in Scotland, UK, in 1723. He entered the University of Glasgow in Scotland at the age of 14 to study moral philosophy, and in 1740, he studied at Oxford University as a scholarship student. From 1748, he gave public lectures at the University of Edinburgh, where he met scholar David Hume and became close friends. In 1751, at the age of 28, he became a professor at the University of Glasgow and taught four subjects: natural theology, ethics, law, and political economy for 13 years. While he was a professor, he organized his lectures and published a book titled "Theory of Moral Sentiments" in 1759, which dealt with moral philosophy. He said that "sympathy" between individuals in social life was the basis of moral sentiments. The theory of moral sentiments he dealt with was moral philosophy in 18th century England, and moral philosophy was used in a sense that was symmetrical to natural philosophy.

There were many people who influenced Smith to write Theory of Moral Sentiments, but the one who influenced him the most was Isaac Newton (1643-1727) of England. David Hume (1711-1776), a Scottish friend and senior, was also greatly influenced by Isaac Newton. Isaac Newton, born in England 80 years before Adam Smith, received his master's degree from Trinity College, Cambridge, and lived his life as a mathematician, physicist, astronomer, and natural philosopher. In the latter half of the 17th century, at the age of 44 in 1687, he published a book written in Latin called [Mathematical Principles of Natural Philosophy], which changed world civilization.

Before this, Italian astronomer Galileo Galilei (1564-1642) created his own telescope, observed celestial bodies, and discovered the law of inertia. In August 1675, England established the Greenwich Observatory and developed astronomy, thereby developing navigation techniques that could accurately determine the location of ships. With the development of astronomy, England was able to expand trade and easily occupy colonies.

Isaac Newton mathematically proved Galileo's law of inertia and named it Newton's first law of motion. He then proved the law of acceleration and called it Newton's second law of motion. He observed the law of action and reaction and mathematically proved it, calling it Newton's third law of motion. In this way, Newton developed astronomy through continuous and thorough observation.

Adam Smith, who was from Scotland, could not become an astronomy expert like Newton. However, he wanted to become a great educator of human thought and morality. Newton discovered the three laws of motion by observing celestial bodies for a long time. Adam Smith discovered the three principles of behavior by observing human behavior.

Historically, there were many wars between the Kingdom of England and the Kingdom of Scotland from the early 14th century to the mid-16th century. However, Scotland easily united the two kingdoms as one country when it accepted Martin Luther's religious reform in 1517. Without internal conflict between the two kingdoms, England and Scotland were united as Great Britain on January 16, 1707 by uniting the two parliaments. The two countries maintained separate laws and religions, but their currency, taxation, sovereignty, parliament, trade, and flag were all united. At that time, England's population was 84% of the UK's, while Scotland's population was only 8.4% of the UK's.

The vision of the religious reform that led to Scotland's conversion to Protestantism in 1519 included equal educational opportunities for men and women from all classes of society. Through education, the ideas of the Enlightenment, which influenced society, art, culture, medicine, economics, and law, spread rapidly throughout Scotland. However, on the other hand, there was still a sense of competition with the traditional British culture and natural science.

Since natural philosophy was a discipline that explored the principles of nature, moral philosophy was a discipline that explored the principles of human society, Adam Smith believed that the methods of studying nature and humans were similar. Just as Newton discovered the laws of nature and the universe through observation, Adam Smith believed that the principles of human nature could be discovered through careful observation.

In 1751, Adam Smith became a full-time professor at his alma mater, the University of Glasgow. Based on his lecture notes, he published The Theory of Moral Sentiments in 1759. In this book, he concluded that sympathy was the driving force that created a compassionate and prosperous society. As Adam Smith gained fame in Europe for his book Theory of Moral Sentiments, students even came to his lectures with generous tuition. In 1763, he resigned from his university professorship after receiving an exceptional salary and pension from his friend David Hume and became a private tutor to Henry Scott, the eldest son of the Duke of Townsend in England. He then went on a trip to Europe, including France.

During this trip, Adam Smith met world-renowned figures such as Voltaire (1694-1778), a representative French philosopher of the Enlightenment, and François Quesnay, the founder of the Physiocratic school, and learned about his laissez-faire ideology. He also met Benjamin Franklin (1706-1790), an American diplomat who was dispatched to France at the time.

After returning from his trip to Europe, he devoted himself to writing and wrote "The Wealth of Nations," which was published in February 1776. In The Wealth of Nations, Adam Smith argued that rational "self-interest" is the driving force behind a prosperous society. When he was appointed as a professor at the University of Glasgow in 1751, he was a Protestant, at least in name. However, he did not give specific religious meaning to the invisible hand that appears in the middle of his Wealth of Nations. Smith argued that even in a state of free competition where a just state does not interfere with the economic activities of private citizens, order is maintained and society develops by the "invisible hand."

Just as Isaac Newton discovered the three laws of motion, Adam Smith later explained the three principles of behavior that operate in the free market. In a small town, people living together know each other well, so if they sympathize or care for each other, the town can develop, but in the capitalist industrial era, when people gathered in huge markets in London or Paris, (1) the maintenance of order by a fair government (Justice),

(2) the competitive pursuit of self-interest by producers and consumers (Self-interest), and (3) sympathy or care for others, these three actions would make the entire society prosper.

4. John Stuart Mill(1806-1873)

〈John Stuart Mill(1806~1873)〉

John Stuart Mill was a British-born philosopher, sociologist, and political economist who wrote extensively on logic, ethics, politics, and social criticism. Based on empiricist epistemology, utilitarian ethics, and liberal political economics, he actively participated in real politics and served as a member of the House of Commons. Among the many philosophers of his time, he was a sophisticated, delicate, and expressive writer. His representative work is "On Liberty" [original English title "On Liberty"]. This book was published in 1859, but surprisingly, he wrote it together with his wife, 'Harriet Taylor'.

This book is evaluated as one of the great classics representing liberalism. Unlike other scholars, he explained his liberal ideas by distinguishing between speech and writing.

Furthermore, he specifically set the limits of freedom in 'speech', 'writing', and 'action'. He said that 'speech' should be able to be freely said in any way. This was because 'writing' can harm others because it is recorded once it is published. He argued that 'action' should be guaranteed as long as private actions do not harm others.

The 'freedom of expression' and 'freedom of private life' that he emphasized had a great influence on the establishment of the Constitution of the United States, including in the West, and indirectly had a great influence on the establishment of the Constitution of the Republic of Korea in the early days.

Part 4 | Why is a Liberal Democratic Market Economy?

1. Choosing a liberal market economy in Korea

Currently, international politics is unstable, and the global economic situation is very unstable and uncertain. Political and economic relations between the United States and China are getting worse. After Russia unilaterally invaded Ukraine in February 2022, the war continued to expand, and as of May 2025, the war between Russia and Ukraine has somewhat weakened. The United States is currently acting as a mediator and seeking a ceasefire or armistice.

Everyone wants to live long and healthy. They want to make some money and have some honor while they live. Greedy people want to become kings or high-ranking officials and live with their people as servants. In today's era, some people want to become the heads of large conglomerates and live with numerous employees.

However, while a very small number of people can do that, ordinary people cannot live that way. And since their innate talents and values are different, they do not want to live that way. Most ordinary people think that they can live a decent life if they don't borrow money from others throughout their lives. I believe that a free-market economy can solve this problem.

People go through three stages during their lifetime. Nowadays, medical technology has greatly developed and people's health has improved, so the average life expectancy of Koreans is now around 80 years. The first stage is the stage where children are born and receive education and technical training for about 30 years. The second stage is the stage where the young and middle-aged generation works for about 30 years. This is the generation that escapes the financial protection of their parents, gets a job, gets married, starts a new family, and acts as the head of the household. During this period, they save a certain amount of money for their old age and deposit it in a financial institution until they retire. The third stage is the stage where they retire from work and spend their remaining years peacefully for themselves, using the money they have saved until the end of their lives to pursue hobbies and travel. There are many people around me who want to spend their remaining old age independently without the help of their children if possible.

For these people, a liberal democracy and free market system is absolutely necessary. In a liberal democracy, all citizens can freely plan long-term goals for their own and their families' futures. Young couples plan how many children they will have and to what extent they will support their children's education. Free people can freely use the product market, long-term and short-term financial markets, and capital markets to achieve their goals. That is why a "liberal democracy and market economy" is necessary and its value is highly regarded.

2. Adam Smith's liberal market economy

A liberal market economy is not achieved just because people decide in their hearts. In Europe, after a long period of resistance to the monarchy, they achieved a free market economy through many hardships and trials. In Korea, after the end of World War II in August 1945, they escaped the shackles of Japanese colonialism and became a liberal nation. And South Korea chose the Western-style free market economic system, and 77 years later, in 2023, South Korea has become an economic powerhouse with an economy ranked in the top 10 in the world.

However, although South Korea has become a leading advanced country in terms of economic scale, it also has many problems. There are problems such as the gap between the rich and the poor, pollution, and low birth rates, but these problems are the same in other advanced countries. However, as the world enters a new Cold War era, many people in South Korea are becoming skeptical about the free market economy. At this point, we need to reexamine "Why is the free-market economy good?" The conclusion is that historically, theoretically, and empirically, there is no better alternative to the free market economy for South Korea.

First of all, the idea that the free-market economy is good was first argued by Adam Smith (1723. 6. 5 – 1790. 1. 14), a Scottish political economist. He was born in early June 1723, so many countries around the world celebrated the 300th anniversary of his birth.

In The Wealth of Nations, published in March 1776, Adam Smith explained the merits of a free-market economy and made it known to the world for the first time that free trade accumulates national wealth. At that time, the concept of economics as it is today had not been properly formed. At that time, theology, political science, philosophy, ethics, logic, and law were included in the liberal arts departments of universities. That is why Adam Smith is called the "father of modern economics."

Adam Smith argued that since each country had different natural resources, population, and climate, if each country produced goods at the lowest cost according to the effect of the international division of labor and traded them, all countries would benefit. There is an expression like this in part of his book The Wealth of Nations. Translated, "Everyone has complete freedom to pursue his own interests in his own way, as long as he does not violate the laws of justice, and he can compete with others with his own enterprises and capital." The three important words here are justice, freedom, and competition. He even argued that these three elements can naturally combine with the three people: labor, landlord, and capitalist. It is said that Marxists often praised Adam Smith's claims.

The first American economist to receive the Nobel Prize in Economics in 1970 was Professor Paul Samuelson of MIT at the time. Unlike the fields of science, medicine, and literature, the Nobel Prize in Economics began late, in 1969. In 1962, Professor Samuelson praised Adam Smith as the most authoritative scholar among economists.

The second American economist to receive the Nobel Prize in Economics in 1976 was Professor Milton Friedman of the University of Chicago at the time. Professor Friedman Adam Smith's achievements were explained more specifically and more easily. In his 1980 book, Free to Choose, he highly praised Adam Smith's insight into the free-market economy 300 years ago, using an example of the role of market prices.

Professor Friedman's explanation is as follows: The insight that is the key to Adam Smith's Theory of the Wealth of Nations is so simple that it can be misunderstood. If exchange is voluntary, it can only happen if both parties benefit. In this simple example between two people, Smith's insight is self-evident. However, it is difficult to infer how so many people can cooperate to increase their own interests without having to like each other. However, the price system is what does this without centralized command, without mutual conversation, and without having to like each other.

When an individual buys a pencil or buys food or vegetables for daily consumption, he or she does not know whether it was made by a white person, raised by a black person, or by a Chinese person or an Indian person. And he or she does not need to know. Adam Smith's brilliant genius was to realize that prices are the result of voluntary exchange between buyers and sellers, that is, that the prices of the free market enable millions of people to cooperate in a way that benefits everyone while each pursuing his own interests. The idea that an economy can be ordered as a result of actions that pursue only their own interests without prior intention was a surprising one at the time.

At this point, there is something we must note about the function of markets. In a market, prices do not move up and down on their own like a machine. In a market, consumer demand and producer supply respond to changes in market prices. Market prices serve to convey information.

For example, suppose the number of students increased significantly due to the baby boom. Then, retail stores will sell more pencils, and then wholesalers will order more pencils. In turn, wholesalers will order more from factories, and pencil manufacturers will order more raw materials such as wood, brass, and graphite to make pencils. At this time, in order to induce producers to supply more of these products, they have no choice but to offer a higher price than before. In this way, the increased demand for pencils raises the market price of pencils.

Although the prediction was a bit long, when engaging in social activities, people generally try to be liked by others and behave politely. For example, after meeting a friend for the first time in a long time and having a meal, they may rush to the counter to pay for the meal first because of their consideration, recognition, and favor for the other person. In addition, people who engage in religious activities try hard to do good deeds to leave a good impression on others, even if it costs a little.

Before Adam Smith wrote The Wealth of Nations in 1776, he already published The Theory of Moral Sentiments in 1759. Through long-term observation, he conducted research to determine what kind of beings humans are. As a result of his research, Adam Smith concluded that humans have sympathy in their hearts for others and to care for others as if they were themselves.

However, even people like the above change when engaging in economic activities. For example, when consumers go to the market, they want to buy good products at the lowest possible price. Likewise, sellers want to sell products at the highest possible price. This is the rational selfishness of humans that Adam Smith talks about in The Wealth of Nations. If people do not have the rational self-interest that Smith refers to in economic activities, the market economy will collapse. In fact, the rational selfishness that Adam Smith refers to may be possessed by almost everyone. However, it is also true that there are many people in this world who have very vicious selfishness.

3. South Korea's Democratic Market Economy

The identity of South Korea is politically a liberal democratic system and economically a market economic capitalist system. North Korea's official name is the People's 'Democratic Republic,' but North Koreans, except for party members, do not have political or economic freedom. North Korea continues to develop nuclear weapons and threatens the world. Ultimately, isn't North Korea's ultimate goal to erase South Korea from the map of the Korean Peninsula? That's why the "liberal democracy" that we are pursuing has a significant meaning. However, even in a free democratic country, if the free-market system is not established, the economy will decline and South Korea will easily disappear. In order to maintain the free market system, we must form a so-called value alliance with free democratic countries. Now, Korea, the US, and Japan are allies, and Korea is forming value alliances with many liberal countries, so Korea's free market economic system is expected to gradually strengthen.

Let's take a closer look at why Korea's free market economic system is good. First, our economic scale will exceed $1.73 trillion in 2022 GDP, making us the world's 10th richest country. With a population of over 51 million, Korea's aid to the poorest countries is increasing every year. And the free market is expanding every year, and market patterns are rapidly increasing the level of service that is more customer-centered.

When we think of a market, we usually think of specific places such as crowded agricultural and marine products markets and large marts. Now, a market does not only refer to a specific place. Today, commerce utilizing information, communication, and technology is expanding. Even if it is not a specific place, if a buyer and a seller meet and a transaction takes place, it can be called a market. For example, commerce such as online shopping malls where you can buy things using a computer or mobile phone is also considered a market.

These days, market forms that even advanced countries cannot imitate continue to emerge in Korea. When you see a product photo on a subway station billboard and scan the barcode or QR code attached to the product with your smartphone, the product information is entered. If you purchase it online, the product is delivered to your home from a nearby store. This has created a new market form in modern society called 'consumer participation' and 'new media use.' In addition, a new market form has been created that embodies the 'customer-centered idea' that the seller goes directly to the customer instead of waiting for the customer to come to the store. In response, the media around the world are introducing the 'virtual store' as a "new type of market that has emerged in South Korea." Foreign correspondents are reporting to their home countries that this virtual store has ushered in the era of '3A shopping' where you can receive products anytime, anywhere, and at any place you want. If the Korean government had not allowed free 'virtual stores' or allowed subway advertisement sales, advanced 'virtual malls' like the ones we have today would not have existed.

However, Korea's financial and capital markets are still in the underdeveloped stage. This is not solely the government's fault. The reason is that the financial and capital markets are fundamentally different from the product market. First, and above all, the Korean currency is not an internationally accepted currency. If it had high international exchangeability like the US dollar, the financial and capital markets would be able to remain stable. Second, because the relationship between North and South Korea is always unstable, foreigners are reluctant to make long-term capital investments in Korea. Third, because the exchange rate fluctuates greatly, they are reluctant to make financial investments in Korea.

Even amid the North-South confrontation, the government's short-term and long-term policies should be more flexible and rational in order to further develop Korea's free democratic market economy. In this regard, we need to benchmark Singapore, a city-state with a population of 6 million, which is much smaller than ours but is doing a good job with interest rate, currency, and exchange rate policies for the development of the financial/capital market.

The size of the Korean economy is already ranked in the top 10 in the world in terms of GDP, and a country that used to receive foreign aid has become an economically advanced country that provides large-scale aid to poor countries overseas. Now is the time to leap forward as an advanced country in culture as well as economy. The best thing our country can do now is for our people to become people with high foreign language skills, especially English skills. If that happens, exchanges and commercial transactions between countries will expand, the economy will expand, and employment will increase. (End)

Part 5 | Key Figures of the Austrian School

1. Background of the Austrian School

There are many schools of economics around the world. There are classical school, neoclassical school, Austrian school, Chicago school, Keynesian school, etc. The reason there are many schools of economics is because each school has different economic ideology or approaches to solving economic problems. Therefore, later generations gave names to schools based on their characteristics.

Generally, the name of the country to which the scholar belongs or the name of the university to which he or she belongs is added to the school. For example, Adam Smith (1723-1790), a philosopher and economist, is the founder of economics and belongs to the classical school. In the process of expanding the scope of economics, the Austrian School was the first school to be created historically after Adam Smith. And the Austrian School still exists today.

There are four key figures in the Austrian School. Carl Menger (1840-1921), Eugen Ritter von Böhm-Bawerk (1851-1914), Ludwig von Mises (1881-1973), and Friedrich Auguste von Hayek (1899-1992). Historically, the Austrian School inherited Adam Smith's liberal market economic ideology.

To understand the Austrian School well, we need to know a little about Austria's history. As of 2020, Austria is a small country with a population of just over 8.9 million. However, its GDP per capita is $56,800, which is much higher than Korea's $35,000, making it a wealthy country.

However, it was once the fourth largest country in Europe. Before the end of World War I in 1918, Austria reigned as the fourth great power in Europe for over 50 years as the Austro-Hungarian Monarchy from 1867 to 1918. The capital, Vienna, was a city of music and culture recognized and loved by the world. However, after World War I, the Austro-Hungarian Kingdom was torn apart. At that time, the minorities that broke away were Hungary, Poland, Czechoslovakia, Yugoslavia, Croatia, and Bosnia, and each created their own country.

2. Carl Menger(1840-1921)

The founder of the Austrian School is Carl Menger. He was

《Carl Menger(1840~1921)》

born in 1840, and his father was a lawyer. Menger studied law and political science at the University of Vienna from 1859 to 1860, and received his doctorate at the young age of 27 from the University of Krakow in 1867. Also, 1867 was the year that the Austro-Hungarian monarchy began, ruled by the powerful and charismatic Emperor Franz Joseph I for nearly 50 years until 1916. Nine years later, in 1876, Dr. Menger became known as a famous figure in Europe early on when he became the tutor of the 18-year-old Archduke Rudolf at the order of Emperor Joseph. This was similar to Adam Smith's tutorship of the British aristocrat Duke Henry Scott in 1764 and his two-year trip to Europe. Dr. Menger gave Rudolf a 100-year-old copy of Adam Smith's The Wealth of Nations (published in 1776) and had him study it.

As a leading neoclassical scholar, Menger's outstanding academic achievement was that he first introduced the marginal utility theory in economics to the world. He solved a problem that Adam Smith, the founder of the classical school, had been struggling with, and the content was as follows. Clean water is very precious to humans but is cheap, and diamonds are not related to life support at all but have a very high market price, which is the contradictory relationship between beverages and diamonds. So, in his book, The Wealth of Nations, he recognized that use value and exchange value are different and separated utility and price.

Menger created the concept of marginal utility and explained that marginal utility determines exchange value, that is, market price, thereby resolving the beverage-diamond contradiction that Adam Smith could not solve. Humans have the characteristic of first doing or placing value on things that satisfy their most urgent needs. The marginal utility of a good is the amount of value that changes when the use of that good is increased or decreased, and the additional utility felt from this change is called marginal utility. Therefore, the market price is believed to depend on the subjective marginal utility of the consumer. That is why the Austrian school that Menger led at that time is still called the "marginal utility school." By today's standards, Carl Menger was a microeconomist of the Austrian School.

3. Eugen von Böhm-Bawerk(1851-1914)

Böhm-Bawerk, a neoclassical Austrian, was born in 1851 and received his doctorate in law from the University of Vienna in 1875. The most important period of his academic life was when

⟨Eugen Ritter von Böhm-Bawerk(1851~1914)⟩

he was a professor at the University of Innsbruck from 1881 to 1889. He wrote two of the three volumes of Capital and Interest at that time. He served as the Minister of Finance in the Austrian government for 14 years from 1890 to 1904, after which he returned to academia as a professor emeritus at the University of Vienna and continued his writing activities until his death in 1914. At that time, Professor Böhm-Bawerk was a liberal thinker who focused on research on workers, investors, capitalists, and interest rates, so by today's standards, he can be considered a neo-classical finance expert or neo-classical macroeconomist.

In particular, Böhm-Bawerk was the first person to thoroughly refute the wrong ideas of Karl Marx (1818-1883) theoretically. In his 1884 book, History and Critique of Interest Theories, Böhm-Bawerk comprehensively criticized the traditional error in the history of economic thought that interest rates were artificial components.

Böhm-Bawerk strongly criticized Marx's claim that "capitalists and landlords exploit surplus value" as illogical and incorrect.

If the products in Europe before the industrial era were mainly agricultural products, it can be said that there was a certain degree of labor exploitation by powerful capitalists. However, in the era after the Industrial Revolution, when technological development, mass production by machines, and design and packaging were emphasized, the proportion of labor in the value of goods could not help but decrease.

It is certain that the exploitation of capitalists that Marx argued at that time was logically very weak. Böhm-Bawerk argued two logics in response to Marx's incorrect argument. One is the 'logic of compensation for waiting' and the other is the 'logic of risk-taking'. His logic of compensation is as follows. Böhm-Bawerk argued that since people prefer current consumption to future consumption, it is a natural compensation for giving up current consumption and lending capital to others.

His logic of risk-taking is very simple and clear. Entrepreneurs and investors who provide capital always take on risk. However, workers do not have to bear the burden of uncertain future risk. They receive a regular, fixed salary regardless of the sales of their products. For example, if a business fails and closes, workers can go to another company and get a job. Finally, at that time, the Austrian School people, like Adam Smith, thoroughly believed that savings and investment were essential elements to maintain long-term and continuous economic growth.

4. Ludwig von Mises(1881-1973)

〈Ludwig von Mises(1881~1973)〉

Ludwig von Mises of the Austrian School was born in September 1881 to a Jewish family. He was an economist who had a great influence on economics students around the world, including Austria, during his 92-year life until October 1973. Mises graduated from the University of Vienna and received his doctorate from the same university in 1906. He wrote the book The Theory of Money and Credit in 1912. He wrote The Theory of Money and Credit in 1912. In this book, Mises received praise from readers for connecting the micro-part of finance to the macro-part of finance. He accepted Adam Smith's liberal market economics ideology early on. Mises believed in liberalism until his death and taught its importance to his students.

Mises was greatly influenced by his senior scholars in the Austrian School. He learned today's microeconomics, including the theory of marginal utility, from Professor Carl Menger (1840-1921). He also learned today's financial and macroeconomics from Professor Eugen Böhm-Bawerk

(1851-1914), who served as Austria's finance minister for a long time. Mises observed with certainty that the macroeconomy stabilized when Böhm-Bawerk returned to the gold standard while he was finance minister. Professor Böhm-Bawerk was 30 years older than Mises and was like his father. Menger and Böhm-Bawerk were both active when the Austro-Hungarian Empire was under the Habsburg rule from 1867 to 1918, so they worked hard and received great respect. However, Mises did not have such luck.

In 1914, when Mises was in his early 30s, after receiving his doctorate in economics from the University of Vienna, and was ready to take on important national affairs, World War I broke out, and Mises was sent to the front lines as an Austrian artillery officer during the four-year war. In some ways, he was born at the wrong time. When World War I ended in 1918, the Austro-Hungarian Empire collapsed and split into small countries such as the Czech Republic, Slovakia, Slovenia, Croatia, Romania, and Ukraine.

During the war, the gold standard stopped working. The financial authorities of each country printed a lot of paper money, so prices rose rapidly. In particular, Germany, a defeated country, paid reparations to the victorious countries from the beginning of 1920, and the monthly inflation rate exceeded 300%.

After the end of World War I, Mises personally created an

economic seminar and held regular discussions. At this time, economic experts from various countries visited. Mises argued to the seminar attendees that the government's continuous currency issuance and private bank credit expansion were causing hyperinflation and should be stopped immediately. At this time, Mises said that a serious economic depression would soon hit Europe. This prediction by Mises was based on his own business cycle theory.

As an economics professor who had experienced the miserable World War I, Mises was able to compare the economy before and after the war and carefully observe the flow and fluctuations of the economy. His business cycle theory based on this is generally simple. He said that private banks play a role in activating the real economy by lending to companies or individuals, but sometimes they provide excessive credit loans through trial and error, which actually causes the economy to shrink.

Mises explained as follows. When a war breaks out in a country, normal economic activity stops, the GNP growth rate becomes negative, and an economic depression begins. In this case, the central bank prints money indiscriminately to barely keep the economy moving, but this causes hyperinflation instead. However, after the war, in order to revive the economy, not only the central bank but also private banks provide credit loans to businessmen to make large investments in machinery and capital goods, which leads to a boom in the economy.

Mises predicted the Great Depression (1929-1932) around 1929 after experiencing World War I (1914-1918). Germany, which lost World War I, found it difficult to pay war reparations, so it brought Italy and Japan as allies and started World War II (1939-1945). After seeing that the belligerent Germany could not properly pay the war reparations promised after World War I, Mises decided to leave Austria. After the Great Depression ended, Mises left Austria in 1934 and became a professor of international relations at the Geneva International School in Switzerland.

After World War II ended in 1945, he left Switzerland for the United States and became a visiting professor at New York University. He was 64 years old at the time. Even then, as now, when becoming a professor at an American university, it was important to educate graduate students, but it was also very important to teach undergraduate students well. With many subjects to teach and many students, and midterms, finals, homework, and student counseling, even young professors had little time to write new papers. The school gave Professor Mises a visiting professor position so that he could teach graduate students and continue his research.

However, there were several organizations that helped Professor Mises make up for his insufficient salary. Among them, the William Volker Fund, established in 1932 by a wealthy

Missouri resident in the United States, supported Professor Mises' research for a long time. He passionately taught students and continued his research. He passed away in 1973 at the age of 92.

After his death, his students, including Murray Rothbard, joined forces in 1982 to establish the Mises Institute, which published many books on liberalism. And he produced many excellent students who became internationally renowned. His first student was, of course, Hayek, who received the Nobel Prize in 1994, and whom he had taught since the University of Vienna in Austria. After coming to New York University, he had two students who served as presidents of the American Economic Association, Gottfried Harberler and Fritz Machlup, and produced internationally renowned figures such as Oskar Morgenstern, Murray Rothbard, and Israel Kirzner.

Mises was at the peak of the Austrian School in the 20th century. He emphasized the merits of a market economy as a consumer democracy system. He said that individual preferences, choices, and exchanges create a great market economy. He refuted mathematical economics and econometrics based on human praxis. Hayek, who led to Thatcherism in Britain in 1979, and Friedman, who created Reaganomics in the United States in 1980, were founding members of the Mont-Pélerin Society with Mises and were scholars who shared the same views for a long time.

5. Friedrich Hayek(1899~1992)

〈Friedrich Hayek(1899~1992)〉

Hayek was born into a family of scholars. His grandfather was a natural science scholar and a biology professor, and his father was a botany major. He graduated from the University of Vienna and served in World War I as an artillery officer at the age of 18. There, he served his superior, Mises, who was 17 years older than him, and the two maintained a relationship of seniority and brotherhood that was mutually beneficial to each other until the end. Meanwhile, Mises received a doctorate in law from the University of Vienna in 1906 and worked for the Austrian Chamber of Commerce and served as an economic advisor to the Austrian government until he left Austria in 1934.

Hayek received a doctorate in law from the University of Vienna in 1921 and a doctorate in political science from the same university in 1923. At that time, political science majors were traditionally required to study economics as well. With two doctorates, the young Hayek joined Mises's private seminar to help his former boss, who was struggling economically in Austria after World War I. Hayek gained much economic knowledge from Mises.

Part 6 | Hayek's Life and the Establishment of the Mont Pelerin Society

1. Hayek Joins the Mises Seminar After World War I

After the end of the four-year World War I and the beginning of the 1920s, when the European economy began to show signs of slow decline, Dr. Mises, a mature man in his mid-30s, was able to foresee the imminent collapse of the European economy. Mises received his doctorate in political economy from the University of Vienna in 1906 and was deployed to the front lines as an officer in the Austrian artillery unit during World War I (1914-1918). Hayek also graduated from the University of Vienna and was assigned to the artillery unit as a new officer. From then on, Mises cared for Hayek, who was 18 years younger and a junior in college, like a son and a friend for the rest of his life.

After receiving his doctorate in law in 1921 and his doctorate in philosophy in 1923 from the University of Vienna, Hayek traveled around the United States for a year. (Skousen's P.299) The most impressive thing about the United States was the NBER (National Bureau of Economic Research) research institute and its enormous statistical data processing system. The NBER, known as the 'National Bureau of Economic Research', is a non-profit organization established in the United States in 1920. It was established to promote the public's understanding of the overall economy and to provide objective analysis data for policy decisions.

After returning to Austria, Hayek told Mises that Austria should also take a keen interest in statistics. The government could implement the right policies only if there were sufficient accurate statistics. Mises, who had used the deductive research method all his life, was somewhat negative about this. During the time of the young Mises, Europe, especially England and Austria, lacked data to study the 1929-32 World Depression and did not have large computers.

After returning from his trip to the United States, Hayek participated in a personal seminar group organized by Mises. Although the group met once every two weeks, it was intended to be a great help in recovering the Austrian economy, which had been devastated after the end of the war in 1918. Mises and Hayek felt that not only Austria, which was a defeated country at the time, but also the entire European economy was tilting. At that time, as now, the rich in Europe were investing heavily in the United States. As a result, when the stock market on Wall Street in New York collapsed first in 1929, not only Europe but also the entire world experienced an economic depression from 1929 to 1932.

The Austro-Hungarian Empire, which was defeated in World War I from 1914 to 1918, was dissolved and became the small Austrian single state, and Germany, which was also a defeated country, suffered hyperinflation of over 300% per month while paying war reparations. Immediately after the economic depression ended, the German parliament appointed Hitler as chancellor in 1933, and German power passed to him. This eventually led to the start of World War II, in which Germany and Italy took the lead and tried to conquer the world by asserting the superiority of the country and people of the ancient Roman era.

2. Mises left Austria

Mises, who was born into a wealthy family in Austria, received a doctorate in political economy from the prestigious University of Vienna, and became a top economist, went into exile in Switzerland and then the United States. Let's take a quick look at how this happened to Mises.

In 1918, immediately after the end of World War I, the Austro-Hungarian Empire, which had been defeated along with Germany, was dismantled, and Austria's economy became extremely weak. In 1922, it barely managed to avoid national bankruptcy by receiving a loan from the League of Nations, but in the end, in 1929, the U.S. stock market crashed, and the world economy, including Austria, Europe, and even the United States, fell into the Great Depression. From then on, Mises' life became very difficult.

From 1867 to 1918, for 51 years, the Austro-Hungarian Empire maintained economic stability. During this era, Professor Carl Menger (1840-1921), who first developed marginal utility theory as an Austrian scholar, and Professor Eugen Böhm-Bawerk (1851-1914), who first introduced financial macroeconomic theory to the world, were the pioneers of the Austrian School recognized by the world. The greatest Austrian economist who followed him was undoubtedly Ludwig von Mises (1881-1923).

However, unfortunately, he was born in Austria at the wrong time. In 1918, when he was a mature economist at the age of 37, Austria was already in a state of national division and political and economic collapse. When he predicted the economic situation in Europe, he predicted that the entire world, regardless of whether the defeated or victorious countries, would face a Great Depression between 1929 and 1932 due to the payment of war reparations by the defeated countries and the explosion of money supply by the central bank while the gold standard system was not functioning.

Mises, who received his Ph.D. in economic philosophy from his alma mater, the University of Vienna, wanted to become a professor at the University of Vienna. However, at first, the University of Vienna gave Mises a part-time lecturer position without pay. Although he felt bad, he endured it and waited for the regular professor recruitment period, but even then, he did not get a regular professor position and the position went to someone else with no name. In the end, the job he got was as an advisor to the Vienna Chamber of Commerce, which was intervened by the government, but it was very low-paying. When the domestic political situation changed, Mises was treated coldly by the Austrian government.

In 1932, the global economic depression subsided and the governments of each country did not restore the gold standard system but only distributed large amounts of currency, so the economy seemed to be a little active and production seemed to increase a little, but each country suffered from high inflation. In this situation, Germany and Italy, in order to escape the economic crisis, tried to dominate the world by force based on the superiority of the people recognized during the ancient Roman emperors who once ruled the world.

This was their Nazism and fascism. Italian fascism denies

liberalism and adopts extreme totalitarianism and nationalism based on one-party dictatorship. And externally, it promotes anti-communism and invades other countries. And it does not engage in international trade. It is a bit confusing, but it believes that if a country falls, all its people will become slaves, so in order to avoid this, it must push forward a one-party dictatorship.

Before World War II broke out, in 1935, Italy had already invaded Ethiopia and occupied the entire region, and in 1936, it made Ethiopia a colony and placed it in the category of Italian East Africa. Japan began a war with the Republic of China in 1937. In this way, the three countries of Germany, Italy, and Japan became allies of fascism and attempted to take over the world by force. However, the rest of the countries could not just sit back and let it happen, so World War II began. The

⟨Heinrich Hitler⟩

officially determined period of World War II is 6 years and 1 day, from September 1, 1939 to September 2, 1945.

Mises predicted that World War II would soon break out and moved to Geneva, Switzerland in 1938 at the age of 57. There he married Margit, an actress. Then in 1940 he moved to the United States and was given a visiting professorship at New York University, where his salary was paid by the William Volker Fund, a conservative-liberal organization, until 1962. He received support from the Association of Free-Market Businessmen until his death in 1973.

3. World War II and Hayek's "Road to Serfdom"

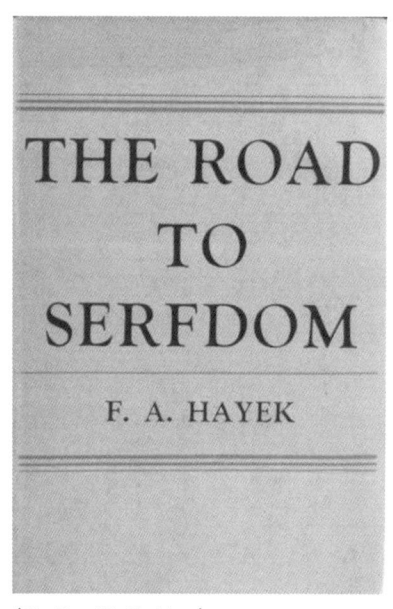

According to the records, Hayek received his doctorate in law from the University of Vienna in 1921 and his doctorate in political economy in 1923, and from 1923 to 1924, he worked as a research assistant to Professor Jeremia Jenks at New York University, where he collected macroeconomic data on the operation of the

〈The Road To Serfdom〉

US economy and the US Federal Reserve System.

In 1931, toward the end of the Great Depression of 1929-1932, Hayek became a professor at the London School of Economics in England and was recognized as a leading economic theorist. In 1938, a year before the start of the six-year World War II, Mises went into exile in Switzerland. Hayek must have felt empty after Mises, his most cherished adviser, left, but from that time on, Hayek began to pursue a greater path as a scholar.

During World War II (1939-1945), Hayek wrote his immortal masterpiece, THE ROAD TO SERFDOM between 1940 and 1943. The book was published in England by Routledge in 1944. It was a time of war, and paper rationing was a problem, so Hayek called it "an unobtainable book."

However, when the University of Chicago published Hayek's book in the United States in September 1944, it became even more popular than in England. In April 1945, Reader's Digest published an abridged version, making it accessible to a much wider audience than academia. In particular, the book was widely known among supporters of classical individualism and liberalism. Why was this so? This book was not written by a great writer with beautiful sentences, nor was it new and necessary expertise that many scholars were interested in. It was because ordinary people sympathized with how important freedom and peace were. This was because many people had seen and experienced the horrors of World War I and World War II.

World War I began on June 28, 1914, when Archduke Ferdinand, who would become the next emperor of the Austro-Hungarian Empire, was killed in an attack by a Bosnian nationalist group instigated by Serbia. The Austrian Empire incited the Croats and Bosnians of Sarajevo to commit violence against the Serbian people. As this series of events continued, on July 28, 1914, the Austro-Hungarian Empire declared war on Serbia, expecting Germany to support Serbia while fighting Russia, but Russia could not help Austria while invading France. As a result, Austria was pushed back by Serbia and became a defeated country along with Germany.

The First World War, which lasted from 1914 to 1918, was a four-year catastrophe of death and destruction. The Allies, including the Austro-Hungarian Empire and Germany, which started the war, suffered 4.4 million dead and 8.4 million wounded, for a total of 12.8 million casualties, excluding 3.6 million missing soldiers. Meanwhile, the Allies, including the British Empire, France, Russia, and Japan, suffered a total of more than 18.5 million casualties, excluding about 4 million missing soldiers, 5.5 million dead soldiers, and about 13 million wounded soldiers. People on both sides committed a massive act of human slaughter by shouting "Attack forward!" at each other.

In order to prevent such a tragedy in the future and maintain world peace, the Allies took the lead in cooperating to establish the League of Nations. The original member states initially consisted of 42 countries, including neutral countries. Member states could become members with the consent of two-thirds of the General Assembly, provided that they promised to faithfully fulfill their obligations and accepted the rules decided by the League of Nations regarding disarmament.

In this way, the number of member states increased from six in 1920 to three in 1921, and to 63 in 1934. However, due to the circumstances of each country (annexed countries, the Soviet Union being expelled), the number decreased to 45 by the end of 1939. In particular, the fact that Germany, Italy, and Japan withdrew at the end of 1939 hinted that World War II was approaching. As feared, World War II broke out. Nazi Germany's Adolf Hitler invaded Poland on September 1, 1939, and it lasted for six years until September 2, 1945. During this period, more than 16 million Allied soldiers and 45 million civilians died, for a total of more than 61 million people. Germany and its allies, which had strong military power, also lost many lives. More than 8 million soldiers died, and more than 4 million civilians died, for a total of 12 million people.

Humans, the lords of all things, died like flies. Many people, even if they were not intellectuals, wanted freedom and peace. Italian fascism refers to a strong state dictatorship that denies democracy and freedom. German Nazism refers to German national socialism, which is a combination of Italian fascism and racism. In this situation, Hayek's book 'The Road to Serfdom', published in 1944, naturally appealed to many people.

4. Hayek's Mont Pelerin Society Founded

The members of the MPS call the Mont Pelerin Society "MPS" for short. "Mont Pelerin" is the name of a famous resort in Switzerland. The MPS is an international organization founded on April 8, 1947, under Hayek's leadership, that advocates for freedom of expression, free-market economic policies, and the political values of an open society. The main purpose of the MPS is to find ways for the private sector to replace the numerous functions currently provided by government agencies. The original members of the MPS were not only economists but also philosophers, historians, business leaders, and famous intellectuals, and the number of members was 39, but it has now grown to over 600.

The MPS was founded in 1947, and Hayek was elected as its first president. Hayek first contacted his former boss and advisor, Mises, and invited him to the inaugural meeting of the MPS, where he became a founding member. Mises was a professor at New York University at the time. In the beginning, he contacted key figures to become members, and above all, fundraising was the most difficult task. He served as the president of MPS until 1961, and after that, the president's work became too much, so the articles of association were changed to only serve for two years. Among the MPS members, eight Nobel Prize winners were active. Professor Milton Friedman of the University of Chicago also served as the president of MPS for two years from 1970 to 1972.

I myself became an MPS member in 2010 and served as one of the eight operating directors for four years from 2018 to 2022. The MPS conference consists of an annual general meeting and regional meetings in between. Since the conference venues travel to various countries around the world, it takes four years of preparation to host an MPS conference. South Korea also prepared for four years and held its annual general meeting in Seoul in 2017. As of January 2023, I became a permanent member of th MPS.

5. Hayek's research project left for posterity

Hayek was born in 1899 and expanded the scope of economics by writing many books throughout his life. Hayek received the Nobel Prize in Economics in 1974. While he was alive, Hayek created the theory of roundabout production related to the production process and tried to find the business cycle based on that theory. He wanted to know how the economy gets better and worse and how long the economic boom and recession last. He completed the theory of roundabout production, but he did not complete the theory of business cycles and left it as a research project for posterity.

Roundabout production refers to the products that consumers purchase in the market, especially machinery or electrical products, that are used together with not only raw materials but also various parts. These parts are called production goods or intermediate goods. The more parts used, the longer the production process. The production process before the final consumer goods are produced is called roundabout production. The model showing this production process, that is, the process in which various parts, or intermediate goods, are input in sequence at the raw material production stage, looks like a triangle and is called the Hayek triangle. Capital investment is needed for the production of intermediate goods such as machine parts that are used in this roundabout production stage. If the capital investment is successful, the market will experience a boom, and if it fails, it will experience a recession. There is a subject for further study in this process, and this part is left to future scholars by Professor Hayek. (End)

Part 7 | Austrian School and Chicago School under One Roof

1. The Leadership History of the MPS and Nobel Prize Winners in Economics

The Mont Pelerin Society, or MPS for short was founded in April 1947. I attempt to briefly explain what the MPS has been doing since its founding. As of September 2023, the MPS has over 600 members. Every year, several scholars become full members after a strict review by MPS executives. And the number of full members is increasing very slowly as several retire or die every year.

Since its founding in 1947, members belonging to two schools have been the main forces leading the MPS Association for 76 years. One is the Austrian School and the other is the Chicago School. The longest-serving MPS president since its founding was Professor Friedrich Hayek (1899 – 1992), who was then the head of the Austrian School. Hayek led the MPS for 14 years, from 1947 to 1961, and received the Nobel Prize in Economics in 1974.

According to current internal regulations, the MPS president serves for two years and cannot be reappointed unless there are special circumstances. Professor Milton Friedman (1912–2006), who was the head of the Chicago School, served as the MPS president from 1970 to 1972 and received the Nobel Prize in Economics in 1976.

George Stigler, a professor at the University of Chicago (1911–1991), served as the MPS president from 1977 to 1978 and received the Nobel Prize in Economics in 1982. James Buchanan (1919-2013), who received his Ph.D. from the University of Chicago and became a professor at George Mason University in the United States, served as the president of the MPS from 1984 to 1986 and received the Nobel Prize in Economics in December 1986. Gary Becker, a professor at the University of Chicago (1930-2014), who was a student of Professor Friedman, served as the president of the MPS from 1990 to 1992 and received the Nobel Prize in Economics in December 1992. If we look at the professors who received the Nobel Prize in Economics, we can see that they served as the president of the MPS for two years and received the Nobel Prize immediately after or several years after finishing their service.

Now, let me introduce scholars who belong to the Austrian

School and have been active in the MPS Association. The leader of the Austrian School in the 20th century was Ludwig von Mises. Professor Mises left Austria just before the outbreak of World War II (1939-1945) and became a professor at New York University in the United States, instilling Austrian economics in American students.

Born in Austria, Friedrich von Hayek graduated from the University of Vienna in Austria during World War I (1914-1918) and participated as an 18-year-old Austrian artillery officer. On the battlefield, Hayek met Mises, who was 18 years his senior at the University of Vienna and had a higher rank than him. From then on, Hayek became Mises's faithful disciple for the rest of his life.

In April 1947, Hayek invited Professor Mises as a founding member when he founded the MPS in Mont Pelerin, a Swiss resort, with the help of his friend, Professor Aaron Director (1901-2004) of the University of Chicago Law School. Professor Aaron Director was the older brother of Professor Milton Friedman's wife, Rose Director. Milton Friedman met Rose Director at the University of Chicago. They were graduate students in Economics and they fell in love with each other and a few years later they got married in New York.

The year after Professor Mises passed away at the age of 92 in 1973, Professor Hayek received the Nobel Prize in Economics in 1974. Professor Hayek himself explained Mises's theories, saying that many of his achievements were learned from his senior professor Mises. Professor Hayek passed away at the age of 93 in March 1992.

There were many scholars who spread Austrian economics after Professor Hayek, but the one who has been active as an MPS member until now is Professor Vernon Smith (1927-). Professor Smith received his Ph.D. in economics under the thesis guidance of Professor Wassily Leontief of Harvard University and taught at George Mason University in the United States. After that, he taught at Chapman University in California for a long time. He studied Hayek's economic theory and received the Nobel Prize in Economics in 2002.

2. Differences in research methodology between the Austrian School and the Chicago School

The economic ideologies of the Austrian School and the Chicago School are basically the same as 'free market capitalism'. However, they differ in terms of specific theoretical development and research methods. In the early 20th century, the head of the Austrian School, who received a doctorate in economics from the University of Vienna, was Ludwig von Mises (1881-1973). When World War I ended in 1918, the Austrian-Hungarian Empire, which had a population of over 36 million, was divided into several countries, leaving Austria with a small population of 6.7million. In this situation, not only were there no statistical data on the economies of the surrounding small countries, but there was also little interest in them. At that time, Austria did not have high-performance computers that could process statistics well. Therefore, the economic analysis method that Professor Mises chose was mainly deductive inference. This refers to a method of deriving individual or special facts as a conclusion based on general principles or facts. Therefore, there was not much need for statistical data.

In contrast, the economic analysis method in the United States at that time was inductive inference. There were several organizations that collected statistical data to analyze and predict the huge American economy. So people could easily find the necessary data, process it on a computer, and draw conclusions. That is why the Chicago School's preferred analytical method was inductive reasoning, which used a lot of statistical data. However, Professor Friedman, who was well aware of the differences in the situations between Austria and the United States, was very averse to the division and unnecessary arguments between economic schools. In the summer of 1974, while resting at his vacation home in Vermont, USA, he was invited to a nearby Austrian economics conference and made the following remark to the audience: "There is no such thing as Austrian economics. There is only good economics or bad economics."

His declaration continued: "When useful concepts are newly created from Austrian economics, as Professor Hayek has done, they should be incorporated into the mainstream of economic theory." Professor Hayek received the Nobel Prize in Economics in December 1974. And two years later, in December 1976, Professor Friedman received the Nobel Prize in Economics. Since then, the relationship between the Austrian and Chicago schools within the MPS Association has improved significantly. In 1982, at a "supply-side economics" conference, Professor Friedman declared to a large audience, "I am not a supply-side economist. I am not a monetarist economist. I am just an economist."

3. Causes of the Great Depression of 1929-32 as diagnosed by the Chicago School

The "Great Depression of 1929-32" began in the United States. To be precise, it began with the collapse of the Wall Street stock market in the United States on October 24, 1929, and soon spread to Europe and the entire world. The collapse of the U.S. stock market instantly spread to the stock and financial markets of Europe, and the entire world experienced the most severe economic depression in history, with low growth, high prices, and high unemployment, until 1932.

At this point, we can ask ourselves two questions. The first question is "Why did the Great Depression occur in the United States?" and the second one is "Why did the Great Depression that started in the United States spread quickly to the European countries?" The first one can be answered by two economists, Professor Milton Friedman of the University of Chicago, and Ms. Anna Schwartz of the National Bureau of Economic Research (NBER).

Friedman and Schwarts concluded that the Great Depression of 1929 began in the United States after collecting and studying data on the money supply of the U.S. central bank for about 100 years, and that the U.S. central bank reduced the money supply to one-third of its previous level. The main reason was that during the gold standard era, the U.S. had a deficit in the balance of payments, and gold was flowing out of the U.S., so the U.S. central bank adopted a tight monetary policy to prevent this. The results of the two studies were published as a book by Princeton University Press in 1963. The book is "Monetary History of the United States, 1867-1960."

The NBER Research Institute in the United States was founded in 1920 and is a non-profit private research institute specializing in the study of the American economy. Anna Schwartz graduated from Columbia Barnard College in New York and continued her research at the NBER until she was 96. She also served as President of the Western Economic Association International in 1988.

4. The Great Depression(1929 – 32), the situation in major European countries

Now, we need to go to the question of "Why did the Great Depression that started in the United States spread quickly to the world?" Let's find out the answer to the question. Numerous countries in Europe, including the UK experienced the Great Depression from 1929 to 1932.

Before World War I, trade settlements between countries used gold coins or banknotes with the same value as gold coins. Banknotes with the same value as gold coins are also part of the gold standard. However, during the war, European countries issued and used their own currencies and experienced tremendous inflation. After World War I ended, they could not afford to pay the war reparations of the defeated countries, Germany and Austria, in gold.

The victorious countries also borrowed a lot of money from the US during the war, so even if they received war reparations from the defeated countries, they would be less than the debt they owed to the US. So, US commercial banks lent money to them. In this situation, the collapse of the US stock market in October 1929 directly led to the Great Depression.

The problem of war reparations from the defeated countries did not end here. After World War I ended, the Austro-Hungarian Empire collapsed and was divided. Austria, a small country with a population of 6.5 million, became a country. Germany, whose economy was ruined, came under Hitler's rule, and Hitler created the Nazi Party and started World War II (1939-45).

5. Reconciliation between Hayek of the Austrian School and Friedman of the Chicago School

Hayek founded the MPS and led it as its first president for 14 years. Although Friedman only served as the president of the MPS for two years, the two scholars maintained a good relationship within the MPS. However, their methods of dealing with the Great Depression of 1929-32 were different. Professor Friedman argued that the collapse of the US stock market in October 1929 caused the Great Depression because the US Federal Reserve misjudged and drastically reduced the US currency supply to 1/3 of its original level. However, Hayek did not agree with Professor Friedman's argument. Hayek, who followed the business cycle theory, argued that if they had waited a little longer, the world economy would have returned to its previous state. Because of that, the relationship between the two men was not good for a while.

However, Hayek's long-time mentor, Ludvig Mises, passed away in 1973, and the following year, in December 1974, Professor Hayek received the Nobel Prize in Economics. And in a 1975 interview with a reporter, he admitted that it was a huge mistake that he had not opposed the central bank's monetary contraction 40 years ago. At that time, he said that after World War I, when the prices that had soared during the war came down, wages would fall to some extent and wage rigidity would be somewhat relieved, but he realized then that this was not the case in the real economy.

In 1976, Professor Friedman of the University of Chicago received the Nobel Prize in Economics. In 1979, Professor Hayek once again clearly acknowledged that Professor Friedman's argument was correct. He supported Professor Friedman, saying that it was very foolish for the US Federal Reserve to have failed to recognize the global depression and continued monetary contraction even though it had begun. Since then, under the MPS roof, the Austrian School and the Chicago School have been enthusiastically conducting research and educational activities to expand the free democratic market economy through mutual cooperation.

6. Federal Reserve Board Chairman Bernanke's sincere apology to Professor Friedman

On November 8, 2002, Ben Bernanke (1953 - alive), who was then a member of the Federal Reserve Board (2002-2005), the central bank of the United States, came to the University of

〈Milton Friedman(1912~2006)〉

Chicago to celebrate the 90th birthday of Professor Milton Friedman (7. 31.1912 - 11. 16. 2006) and gave a historic speech.

Federal Reserve Board Chairman Bernanke has a brilliant academic background and career. He majored in economics at Harvard University and received a bachelor's degree in economics from MIT. In other words, he learned the orthodox Keynesian school of economics. However, Bernanke also studied a lot of Chicago school economics. In particular, he was fascinated by Professor Friedman's helicopter economics when he was a graduate student at MIT. In June 2005, he served as chairman of the Council of Economic Advisers, which advised President George W. Bush, and from February 2006 to January 2014, he served as chairman of the US Federal Reserve Board. And in December 2022, he received the Nobel Prize in Economics. He is truly an amazing person.

The name 'helicopter money' was first coined by Professor Friedman in 1969. It is a name that evokes the scene of people picking up money that a helicopter sprinkles on the ground from the air. Normally, new currency is issued by a central bank and provided as much as officially requested by a bank or financial institution, so when people first hear about money being sprinkled from a helicopter, they will probably think it is nonsense. Yes, this is a special case. Before the Great Depression began in October 1929, the U.S. central bank should have immediately detected the dangerous situation of a rapid decline in the money supply and increased the money supply, but instead, they were complacent when the money supply was decreasing by more than 30% of its normal level.

To celebrate Professor Friedman's 90th birthday and honor his achievements, Federal Reserve Chairman Bernanke brought a carefully written speech. Bernanke praised Professor Friedman's book, "A Hundred Years of American Monetary History," co-authored with Anna Schwartz, for providing the most persuasive explanation of the worst economic disaster in U.S. history, the beginning of the Great Depression, and the Great Contraction of 1929-33. He said that there were some issues, but it would take more time to know for sure.

Bernanke concluded by saying, "I truly apologize for abusing my position as the official representative of the Federal Reserve a little bit. We committed the Great Contraction. I am very sorry. But because of you, I will never do that again," Bernanke concluded his lecture. After that, Bernanke served as the 14th Chairman of the Federal Reserve from February 2006 to January 2014.

Since then, Professor Friedman has continued to enjoy

traveling and giving lectures. Among the graduate students that Professor Friedman taught at the University of Chicago, the most outstanding student was Gary Becker. He received his Ph.D. in economics from the University of Chicago in 1955 and later saw Professor Gary Becker, who received the Nobel Prize in Economics in 1992, serve as the chair of the MPS before Professor Friedman passed away in November 2006.

When I (Inchul Kim, 1981 Ph.D. in Economics at Chicago) was a graduate student at the University of Chicago, I took Professor Friedman's lectures, and after Professor Friedman went to the Hoover Institution at Stanford University in March 1997, Professor Gary Becker served as the chair of the Department of Economics at the University of Chicago and taught students. Thanks to Professor Friedman and Professor Becker, several graduates, including myself, became key members of MPS after graduating from the University of Chicago. Following Professor Friedman of the Chicago School, Professor Becker became the president of MPS, further strengthening the global activities of MPS. Since Professor Friedman and Professor Becker served as presidents of MPS, the Chicago School and the Austrian School have been on closer terms under the same roof of MPS. (End)

Part 8 | Academic Contribution of Professor Milton Friedman

The field of economics includes economic theory and policy. As a student of Professor Friedman, I personally attended his lectures and learned his economic ideas. I first heard his lectures in the spring semester of 1976 during the graduate school course. It was a seminar-style lecture on the application of economic theory. Although he was already over 64 years old at the time, his eyes sparkled and his lectures, which were explained with clear pronunciation and perfect sentences, were very popular with students. In October of that year, Professor Friedman was announced to have won the Nobel Prize in Economics, and he attended the Nobel Prize ceremony at the Swedish Academy in December.

In 1977, Professor Friedman gave up his theoretical lectures at the University of Chicago and began research on economic and social policy at the Hoover Institution at Stanford

University in the United States. He stopped teaching graduate students and explained economics to the general public in an easy-to-understand manner, and he traveled around the world to give lectures. He met and married Rose Director, a graduate student at the University of Chicago, and together with them, he proposed many policy alternatives to solve the economic and social problems facing the U.S. government, which were adopted. The book "Free to Choose", which was compiled from his lectures at that time, became a world-wide bestseller. The book is still very popular among people around the world.

1. Solution to the Inflation Problem

I would like to introduce to you some of the important economic theories and policy proposals that he contributed as an economist in an easy-to-understand manner. The first is a solution to the inflation problem. Despite the high inflation problem being experienced in countless countries, the government still has not been able to solve the inflation problem well. It is really strange. Why is that?

Professor Friedman simply explains why this problem is not easily solved. "Inflation is always and everywhere a monetary phenomenon." Professor Friedman said this, "Inflation does not occur because there is too much consumer purchases, and inflation does not occur because there is insufficient supply.

Inflation does not increase because labor wages are increased. Inflation occurs because the monetary authorities continue to print a lot of money." If the monetary authorities do not increase the rate of increase in the currency, prices rise slightly and then stabilize again. If the price of raw materials, including overseas crude oil prices, suddenly rises, domestic production costs rise, and thus the price level also rises. However, this does not lead to inflation. Therefore, people should distinguish between temporary price level increases and continuous price level increases.

2. Preventing a global economic depression in advance

Professor Friedman's second contribution was to suggest a policy to prevent a global economic depression in advance. The Great Depression, which many people still remember, began in October 1929 when almost all stock prices on the New York Stock Exchange plummeted. Initially, British and American financial leaders thought that the stock market decline would soon rebound. However, the sharp decline in trade and production between the United States and Europe hit the European financial markets hard. As the European economy failed to function properly, the United States and Europe suffered a miserable economic depression for three years, and the extreme situation did not subside until late 1932.

A considerable number of European wealthy and privileged people who invested in the American stock market invested large sums of money in the New York stock and securities markets. When the New York stock market crashed, the real income of many European investors fell significantly. As a result, new investment fell sharply and employment levels plummeted, and a panic- struck Europe as well. However, in a slightly different way from the United States, Europe's trade surplus with the United States increased, and the money supply increased somewhat. As a result, Europe experienced stagflation, in which prices rose while real income and employment fell together.

There was much debate among later scholars about the causes of the global economic depression. Milton Friedman, a professor at the University of Chicago, and Anna Schwartz, a senior researcher at the NBER, the largest economic research institute in the United States at the time, dug into the history of the money supply in the United States for 100 years (1867-1960) and discovered that the Federal Reserve, the central bank of the United States at the time, had reduced the money supply by about 1/3. Princeton University Press published Friedman and Schwartz's joint research, making it widely known in academia and the media. The reason the Federal Reserve greatly reduced the money supply was to prevent a large outflow of gold from the United States to Europe or overseas due to the worsening trade deficit under the gold standard system at the time. When the Friedman-Schwartz study was first published, some scholars and Federal Reserve officials criticized the two men's research results in various places, but in 1976, Professor Friedman received the Nobel Prize in Economics for his contributions. At Professor Friedman's 90th birthday event in 2009, then-Fed Chairman Ben Bernanke made a sincere apology for the failure of previous Fed chairmen to understand the results of Friedman and Schwartz's study more clearly.

3. The exact relationship between gross domestic product(GDP) and national consumption

Professor Friedman's third contribution was to improve the GDP (Gross Domestic Product) estimation equation created by British economist John Maynard Keynes, the originator of the Keynesian school, to make it more realistic. He argued that the GDP index is used as an income indicator by countries around the world, and that the income estimation method should be as logical and reasonable as possible. Once a country officially decides on a method for estimating its domestic GDP, it reports it to the IMF and the World Bank, which then reflect it in their own statistical data and regularly distribute it to member countries. The components of the GDP estimation equation are (1) national consumption, (2) private investment, (3) government spending, and (4) net imports (exports - imports).

The largest item here is GDP national consumption, and most countries have a national consumption of just over 2/3 of their GDP. Therefore, it is very important to know the exact size of national consumption in GDP.

In the case of the United States, national consumption in 2013 was 69% of GDP, investment was 16%, government spending was 18%, and net exports were -3%, so the trade deficit was 3%. In other words, since national consumption is 2/3 of the entire GDP, Professor Friedman's improvement of the consumer expenditure equation was a very meaningful contribution. Professor Friedman himself said that his consumption function research was the proudest research of his lifelong research achievements.

If I explain the contents of his consumption function research achievements in a more easily understandable way, it is as follows. The British economist John Keynes, who was briefly introduced earlier, argued that "the annual consumer expenditure of the people in the annual GDP determination equation is the annual personal income minus direct taxes multiplied by a certain percentage of disposable income." However, Professor Friedman pointed out that Keynes's approach lacked realism and proposed "PIH" as an abbreviation of the Permanent Income Hypothesis. Professor Friedman' s "PIH Permanent Income Hypothesis" can be called a theory of consumer expenditure. In his "PIH Theory," Friedman introduced four behavioral principles of consumers. First, the level of individual consumption expenditure is aligned with the long-term average income that he expects. In Friedman's PIH theory, "permanent income" was not translated as "permanent income" but as "permanent income." He believed that workers, as consumers, save a portion of their current income that is greater than the expected permanent income level. Second, individuals determine their consumption expenditures based on estimates of future income, not on their current post-tax income level.

Third, it was assumed that individuals do not necessarily choose to increase consumption expenditures just because their current income has increased due to government policy. Fourth, it was assumed that individuals always need a certain amount of cash, so they manage both income and consumption at the same time. By doing this, Keynes' simple consumption function was greatly improved, and a more sophisticated GDP was calculated than before.

4. Modifying the existing inflation rate-unemployment rate relationship

Regardless of age, young students and old people all assume that life will not be good when the inflation rate or unemployment rate is high. However, anyone with a little knowledge would think that "businesses will do well and the economy will turn around if money is released a little." If you think about it simply, that is exactly right. If banks release money, even if the inflation rate rises a little, companies will expand employment and produce more goods, and consumers will be able to buy more of those goods. Therefore, a downward-sloping curve relationship is established where the unemployment rate goes down as the inflation rate goes up. This curve was discovered by British statistician Philips in the early 1950s, so it is called the Phillips curve.

However, that is not entirely true. When money is released, but rumors spread that the price of goods will soon rise because too much money is released, consumers move quickly to buy the goods they need. And consumers think that the price of goods will rise further in the future, so they buy more of the same goods and store them at home. However, since producers will have more demand for goods, they will want to buy more materials to make more goods, and the price of materials will also rise. In this process, even if money is released at first, employment will not increase, and only the prices of goods and materials will continue to rise, which can cause inflation throughout the economy.

Even if money is released once, if the central bank does not continue to print money and the money that is released circulates in the market for a while, consumption will increase, and employment should be increased to increase production, which will create a virtuous cycle in the goods, materials, and labor markets. Therefore, Professor Friedman continued to emphasize that the public should pay attention to the increase in the rate of increase in the money supply, not just the simple increase in the level of the central bank's money supply.

5. Request for IMF to Change Exchange rate System

The following is the result of Professor Friedman's persistent insistence that the fixed exchange rate system managed by the IMF during the period of 1944-71 should be changed to a floating exchange rate system, which eventually led to the adoption of a floating exchange rate system by the world. In particular, as capital movement liberalization intensified in the 1970s and the trade balance of emerging countries worsened, emerging countries were tied to fixed exchange rates and had to continue to receive assistance from the IMF, and they had to adjust the fixed exchange rate through negotiations with the IMF. At this time, there was a risk that exchange rate speculation in emerging countries' foreign exchange markets would push the entire economy into a crisis.

Therefore, if each country adopts a floating exchange rate system, emerging countries can avoid a balance of payments crisis and the entire world economy can maintain stability. In addition, each country's exchange rate level and overall economic management cannot be left to the arbitrary judgment of the IMF for a long time. In any case, the floating exchange rate system that Professor Friedman recommended is expected to last for a long time.

6. Converting the U.S. Conscription System to Volunteer Service

Finally, I would like to introduce the most successful social and economic policy that Professor Friedman proposed to the U.S. government. It is the policy of converting the conscription system to a volunteer system. The conscription system (or draft) refers to a system in which a country forces its citizens to defend the country. The volunteer system is a system that induces voluntary military enlistment by providing certain wages and compensation. If necessary, foreign nationals can be recruited as mercenaries by paying them the desired amount of money. Unlike the conscription system, the volunteer system is a system that only wealthy countries can implement because it costs a lot of money to the country.

In his 1962 book, Capitalism and Freedom, Professor Friedman sharply criticized the U.S. conscription system as being against liberal ideology, arbitrary, unfair, and interfering with the freedom of young people to decide their own future from an early stage. He argued that just as appropriate wages and employment are determined in the labor market, appropriate wages and compensation must be provided in order to recruit the necessary number of soldiers. In the long run, considering the various personal sacrifices and social costs due to the conscription system, it was diagnosed that a volunteer system would be much more economical than a conscription system.

The U.S. government, which had been sending troops to various parts of the world since World War I (1914-1918), could not immediately change the conscription system to a volunteer system after hearing from university professor Milton Friedman that "the conscription system is against the idea of liberalism."

In December 1966, a conscription debate was held at the University of Chicago, where Professor Friedman and one of his students, Walter Oi, participated together to discuss preemptive measures for the conscription system. Professor Martin Anderson (1936-2015), who was a professor at Columbia University in New York at the time and served as an advisor to President Nixon, attended the event and explained the validity of the conscription system and countermeasures to President Nixon. President Nixon became deeply interested in this. President Nixon's response was to estimate the salary level of private soldiers, the number of volunteers, and other costs such as future college tuition support in the case of a volunteer military service.

President Nixon was very curious about the suggestion of academia to adopt a volunteer military service from his advisor Anderson. In 1968, he promised as a campaign promise that he would end the draft if he became president. President Nixon thought that if the draft was ended, the long and tedious US war against Vietnam would end. However, since the US Congress and the Department of Defense actively opposed the volunteer military service, he took a step back after taking office and formed a special committee to make a final decision.

The 15-member Preparatory Committee for the Implementation of a Volunteer Military Service was formed with Thomas Gates, Jr., who served as Secretary of Defense under former President Eisenhower, as chairman. Chairman Gates himself initially opposed the volunteer military service. The original draft period was set to expire in June 1971, and it was nearly impossible to reach a conclusion by then.

In February 1971, the Nixon administration asked Congress to extend the draft for two years. However, some senators who disliked the ongoing war had different views. They wanted to extend it for only one year, or eliminate the draft altogether, or continue the draft but link it to the withdrawal of American troops from Vietnam.

Then, in September 1971, Congress passed a bill to extend

the draft for two years. From then on, the government began to motivate new recruits by raising the salaries of enlisted men and using TV advertisements to boost the morale of the Army in preparation for the upcoming volunteer draft in two years.

And in December 1972, with the virtual end of US ground forces in the Vietnam War, Secretary of Defense Melvin Laird announced on February 2, 1973 that no more draft notices would be issued. As of June 30, 2023, it has been 50 years since the US conscription system was replaced by a volunteer system that guarantees decent pay and college education. US military and education experts have concluded the following. Although there may be disadvantages to the volunteer system, they diagnose that the advantages of the volunteer system are much greater than those of the conscription system.

First, soldiers who volunteer for the US military are motivated to work hard in the military because they can receive college education without discrimination between men and women, which can greatly increase their lifetime income.

Second, because of the world's strongest US air force's offensive and defensive capabilities, the number of casualties in the army does not easily increase in the event of a war.

Third, the rate of female enlistment in the military is gradually increasing because there is a lot of administrative work within the military. As a result, the income gap between men and women is gradually decreasing.

Fourth, the number of people of color enlisting in the military in the United States is increasing, which is gradually reducing social conflict between races. (End)

Part 9 | 2017 MPS Seoul General Assembly

1. Preparation for the 2017 Seoul General Assembly

The basic information about the MPS (Mont Pelerin Society) has been briefly introduced above. Professor Friedrich Hayek, who was the head of the Austrian School, hosted the first meeting on April 10, 1947 at Mont Pelerin, a Swiss resort. The first MPS meeting was attended by 39 people including economists, philosophers, and journalists. Professors from the Chicago School, including Professor Milton Friedman, also participated. Since then, 77 years have passed, and the number of members has now increased to over 600 regular members.

Any country needs about 3-4 years of preparation to host the Mont Pelerin Society General Assembly. Depending on the destination, around 400 scholars will attend the MPS General Assembly, so the country that successfully hosts the event

⟨MPS Seoul 2017⟩ This photo shows senior MPS professors discussing international finance on May 9th during the MPS Seoul General Assembly. Sitting on the far right is Professor Yoshinori Shimizu, a former Vice President of Hitotsubashi University in Japan and a graduate of the University of Chicago. Sitting next to him is Professor Herbert Grubel of Simon Fraser University in Canada. To his right is Jerry Jordan, a UCLA Ph.D. He served as an economic advisor to US President Ronald Reagan and president of the Federal Reserve Bank of Cleveland. To his right is Professor John B. Taylor, a Stanford professor and former Under Secretary of the Treasury. To his right is Professor Jacob Frenkel who was my former professor at the University of Chicago. He served twice as Governor of the Central Bank of Israel. Sitting to his right is the author, Professor Inchul Jeffrey Kim.

forms a preparatory committee and this preparatory committee contacts the MPS headquarters to make detailed and meticulous preparations until the event. The participants' presentation papers must also be received in advance. The country hosting the MPS provides accommodations and meeting places for participants from abroad. In addition, an event is prepared where MPS participants visit industrial facilities and cultural heritage sites in the country hosting the MPS conference. In the case of the 2017 MPS Seoul General Assembly, the event preparation committee held a breakfast meeting every two weeks to review the promotion plan and implementation. I was responsible for selecting the paper presenters and preparing the sessions.

2. Introduction of major foreign presenters at the 2017 MPS Seoul General Assembly

1) Vaclav Klaus(1941–present), President of the Czech Republic

Klaus, the former President of the Czech Republic, is a politician and economist. He graduated from the Prague School of Economics and studied economics at Cornell University in the United States. He served as Prime Minister of the Czech Republic from 1993 to 1998 and as President from 2003 to 2013. He became a member of MPS at the recommendation of Professor Milton Friedman and, as the incumbent president, hosted the 39th MPS General Assembly in Prague, Czech Republic in 2012, widely informing the Czech people of the importance of political freedom and economic freedom.

He gave a keynote speech at the 2017 MPS Seoul General Assembly. Regarding the phenomenon of mass migration, he explained that there is a difference between individual migration and mass migration. He said that individual migration is determined by the special circumstances of oneself and one's family, but mass migration is determined for different reasons. He said that the main cause of mass migration is not the miserable situation of the home country, but a change in paradigm. He argued that the people of poor, undemocratic, and anarchic or chaotic countries have the right to migrate to developed countries with richer and more efficiently functioning democratic governments. He received a lot of applause from the audience.

2) Vernon Smith(1927– Alive)

Professor Vernon Smith was born in 1927 and studied electrical engineering at Caltech in 1949. He received his Ph.D. in economics from Harvard University in 1955. After completing his doctoral studies, Professor Vernon Smith devoted himself to research and teaching at several universities. He taught at the University of Kansas, Stanford University, Brown University, and George Mason University in the East. He conducted intensive research at the University of Arizona for five years (1976-2001) and won the Nobel Prize in Economics that year.

Professor Vernon Smith currently teaches at Chapman University in California and is passionate about Adam Smith research. Professor Vernon Smith of the United States and Adam Smith of England/Scotland 300 years ago have the same last name. They are Mr. Adam Smith and Professor Vernon Smith. Professor Vernon Smith explained the important parts that were hidden in Adam Smith's 1776 research at the 2017 MPS Seoul

Meeting.

Adam Smith wrote two famous books. One is The Theory of Moral Sentiments published in 1759, and the other is The Wealth of Nations published in 1776. According to Professor Vernon Smith, these two books describe human nature well, and while the Game Theory of the 1990s failed, Adam Smith's two theories explain human economic and social choices more clearly.

According to Professor Vernon Smith, if the economists who developed the existing Game Theory had paid attention to Adam Smith's Theory of Moral Sentiments, which described "humans as 'in the process of learning to put aside self-interest, self-love, and pride and to be able to get along with others'", it would have been good. 3) Former US Forces Korea Commander General Burwell Baxster Bell 3rd 4-Star

In a lecture on the topic of Korean security, former US Forces Korea Commander General Burwell gave passionate praise for Korea's economic growth while also warning of a dark future that would hang over the Korean peninsula if the elected president attempted to withdraw the THAAD (Terminal High Altitude Area Defense) missiles.

General Bell, who was in charge of the lecture on the day of the presidential election, said that Korea's democratic characteristics are both its strength and its weakness. "Democracy" too often seeks cooperation that seems rational, smooth, and logical on the surface, but he said that the Korean people, who have suffered the trauma of the impeachment of former President Park Geun-hye, are easily drawn into one-sided logic. In response to an audience question asking, "What would you do if Moon Jae-in were elected president and he insisted on the withdrawal of THAAD?" General Bell said, "If Korea does not want THAAD, there will be a huge crack in the ROK-US alliance and we will have to reconsider our position on Korea. We are not an occupying force. If the day comes when the Korean people want us to leave, we will leave. So if Korea opposes the THAAD deployment and there is no way to protect our soldiers from an enemy that threatens their lives, we will have to reconsider. If that happens, it will be China's turn."

3) Edwin Feulner(12 August 1941 - July 2025)

Dr. Edwin Feulner is a former president of the Mont Pelerin Society (1996-1998) and founder of the Heritage Foundation, an influential conservative think tank in the United States. Dr. Feulner began his congratulatory remarks by noting that the 2017 Mont Pelerin Korea Conference was held in Seoul during the exciting time of the 19th presidential election in the Republic of Korea. Currently, Korea has "gone from the land of the calm morning to the afternoon of chaos, but Korea has led the true victory of the rule of law and has become a global role model."

While it is not known who will win this election, he sincerely hopes for Korea's prosperity, and advised that the current

Korean government should modernize its economic system and shift toward respecting individual freedom, as it is in a transitional period of the economy that is hindering the growth of small and medium-sized businesses. He also said, "As people who have all learned the value of freedom in different situations, the 2017 MPS Seoul General Assembly will be an opportunity for Mont Pelerin Society members and all participants to show the path to freedom through their experiences and to promote peace and national stability through cooperation."

4) Professor Israel Kirzner(13 February 1930 – Alive)

Professor Kirzner was born in 1930 in London, England to a Jewish family and immigrated to South Africa with his parents before settling in the United States. He was a great disciple of Ludvig Mises at New York University and received his doctorate in 1957. He has been studying entrepreneurship and innovation all his life. Although he is an American citizen, he belongs to the Austrian school.

In 2006, at the age of 76, he received the 'Global Award' for his in-depth study of entrepreneurship. He wrote many papers while observing individual companies from a very different angle from macroeconomics. There are always many topics to study, such as the accumulation of economic knowledge, corporate leadership and production efficiency, innovation, markets and customers, etc. While living as a professor in New York, the world's largest city, there was always an abundance of topics for his papers.

He gave the following presentation at the MPS Seoul General Assembly. He said, "Traditional microeconomics focuses on market equilibrium, but when entrepreneurs introduce innovation, this equilibrium is broken. The market equilibrium that macroeconomists, who do not analyze the market like business administration professors, seek is often not short-term equilibrium but long-term equilibrium."

5) Professor Lars Peter Hansen(26 October 1952 – Alive)

Professor Lars Hansen was born in October 1952. He received his Ph.D. in economics from the University of Minnesota in 1978, taught at Carnegie Mellon University, and became a professor at the University of Chicago in 1981. His father was a professor of biochemistry at Utah State University, and his father-in-law was a professor of mathematical statistics, Tsiang. Professor Hansen, the person in question, received the Nobel Prize in Economics in 2013. He received the Nobel Prize for his work on price determination in long-term situations with high uncertainty.

Professor Lars Hansen Nobel came to the 2017 MPS Seoul General Assembly and gave a very meaningful lecture. Professor Hansen warned young economists not to treat future uncertainty too lightly in a situation where economic uncertainty is increasing.

6) Professor Mark Skousen(19 October 1947 – Alive)

Dr. Mark Skousen is a professor at Chapman University in California, USA. He was born in October 1947. He received his bachelor's and master's degrees from Brigham Young University and his doctorate in economics from George Washington University in the United States in 1977. He is an Austrian scholar and is also the scholar who knows the most about the economic theory of the Chicago School.

Dr. Skousen introduced the concept of gross output (GO) that he developed. GO is different from GDP, which evaluates the final value of products. The largest part of the economy in GDP is consumer spending. However, consumer spending is a result of wealth and income, not a cause. If the statistics released by the government are misinterpreted, people will believe that GDP will grow only if they spend more in a situation where each country is competitively pursuing GDP growth. This is because politicians in both developed and developing countries tend to encourage consumption, thinking that consumption stimulates the economy. He said that this is because they misinterpret national statistics.

Personally, I think that you need income to consume, but there have been efforts to create auxiliary indicators to resolve the above misunderstanding from the beginning. Professor Hayek of the Austrian School started such efforts. He received the Nobel Prize in 1974 for his lifelong work spreading the importance of a free market economy around the world and studying the theory of business cycles.

Professor Skousen, who intensively studied Professor Hayek's work, developed the GO (Gross Output) indicator. He estimated transactions between companies and created the GO indicator and published it. His research was adopted, and since 2014, the Bureau of Economic Analysis of the U.S. Department of Commerce has been publishing GO statistics quarterly.

3. Historical significance of the 2017 Mont Pelerin Society Seoul General Assembly

The 2017 MPS Seoul General Assembly was significant in that it fulfilled a long-held wish of Korea. It was the first time in Korea since the founding of the MPS in 1947, 70 years ago. In the meantime, regional and regular general assemblies have been held in major Asian countries. Japan held the MPS General Assembly twice, in 1988 and 2008, Hong Kong in 1978 and 2014, and Taiwan in 1978 and 1988. The four major economic powers of Asia, which were envied worldwide, held the MPS not once but twice, except for Korea. The reason was that there was no clear linker that connected MPS and Korea.

Then, Professor Gary Becker of the University of Chicago served as the president of MPS from 1990 to 1992. Professor Becker suggested that his student, Inchul Kim, become an MPS

⟨MPS Seoul 2017⟩ After the MPS Seoul conference, held from May 7-10, 2017, approximately 150 international attendees toured the Demilitarized Zone (DMZ)-the area where South Korean and North Korean soldiers stand closest to each other-and posed for a group photo. Professor Inchul Jeffrey Kim served as their guide that day. He is pictured in the front row, third from the right.

member, so I also went through the process and became an MPS member. I entered the Department of Economics at the University of Chicago in early 1976, received my doctorate in August 1981, and immediately began teaching as an assistant professor at the University of Colorado Boulder in September. I spent five years at the University of Chicago Graduate School and learned a lot from Professor Gary Becker.

During the first year, 1976, Inchul KIm was able to attend Professor Friedman's lectures and workshops. In 1977, Professor Friedman left his professorship at the University of Chicago and moved to the Hoover Institution at Stanford University, which has a good climate for all four seasons. Professor Becker was also a student of Professor Milton

Friedman since his youth at the University of Chicago. So, Inchul Kim's academic connections started with Milton Friedman and continued through his student Gary Becker. And Inchul Kim was able to naturally serve as a linker between the Mont Pelerin Society MPS and Korea.

The Korea Economic Daily was founded in August 1962 and published its first newspaper two years later on October 12, 1964. Since then, the Korea Economic Daily has always provided useful information to its readers. The Korea Economic Daily has always provided space for special contributors who explain how beneficial a free democratic market economy is to our people. Without the passionate and meticulous support of the Korea Economic Daily, the MPS Seoul General Assembly would not have been possible.

In particular, without the passionate and sacrificial activities, efforts, and consideration of the now retired editorial advisor Jeong Gyu-jae, editorial writer Kwon Yeong-seol of the Korea Economic Daily in 2017, international department head Kim Hong-yeol, and vice chairman of the Federation of Korean Industries Kwon Tae-shin, the 2017 MPS Seoul General Assembly would not have been possible. I would like to take this opportunity to express my sincere gratitude to all of them.
(End)

Part 10 | Challenges to 21st Century Financial Capitalism

1. Subprime Mortgage Bank Insolvency

As financial techniques developed at an incredible rate in the 21st century, the financial industry also began to expand significantly. However, in 2007, the so-called Subprime Mortgage Bank incident occurred.

Here, 'subprime' is 'bie-woo-ryang' in Korean and 'mortgage' is 'dahmbo daechool' in Korean. Therefore, 'subprime mortgage bank' is translated as 'bie-woo-ryang dahmbo daechool eunhaeng' or 'bie-woo-ryang dahmbo daechool hoesa'. In the United States, anyone who qualifies can borrow money from a bank to buy a house. In the past, if an individual's credit rating was not good in financial transactions, they were treated as a 'subprime' customer. Employees with poor credit ratings and low salaries would go to subprime mortgage financial companies and receive loans at slightly higher interest rates.

In the case of purchasing a house, long-term loans of up to 30 years are generally allowed. If you have a job, you can relatively easily buy a house with a bank loan. Of course, the bank that lends the money, as the lender, holds the house as collateral in case the borrower fails to pay the interest properly. This is a system that protects the lender at a legal level.

However, in the United States, borrowers who use bank money are also protected, although not completely. If the borrower cannot pay the interest after purchasing the house, the ownership of the house is transferred to the bank. This is called 'foreclosure.' And the borrower is considered to have no remaining debt. Therefore, the relationship between the lender and the borrower ends. However, this became one of the main causes of the 'subprime mortgage crisis.'

The subprime mortgage crisis in 2007 began when New Century Financial, the second largest mortgage lender in the United States, filed for bankruptcy. In August of the same year, American Home Mortgage Investment, one of the top 10 companies in the United States, filed for bankruptcy protection in the bankruptcy court. AIG, the largest insurance company in the United States responsible for insurance payments, also suffered losses of several billion dollars due to the bankruptcy. It was not just American financial companies. HSBC (Hong Kong Shang Hai), the world's third largest bank, entered the U.S.

housing market and suffered a setback. In August 2007, BNP Paribas, the largest bank in France, also suffered.

In 2008, the subprime mortgage lending companies continued to fail, and the U.S. Treasury and the Federal Reserve worked hard to resolve them. On September 6, 2008, the U.S. Treasury decided to nationalize Fannie Mae and Freddie Mac, two sponsors facing a liquidity crisis due to the housing market slump and mortgage losses, and to inject a total of $200 billion in public funds, $100 billion each. These two companies issued about 50% of all mortgage bonds in the United States.

The original name of 'Fannie Mae' was 'Federal National Mortgage Association' (FNMA) and it was established during the Great Depression in 1938. 'Fannie Mae' became the official name because it sounded like a woman's name so that people could easily remember it. The purpose of Fannie Mae was to purchase mortgage loan securities in the form of mortgage-backed securities, securitize them, and sell them to general investors, thereby expanding the size of housing mortgage loans.

The original name of 'Freddie Mac' was 'Federal Home Loan Mortgage Corporation' (FHLMC), but 'Freddie Mac', which sounded like a man's name, was the official name of the government and was established in 1970 to expand the housing mortgage market. Freddie Mac, along with Fannie Mae, purchased mortgages and sold them to general investors as mortgage-backed securities. Unfortunately, Fannie Mae and Freddie Mac, two mortgage companies, faced a liquidity crisis due to the housing market downturn and mortgage losses, and on September 6, 2008, the U.S. Treasury nationalized the two companies that it had been supporting.

2. The shock of the 2008 bankruptcy of the U.S. Lehman Brothers investment bank

Lehman Brothers was a company that started in 1847 as a cotton business by the three German Jewish brothers Henry, Emanuel, and Mayer Lehman. After making a lot of money in the cotton business, the three brothers switched to the financial industry and hit the jackpot. In 2007, it became the fourth largest investment bank on New York Wall Street, following Goldman Sachs, Morgan Stanley, and Merrill Lynch. Up until then, it had grown steadily and became a solid and stable financial company.

Since the late 1990s, Lehman Brothers has entered the mortgage loan market. In 1997, it acquired Aurora Loan Service in Colorado, and in 2000, it acquired two BNC Mortgage companies in the western region, and began to trade mortgages in earnest. Aurora Loan Service traded Alt-A grade mortgages, which are between Prime and Subprime, while BNC Mortgage specialized in subprime grades. However, after 2000, Lehman Brothers gave up investment banking and transformed into a hedge fund specializing in mortgages. The reason was that the housing finance market, which was always on the rise, seemed much better than the stock market, which was going through ups and downs. However, it was a big mistake to overlook the fact that it was also very risky.

A hedge fund is a fund that privately solicits a small number of investors and makes a profit. However, a hedge fund uses leverage techniques, so it is very risky. Leverage means 'leverage', and in finance, it means borrowing more external funds by using capital as leverage. In general, the leverage ratio refers to a company's dependence on debt, and it is a ratio that determines the dependence on other people's capital and the ability to pay interest.

Lehman Brothers was recognized by people as a master of leverage at the time. It created leverage by purchasing mortgage-backed bonds, using them as collateral to borrow money, purchasing profitable derivatives, and borrowing money with them to buy other linked products. Lehman Brothers increased its profits while taking on uncertainty and risk. Before the company went bankrupt in 2008, its capital was $22.5 billion, but before going bankrupt in 2008, it had assets of $680 billion. The assets were greatly inflated.

The leverage ratio also jumped significantly, from 6% in the first quarter of 2006 to 33% when it went bankrupt in 2008. However, it suffered a loss of $2.8 billion in the second quarter of 2008. To make up for this loss, management pushed for the issuance of $6 billion in new stocks. However, the situation was not favorable, the company's stock price fell 73% in the first half of the year, and there was no place to lend money.

Finally, on September 15, Lehman Brothers filed for bankruptcy protection in the New York District Court. Lehman Brothers' bankruptcy was the largest bankruptcy in American history. Lehman Brothers, which had been in the financial industry for 160 years, was the fourth largest financial company in the United States. Lehman Brothers, which had assets of $639 billion, liabilities of $613 billion, and a market value of $45 billion, suddenly collapsed over the weekend.

Lehman Brothers' bankruptcy hit the American financial market hard. The nine financial institutions that went bankrupt between 2006 and 2008 due to the subprime mortgage defaults were as follows: Bear Stearns, Citigroup, Merrill Lynch, Morgan Stanley, Goldman Sachs, Freddie Mae, Fannie Mae, MetLife, and Hartford Financial Group. American investors panicked. Depositors rushed to banks to withdraw their deposits, and the largest brokerage, Merrill Lynch, was acquired by Bank of America. A full-blown financial tsunami began to hit the world.

3. The 2008 Global Financial Tsunami That Avoided Korea

However, fortunately, the 2008 global financial tsunami avoided Korea. In fact, we almost got into big trouble. As mentioned briefly above, in order to make up for the $2.8 billion loss in the second quarter of 2008, Lehman Brothers pushed for a $6 billion new stock issuance and sounded out the Korea Development Bank about its intention to sell. At the time, Korea Development Bank President Min Yoo-sung was actively involved in the acquisition of Lehman Brothers. When the news was reported on August 22, Lehman Brothers (LB) stock price rose by about 5%. However, due to the negative view of the Korean government and the Korea Development Bank's difficulties in raising funds, the negotiations for Korea's acquisition of LB fell through. As a result, LB stock price plummeted, and on September 15, after Korea Development Bank, a state-owned enterprise, gave up on the acquisition, Lehman Brothers filed for bankruptcy protection in the New York District Court.

4. Ben Bernanke's quantitative easing policy

Ben Bernanke, as a member of the Federal Reserve Board of Governors, came to the University of Chicago in November

2002 to celebrate Professor Friedman's 90th birthday. He left a meaningful message. As Professor Milton Friedman and Dr. Anna Schwartz correctly pointed out, the Great Depression of 1929-32 occurred because the Fed forcibly reduced the US currency supply by 1/3 in an attempt to prevent gold outflow during the gold standard era, and he made a sincere apology on behalf of the senior Fed chairman at the time. He said that he learned about "helicopter money", a monetary policy that Professor Friedman explained metaphorically during his graduate school days at MIT, which is to say, scatter money from helicopters in the air so that many people can pick it up and use it quickly.

After that, Ben Bernanke served as the Federal Reserve Chairman from 2006 to 2014. During this period, the subprime mortgage bank failures occurred, causing a huge financial crisis in the United States. The financial crisis in the United States immediately expanded into a global financial crisis. Not only the subprime mortgage banks, but also major investment banks and large insurance companies on Wall Street in New York went bankrupt one after another. Concerned that this would lead to a financial crisis not only in the United States but also around the world, the US Treasury Secretary Henry Poulson and "Helicopter Man" and Federal Reserve Chairman Ben Bernanke went to Congress to ask for help. As a result, the Federal Reserve Chairman was finally given permission by Congress to use quantitative easing (QE) to avoid the crisis by scattering money.

The quantitative easing policy was already implemented by Japan more than 10 years ago, and the US Federal Reserve benchmarked it. The quantitative easing policy was an active monetary policy in which the central bank issued new currency and used that currency to purchase government bonds or bonds with a credit rating higher than that of the private sector, thereby increasing the amount of currency in circulation. QE has the effect of increasing the size of the central bank's balance sheet by utilizing the central bank's power to issue currency. However, the QE policy cannot be used at any time. It is used only in special cases where the central bank's base interest rate is 0 or extremely low, and interest rates do not fall even if the money supply is increased. During the 2008 financial crisis, there was an argument that the bubble burst because the housing mortgage market could not handle the excessive liquidity caused by the economic boom. However, in order to save mortgage companies, investment banks, and insurance companies that were going bankrupt and collapsing, Treasury Secretary Poulson and Federal Reserve Chairman Bernanke drastically increased monetary liquidity through the QE quantitative easing policy to save the US economy and, furthermore, the global economy.

However, for a certain period of time, Afterwards, the central bank tried to use a "tapering off" policy to gradually reduce the scale of quantitative easing. However, in January 2020, as the Corona-19 virus swept the world, countries around the world had no choice but to implement a large-scale low-interest money supply.

5. Contribution of Dr. Anna Schwartz

Dr. Anna Schwartz was born on November 11, 1915. She received her Ph.D. in economics from Columbia University in New York in 1964. Dr. Schwartz co-authored the 900-page [A Monetary History of the United States, 1867-1960] with Professor Milton Friedman of the University of Chicago.

Dr. Schwartz sharply criticized the government, saying that the financial crisis in the United States, along with the bankruptcy of Lehman Brothers in 2008, was entirely due to the 'Home Ownership Policy.' In the United States, the cost of living in someone else's house or owning one's own home was almost the same. However, the government By overemphasizing the benefits of ownership to the public, they encouraged people to buy homes if possible.

They lowered or eliminated the existing stringent requirements for housing through Fannie Mae and Freddie Mac, two large subprime mortgage companies that the government had long supported, so that people with low incomes and slightly poor credit ratings could buy homes. As a result, they reminded readers that the two giant mortgage companies, Fannie Mae and Freddie Mac, also suffered huge losses and were nationalized by the government.

In a New York Times op-ed in July 2009, Dr. Swartz criticized Ben Bernanke's reappointment as Federal Reserve Chairman as a bad decision. He argued that the U.S. monetary policy had been an overly expansionary monetary policy and that investors had not been informed or warned in detail that the newly designed financial products were difficult to measure in value.

6. The "Occupy Wall Street!" protest slogan that spread around the world

"Occupy Wall Street!" began on Saturday, September 17, 2011, on Wall Street in New York, New York, USA, and was followed by protests in nearby. The protesters who stayed up two nights at Zukat Park took to the streets on Monday morning. Following the Wall Street protests, protests spread to other cities. Protests took place in Boston, Washington D.C., Chicago, LA, SF, San Diego, and over 100 other cities. Then, in October of the same year, they spread to other parts of the world.

Another protester in the US chanted, "We are the 99%!" They believed that the income redistribution in the US was greatly distorted, and they chanted, "The poor are the 99%, the rich are the 1%." At one point, there were concerns that this would lead to serious social division. These slogans and protests took place simultaneously in the US and several European countries, but then died down again. In a situation where a small number of countries, such as Russia and North Korea, are threatening free democratic market capitalist countries with nuclear weapons, free democratic countries can instead unite as one. Using this time, free democratic countries are required to steadily improve their income distribution structure. (End)

Part 11 | The Age of the Survival of the Fittest, Russia's Invasion of Ukraine

1. The Advent of the Age of the Survival of the Fittest

The term "survival of the fittest" is a phrase we often hear around us, and literally means "The weak become meat and become food for the strong." This phrase is said to have originated from China a long time ago, and it is said that it does not have the meaning of cannibalism at all, but was used metaphorically. However, in modern times, "survival of the fittest" is often used to criticize the lawless society of a certain period.

In the 21st century, the world is entering an era of "survival of the fittest." In 2014, Communist Russian President Putin invaded the Crimean Peninsula in Ukraine and quickly annexed it to Russia. Then, in February 2022, Russia attacked Ukraine again, occupying four regions and still at war with Ukraine. China, which has become the world's second largest economy, is also looking for an opportunity to take over free Taiwan by force after taking over free Hong Kong. North Korea, a communist dictatorship, has been boasting that it has succeeded in developing nuclear weapons while deceiving the world for more than 10 years. North Korea is threatening free democratic market economic countries using China and Russia as shields.

2. Putin's determination to expand Russian territory

The person who had the greatest influence on Putin before he became president was his father. Next, there were two people who shared state power with Putin and handed it over to him: the last president of the Soviet Union, Mikhail Gorbachev (Mikhail Gorbachev: 3.1931 - 8.2022) and the first president of Russia, Boris Yeltsin (February 1931 - April 2007).

Putin (Vladimir Vladimirovich Putin) was born on October 7, 1952. His father (Vladimir Spiridonovich Putin, 1911-1999) was a loyal soldier of the Union of Soviet Socialist Republics. It is said that he was a brave soldier who fought desperately when Leningrad was surrounded by Nazi Germany. Putin had two older brothers, but they died of illness at a young age. Putin entered the law faculty of St. Petersburg University and received his bachelor's degree in 1975. After graduating from university, he worked for the State Security Committee (KGB) for 15 years and became the head of the Federal Security Service, the successor to the KGB, in 1998. Putin is said to have been passionate about academics.

It is said that the second person who had a great influence on Putin was Mikhail Gorbachev (1931-2022.8), the last president of the Soviet Union. Gorbachev served as the 6th Secretary General of the Central Committee of the Communist Party of the Soviet Union and as Chairman of the Presidium of the Supreme Soviet of the Soviet Union and Chairman of the Supreme Soviet. And as the first and last president and supreme power holder of the Soviet Union for six years from 1985 to 1991, he promoted great openness (glasnost) and reform (perestroika). However, unfortunately, his well-intentioned openness and reform policies did not succeed.

President Gorbachev's non-intervention policy within the Soviet Union led to the collapse of the Berlin Wall in 1989 and spurred democratization and revolution in Eastern Europe. He visited Beijing, China in May 1989, met with Deng Xiaoping, and reconciled with China. Then, in December 1989, he held a summit with George W. Bush of the United States and officially declared the end of the Cold War that had continued since 1945. As a result, Gorbachev received the Nobel Peace Prize in 1990. Gorbachev retired as the last president of the Soviet Union.

As Gorbachev's successor, Boris Yeltsin (October 1931 – December 1999) led the internal situation of Russia as the first president of Russia, not the Soviet Union. President Yeltsin was elected as the first president of the Russian Republic through a direct election in July 1991. Despite some opposition, he led the dissolution of the Soviet Union from the end of 1991 and implemented important political reforms, serving as the president of Russia for eight years until 1999. President Yeltsin gained enthusiastic support from Russian citizens by promoting neoliberal reforms in the early days of his presidency, but his economic reforms failed. The fruits of the Western-style liberal market economy were too slow to appear, and Russian companies began to collapse one after another after a few years.

Unfortunately, the economic performance did not follow Yeltsin's wishes. The economy was concentrated in certain industries, and the majority of ordinary people fell into poverty due to the loss of deposit assets. Thus, President Yeltsin ended his eight-year term. Yeltsin, aware of his political instability, retired from politics on December 31, 1999, handing over the presidency to Putin, who was then prime minister.

Putin left the KGB, where he had worked for 15 years, and entered politics. In May 2000, at the age of 48, he was elected the second president of the Russian Republic. He was re-elected in May 2004 and served as president for eight years until May 2008. Since the Russian constitution limits the presidential term to two consecutive terms, Putin served as prime minister from 2008 to 2012, during which time Dmitry

Medvedev became the third president.

Putin was elected president twice and served for a total of 16 years. Putin clearly saw that the economies of socialist countries were collapsing due to Gorbachev, the last president of the Soviet Union, dissolving the Soviet Union and hastily implementing the liberal market system of the Western world without sufficient preparation. And he had no choice but to watch as the hasty implementation of Russia's free market system ruined the Russian economy. Putin decided that a free-market economy was absolutely not suitable for Russia.

In fact, Putin was the sole ruler of Russia for 22 years under the old constitution from May 2000 to May 2022. In addition, in April 2021, Putin signed a constitutional amendment that included an amendment allowing him to run for president twice more, thereby extending his presidential term until 2036.

3. Putin's Occupation of Crimea

Scholars point out that Russia is not a country with oceans on both sides like the United States or the United Kingdom, but a huge continental country, so Russian leaders wanted all territories adjacent to Russia to become buffer zones. It is clear that Putin also wants Ukraine to become a buffer zone for Russia. However, since the 21st century, Western liberal democracies, including the 30 North Atlantic Treaty Organization

(NATO) countries, have joined forces to oppose Putin's plan, making it very difficult for the entire Ukraine to become a perfect buffer zone for Russia.

There is another reason why it is difficult for Russia to occupy the entire Ukraine. On April 26, 1986, the Chernobyl nuclear power plant exploded. It is estimated that 220,000 to 830,000 people were affected by the radiation, but the exact number is unknown. In the end, this problem led to the collapse of the former Soviet Union in 1989, as former Soviet Secretary General Gorbachev confessed in an interview with National Geographic. A huge amount of national budget was used for restoration work in the Chernobyl bomb area, but it is estimated that the restoration costs in the future will be unimaginable.

The radiation is currently sealed under the sarcophagus, but it has not yet disappeared. The Ukrainian government plans to dismantle the Chernobyl nuclear power plant and complete the cleanup work by 2065. In this situation, there seems to be little reason for Russia to launch an all-out war and forcibly take over all of Ukraine.

4. Relations between Ukraine and the Crimean Peninsula

The Crimean Peninsula is a peninsula that juts out into the Black Sea in the southern part of Ukraine, and is a very important region militarily for Russia. Russia has stationed the Russian fleet in Sevastopol, a port city in the southern part of the Crimean Peninsula, for 230 years. It faces northern Turkey (Turkiye) and is a very good place to exert influence in the Middle East or the Balkan Peninsula.

When the Soviet Union was established, the Crimean Peninsula was part of the Russian Soviet Federative Socialist Republic. At that time, the Crimean Soviet Autonomous Socialist Republic, an autonomous republic of the Crimean Tatars, was established. The Crimean Tatars are descendants of the Crimean Khanate. The Crimean Khanate was a dynasty established by the Mongols in the 13th century centered on the Crimean Peninsula, and was destroyed by the Russian Empire in 1783. Before the Crimean Tatars were forcibly driven out elsewhere, their numbers were much larger. However, at the end of World War II in 1944, the Crimean Tatars were forcibly relocated and the Crimean Autonomous Soviet Socialist Republic was downgraded to Crimea.

The Autonomous Republic of Crimea is a legally autonomous republic of Ukraine, located on the Crimean Peninsula, and controls all areas of the Crimean Peninsula except the special city of Sevastopol. Sevastopol is a port city where Russia has stationed its fleet for over 230 years. It faces northern Turkey and is connected to the Mediterranean Sea, allowing it to exert influence in the Middle East and the Balkan Peninsula.

Therefore, Russia was in a situation where it could never give up the port of Sevastopol.

Until 1991, Ukraine and Russia were part of the Soviet Union, so there was no element of conflict. The problem was that after the collapse of the Soviet Union, Russia fundamentally did not recognize Ukraine's rule over Sevastopol. In fact, it did not recognize Ukraine's rule over not only Sevastopol but also the entire Crimean Peninsula, and that continued to be a spark.

Even after the Soviet Union collapsed in 1991, Russia could not give up Sevastopol to Ukraine. In July 1993, the Russian Federation Council passed a resolution declaring Sevastopol a city of the Russian Federation. At the same time, the Communist Party Presidium of the Crimean Autonomous State Council also advocated the creation of its own presidential office.

Then, in May 1997, Russia and Ukraine signed a peace treaty. Through this treaty, Russia was able to use the bases and facilities in Sevastopol and Crimea for 20 years until 2017, with a five-year renewal thereafter. In return, Ukraine achieved the result of specifying in the treaty that Crimea and Sevastopol were Ukrainian territories. Ukraine may have thought that this settled the conflict over Sevastopol's ownership, but Russia still believed that Sevastopol was Russian and only temporarily separated.

In 2010, the two countries ratified a treaty extending Russia's lease of the naval base for 25 years until 2042 (2017 + 25), with a five-year renewal thereafter. The Ukrainian and Russian parliaments had very different positions on ratifying the extension of the lease of the Russian Sevastopol naval base until 2042. During the ratification process, the Ukrainian parliament was fiercely divided into proponents and opponents, and the ratification was narrowly approved with 52% of the total votes, while the Russian parliament ratified the treaty with a high approval rate of 98%. The Russian side probably thought that extending the lease of the Sevastopol naval base for a sufficiently long period would be advantageous to Russia.

5. Russia's sudden takeover of Crimea in 2014

The Crimean Peninsula is surrounded by Europe, the Middle East, and Russia. The climate is warm, the land is fertile, and the sea does not freeze even in the middle of winter. The Sea of Azov, located to the east of the Crimean Peninsula, contains large reserves of oil and natural gas. In addition, due to its geopolitical importance, there have been constant wars throughout history. In the 13th century, Genghis Khan of Mongolia occupied the Crimean Peninsula, and in the 16th century, the Ottoman Empire occupied it. From the 18th century, Russia took control. In 1954, during the Soviet era, Ukrainian-born General Secretary of the Communist Party of the Soviet Union Khrushchev transferred the Crimean Peninsula to Ukraine as a gift to commemorate the 300th anniversary of the annexation of Ukraine.

However, when the Soviet Union collapsed in 1991, the situation in Russia changed dramatically. The former satellite states of the Soviet Union became independent, and many countries converted to capitalist states. In addition, many of them joined NATO, the North Atlantic Treaty Organization, which Russia felt was the greatest threat. In this situation, even though it is more than 2,000 km away from Moscow, Russia cannot easily give up the Crimean Peninsula.

In the 2004 Ukrainian presidential election, Viktor Yushchenko, who had a pro-Western stance, took power. However, due to the economic crisis in emerging countries, Ukraine's economic situation was not good, and Viktor Yanukovych, a pro-Russian, was elected in the 2010 presidential election. Although the two people had different surnames, their first names were coincidentally the same. According to the 2001 census, 77% were Ukrainian, 17.3% were Russian, and 17.3% were of other ethnicities.

The problem was that Yanukovych's tyranny and self-righteous politics, which had strong pro-Russian tendencies, caused public backlash. On November 21, 2013, large-scale protests broke out in western Ukraine, including the capital Kiev, in opposition to President Yanukovych's decision to completely halt EU accession talks that were underway at the time and his pro-Russian policies.

In February 2014, bloodshed broke out when police fired indiscriminately at President Yanukovych's order to open fire, and this worsened, leading to public protests that spread throughout the country, resulting in the Euromaidan Revolution, which aimed to overthrow the dictatorship. Here, "Euro" means Europe, and "Maidan" comes from the Persian word "Meidan", meaning square, so it became Europe Square. Eventually, Yanukovych and his associates fled to Russia in the middle of the night, and the Ukrainian Supreme Council unanimously impeached Yanukovych and established a new interim government.

In this situation, Russia and the Autonomous Republic of Crimea moved quickly to take control of the Crimean Peninsula, which was part of Ukraine. On March 11, 2014, the Autonomous Republic of Crimea and the Special Administrative Region of Sevastopol declared independence from Ukraine and formed the Republic of Crimea. On March 16, a vote was held to merge with Russia, and 96.6% of the voters approved the merger. At that time, the ethnic composition of the Crimean Peninsula was approximately 60% Russian, 20% Ukrainian, and 15% Tatar. The very next day, on March 17, President Putin, along with other relevant figures, signed the Treaty on the Merger of Crimea and Russia in the Moscow Kremlin, and on March 19, the Constitutional Court of the Russian Federation unanimously ruled that the merger treaty was constitutional. All of these procedures were carried out in a rushed manner within a week.

6. Russia's invasion of Ukraine in February 2022

When the Soviet Union collapsed in 1991, Ukraine unintentionally became a nuclear power with 176 nuclear missiles and 1,800 nuclear warheads in Crimea. In 1994, Ukraine, the United States, the United Kingdom, and Russia signed the Budapest Memorandum, agreeing to transfer the nuclear weapons remaining on Ukrainian territory to Russia in exchange for guaranteeing Ukraine's political independence and territorial sovereignty. At that time, Crimea became part of Ukraine. Therefore, legal scholars criticize that Russia's annexation of the Autonomous Republic of Crimea in just eight days was a violation of international law.

Another thing Russia must take responsibility for is the explosion of the Chernobyl nuclear power plant in northern Ukraine in 1986. The radioactivity that leaked at that time is still sealed in a sarcophagus buried underground, and the problem is scheduled to be resolved by 2065, but "How will Russia deal with this problem in the future?" is also a task that both countries must solve.

Nevertheless, in March 2014, Putin occupied Crimea in a short period of time and easily absorbed it into Russia. There are many Russians who have lived in Ukraine for a long time. They watched Crimea easily fall to Russia and wanted all of Ukraine to be annexed by Russia. In particular, Russians who live concentrated in the Donbas region of Ukraine took to the streets and threatened the Ukrainian government, saying that they wanted independence from Ukraine. Among them, two regions, the Donetsk People's Republic and the Luhansk People's Republic, turned against Ukraine and fought against the Ukrainian government, starting a civil war.

Then, on September 5, 2014, a ceasefire agreement was reached through the mediation of the Organization for Security and Co-operation in Europe (OSCE). The countries that signed the ceasefire agreement were Ukraine, Russia, the Donetsk People's Republic, and the Luhansk People's Republic, and the ceasefire agreement took place in Minsk, Belarus. This agreement is called the 'Minsk Agreement 1' by people. However, less than two weeks after the ceasefire agreement was signed, the agreement became meaningless. The following year, on February 12, 2015, German Chancellor Merkel, French President Hollande, Russian President Putin, Ukrainian President Poroshenko, and representatives of Donetsk and Luhansk met in Minsk and agreed to the 'Minsk Agreement 2' after 16 hours of negotiations.

Seven years later, on February 24, 2022, Russia launched a full-scale attack on Ukraine again. Ukraine, a militarily weak country, started an all-out war against Russia, a military powerhouse, and it is still ongoing. The combined casualties of the two countries are said to exceed 500,000, which would be the largest casualty record for a state-on-state war since World War II. It is reckless for a militarily weak country like Ukraine to wage war against a military power like Russia, but free world countries including the US and UK are sending Ukraine military supplies, medicine, and money, so the war is prolonging despite casualties. The Ukrainian people are fighting the Russian army with a desperate fight. As of the end of June 2025, it is still uncertain when the Ukrainian war will end. (End)

Part 12 | Korea's Security and Economy

1. Extension of the NATO

NATO is an abbreviation for the North Atlantic Treaty Organization, and is called the North Atlantic Treaty Organization or the North Atlantic Political and Military Alliance. As of December 2023, the number of NATO member states is 31. The purpose of NATO is to guarantee the freedom and security of member states through political and military means. This treaty consists of a preamble and 14 articles. Article 5 of NATO stipulates that if a member state is attacked by force, it will be considered an attack on the entire group and all member states will jointly respond, which is called 'collective security'.

NATO's headquarters are located in Brussels, Belgium. The 12 founding countries were the United States, the United Kingdom, France, Italy, Canada, Norway, the Netherlands, Belgium,

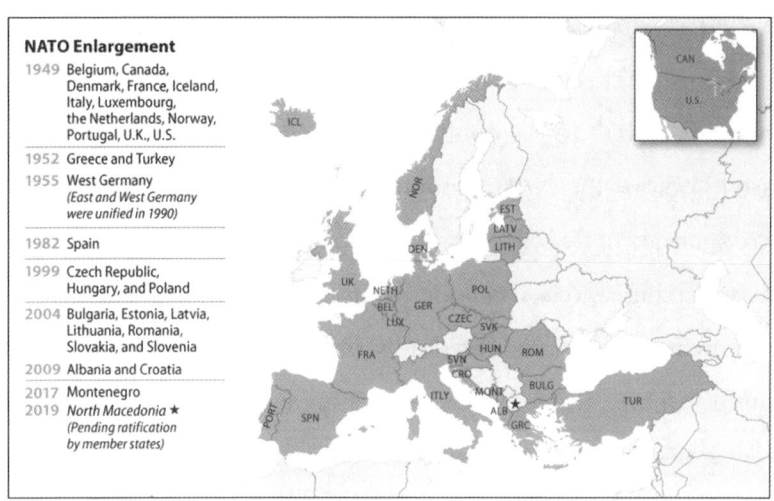

NATO Enlargement

1949 Belgium, Canada,
     Denmark, France, Iceland,
     Italy, Luxembourg,
     the Netherlands, Norway,
     Portugal, U.K., U.S.

1952 Greece and Turkey

1955 West Germany
     (East and West Germany
     were unified in 1990)

1982 Spain

1999 Czech Republic,
     Hungary, and Poland

2004 Bulgaria, Estonia, Latvia,
     Lithuania, Romania,
     Slovakia, and Slovenia

2009 Albania and Croatia

2017 Montenegro

2019 North Macedonia ★
     (Pending ratification
     by member states)

⟨NATO On The Map⟩

Denmark, Portugal, Iceland, and Luxembourg. In 1952, Greece and Turkey joined, making NATO a total of 14 countries. On May 8, 1955, West Germany joined, making NATO a total of 15 countries. Then, in 1982, Spain joined, making NATO a total of 16 countries.

In 1999, three former Warsaw Pact members, Czech Republic, Hungary, and Poland, joined NATO, making NATO a total of 19 countries. In 2004, seven countries joined together, making NATO a total of 26 countries, suddenly increasing its size. They were Bulgaria, Romania, Slovakia, Slovenia, Estonia, Latvia, and Lithuania. In particular, Estonia, Latvia, and Lithuania are sometimes called the Baltic states, and were formerly part of the Soviet Union. In 2009, Croatia and Albania joined, bringing NATO to 28 countries. In 2017, Montenegro joined, bringing

153

NATO to 29 countries. In 2020, North Macedonia joined, bringing NATO to 30 countries. In April 2023, Finland joined, bringing NATO to 31 countries. On July 10 of the same year, a day before the NATO summit (July 11-12), Turkish President Erdogan abruptly withdrew his opposition to Sweden's NATO membership, and NATO soon became a 32-nation alliance.

However, Russia is absolutely opposed to Ukraine's NATO membership. Russia annexed Crimea in 2014 and invaded Ukraine again in February 2022, and now occupies a quarter of it. Even though liberal countries accuse Russia of violating international law, President Putin does not care.

2. China's threat to annex Taiwan

In October 2022, the 20th National Congress of the Communist Party of China opened. At this, Xi Jinping, General Secretary of the Communist Party of China and President of the State, was confirmed to be reappointed for a third term. In his opening speech, he expressed his firm will regarding Taiwan. He said, "We will make the utmost sincerity and effort to achieve peaceful reunification, but we will not give up the use of force, and we will definitely achieve the complete reunification of the motherland."

This declaration by President Xi Jinping is in line with the 2014 occupation of the Crimean Peninsula in Ukraine in just nine days and its forcible annexation by Russia. Now, we have entered an era where the UN cannot do anything even if a military power annexs a weak country forcibly. This is why the NATO treaty organization led by the United States is rapidly expanding.

China enacted the Anti-Secession Law in 2005, which stipulates three situations in which it can unify Taiwan by force. There are three situations in which China can unify Taiwan by force: (1) Taiwanese authorities declare independence, (2) a national referendum on Taiwanese independence, and (3) the United States diplomatically recognizes Taiwan. This defines any move by Taiwan toward independence as a red line that China cannot tolerate.

The second situation that triggers China's unification by force is when a military confrontation occurs. This includes (1) Taiwan's military attack on China, (2) large-scale riots in Taiwan, (3) Taiwan's resumption of nuclear weapons development, and (4) the deployment of foreign troops in Taiwan, the sale or lease of offensive weapons to Taiwan, and the redeployment of US nuclear weapons to Taiwan.

The fourth situation in which China's unification by force is 'when the possibility of peaceful unification is completely lost. This is the case when Taiwan continues to delay peaceful unification in a situation where there is no consensus on peaceful unification. This clause means that China can unify Taiwan by force at any time if it wants to. It is a typical example of the law of the jungle in the 21st century.

Although it turned out to be a mistake by the United States, the United States worked hard for many years to help communist China become a member of the WTO in 2002. With the help of the United States, China had the technology to produce products as long as they received orders from the world, and became the world's factory. In this way, China became the world's second largest economy in 20 years.

3. US laws and policies for protecting Taiwan

1) Taiwan Relations Act(1979)

In 1978, the Chinese Communist Party administration of the People's Republic of China formed a united front with the United States, Japan, and Western Europe against the Soviet Union, and this led to the United States establishing diplomatic relations with China in 1979. President Carter of the United States canceled the Sino-American Mutual Defense Treaty (SAMDT) with the Republic of China (ROC Taiwan).

Instead, the United States enacted the Taiwan Relations Act, which established a new relationship with Taiwan. Its content was "to promote the foreign policy of the United States by maintaining peace, security, and stability in the Western Pacific and by authorizing the continuation of commercial, cultural, and other relations between the people of the United States and the people of Taiwan." The bill passed the House of Representatives on March 13, 1979, passed the Senate the following day on March 14, 1979, and was signed into law by President Jimmy Carter on April 10, 1979. The bill went into effect retroactively from January 1, 1979.

This act, the TRA, does not recognize the term "Republic of China" but instead uses the term "Governing Authority for Taiwan", which is simply "Taiwan." The Taiwan Relations Act (TRA) is intended to maintain commercial, cultural, and other relations through informal relations in the form of the American Institute Taiwan (AIT), a nonprofit corporation established under the laws of the District of Columbia, without any formal government representation or official diplomatic relations. The Act also requires the United States to "provide Taiwan with defensive weapons and maintain the ability of the United States to resist force or other forms of coercion that endanger the security, society, or economy of Taiwan."

2) Taiwan Travel Act(2018)

The Taiwan Travel Act was signed into law by President Trump on March 16, 2018. As a follow-up to the Taiwan Relations Act, this bill also allows for high-ranking U.S. officials to visit Taiwan and vice versa. The Taiwan Travel Act was introduced to the U.S. Congress in 2016 by Representative Steve Chabot and Senator Marco Rubio. It was passed unanimously by the U.S. House of Representatives in January 2018, and signed into law by President Trump on March 16, 2018. Taiwanese President Tsai Ing-wen said on her Twitter account, "I would like to express my gratitude to the US Congress for supporting Taiwan's democracy, and I believe that the Taiwan Travel Act will strengthen the long-standing partnership between China and Taiwan."

3) Taipei Act

'Taipei' was called the capital of the former Republic of China (now Taiwan). However, the reason the Taipei (Taiwan Allies International Protection and Enhancement Initiative) Act discussed here was enacted was because the People's Republic of China (PRC) pressured Taiwan's diplomatic partners to cut diplomatic relations, thereby isolating Taiwan internationally.

The Taipei Act was first introduced by the US House of Representatives in September 2019. In March 2020, after four senators revised some of the bill, both the Senate and the House of Representatives unanimously passed the bill (415 votes in favor, 0 votes against). This bill was intended to check the Chinese Communist Party, which has been pressuring Taiwan for years, and to strengthen Taiwan's position in the areas of trade, diplomacy, and international exchange, and to raise Taiwan's status in the international community. Article 5 of the bill is about the United States providing Taiwan with defensive weapons, and Article 6 is about the maintenance of a U.S. military force to resist any force threatening Taiwan. This law prevents China from hastily invading Taiwan by force.

4) Changes in US – China Relations

During the Korean War from June 1950 to March 1953, the UN forces and the US forces fought fiercely against the Chinese army as their main enemy, as allies. However, after the ping-pong diplomacy between the US and China in 1971, US President Nixon and Chinese Chairman Mao Zedong established diplomatic relations in 1972. As a result, China became a UN member state and one of the five powerful permanent members of the UN Security Council. Unfortunately, Free China had no choice but to withdraw from the UN. Not only that, it also suffered the misfortune of having to hand over its embassy in Seoul to Communist China.

Meanwhile, the relationship between the US and Communist China improved further. Communist China knew that its economy would grow rapidly if it entered the World Trade Organization (WTO), so it asked for help from the US, while the US believed that if its economy improved, Communist China would transform into Free China. However, many European countries opposed Communist China's entry into the WTO. However, the United States persuaded the free world for many years, and eventually communist China was able to become a member of the WTO in 2002.

China has played the role of the world's factory for more than 15 years, making a huge amount of money and now it is clearly the world's second largest economy. However, becoming rich did not change China into a free China. When President Xi Jinping came to power in 2013, he brainwashed the people with the Chinese dream and returned China to the communist system. Xi Jinping is expected to continue to push forward his policies by extending his term of office like Putin in Russia.

4. Rapid growth of the Korean defense industry

In recent years, the Korean defense industry has grown remarkably. Foreign media outlets have been competitively reporting to the world the news that the Korean defense industry is growing rapidly. In August 2022, CNN reported that Korea had quietly become a major leaguer in the defense industry. In November 2022, Forbes in the United States said, "South Korea has quietly become one of the world's largest arms suppliers." The British news agency Reuters also covered South Korea's defense industry development strategy and arms export trends in depth.

The reason South Korea's defense industry has reached its current level is because of President Park Chung-hee. When 20,000 US troops stationed in South Korea were suddenly withdrawn in 1971, President Park, feeling a sense of crisis about national security, decided to pursue independent national defense and wanted to develop an advanced weapons industry. To do so, he first began expanding the heavy chemical industry.

Even between 2012 and 2016, South Korea's arms exports accounted for only 1% of the global market. However, from 2017 to 2021, arms exports skyrocketed by 177%. There were two main reasons for this. One is because Russia occupied the Crimean Peninsula in Ukraine by force in March 2014, and the other is because many small countries near Russia quickly joined NATO out of fear of Russia's "survival of the fittest." As a result, the new member countries bought a large amount of cheap and effective weapons from Korea.

In response, liberal countries have been indirectly helping Ukraine by continuing to grow in size with the same intention. Ukraine cannot continue a long war with Russia, a military powerhouse. However, it is receiving support from liberal countries, including weapons, medicine, and food. And it is fighting Russia with the determination to die in order to pass on freedom and prosperity to its children and descendants.

Fortunately, Korea's defense industry has been growing noticeably in recent years. Foreign media outlets have been competitively reporting to the world the news that Korea's defense industry is growing rapidly. CNN in the United States frequently reports that Korea quietly became a major leaguer in the defense industry in August 2022. In November 2022, Forbes in the United States reported that "South Korea has quietly become one of the world's leading arms suppliers." Reuters in the United Kingdom also covered South Korea's defense industry development strategy and arms export trends in depth.

5. ROK-US Mutual Defense Treaty

The ROK-US Mutual Defense Treaty is the legal basis for the ROK-US alliance. This treaty is a treaty on a military alliance between the Republic of Korea and the United States that was signed by the Korean Minister of Foreign Affairs and the U.S. Secretary of State in Washington D.C. on October 1, 1953 after the Korean War and entered into force on November 18, 1954. The basic contents of this treaty are as follows:

"The Parties to this treaty, reaffirming the desire of their peoples and governments to live in peace, desiring to strengthen the institutions of peace in the Pacific area, desiring to publicly and formally declare their common desire to defend themselves against armed attack from outside so that no potential aggressor may be under the illusion that either of them is isolated in the Pacific area, and desiring to strengthen their efforts for collective defense to maintain peace and security until a comprehensive and effective regional security organization is developed in the Pacific area, agree as follows." This is why there has been no war on the Korean Peninsula for the past 70 years.

However, the current situation is different from the past. First of all, the UN is unable to control the military aggression of the great power Russia. In addition, communist China is also threatening to occupy Taiwan militarily. North Korea has been steadily developing conventional weapons and nuclear weapons for a long time using Russia and China as shields, and the world is becoming increasingly unstable.

In the current situation, Korea's choice is clear. No country in the world can defend itself alone. Korea must share its economy and security with countries that adopt liberal democracy and a market economy. Geographically, Korea does not belong to the North Atlantic, so it cannot become a member of NATO. However, the four countries of the Asia-Pacific (Korea, Japan, Australia, and New Zealand) have many opportunities to help each other as NATO partner countries. In order to avoid World War III, free democratic countries can show the communist countries that they can unite and exercise overwhelming force.

The summit of the North Atlantic Treaty Organization(NATO) took place in The Hague, the capital of the Netherlands, on June 24-25, 2025. Currently, NATO has 32 member states, including the United States, and the meeting was attended by representatives of each country, including their presidents and prime ministers. The main agenda of the summit was for NATO members, excluding the United States, to agree to increase their defense spending to 5% of their GNP within the next ten years to prepare for a potential Russian attack. The Baltic states of Estonia, Latvia, and Lithuania, which are very close to the Russian border, decided to increase their defense spending early on.

Unlike previous years, NATO members are now more eager than ever to see US President Trump's commitment to NATO's defense, given that the United States is expected to shoulder the burden. Notably, NATO Secretary General Mark Rutte and current Dutch ministers had already decided on a 3.5% defense budget target and an additional 1.5% for defense-related expenses approximately 20 days before the June 2025 NATO Summit. The new 5% spending target was divided into two parts: 3.5% for direct military costs such as military salaries, weapons, and ammunition, and the remaining 1.5% for defense-related activities.

The international media widely reported that the Netherlands' proactive measures positively influenced President Trump's continued support for NATO and his pragmatic and sophisticated pre-planning. Former Dutch Foreign Minister Ben Bot predicted that President Trump's continued support for NATO and his continued support for Ukraine would be due to former Prime Minister Mark Rutte's pragmatic and sophisticated pre-planning.

The conclusions reached at the June 2025 NATO Summit are as follows: First, Russia has once again been identified as a long-term threat to NATO allies. Second, all NATO member states recognize that any country attacked by an external enemy is an attack on all NATO members, and they will unite to defeat the enemy. Third, in June 2025, NATO member states confirmed their continued support for Ukraine, which is struggling to fight against Russia. Therefore, the following conclusions were reached at the June 2025 NATO meeting: We express our gratitude to the Kingdom of the Netherlands for its generous hospitality, and the next meeting will be held in Turkey in 2026 and in Albany in 2027.(End)

Part 13 | The UK Exits EU

1. Introduction

On January 31, 2020, the UK officially left the EU after 47 years. To be more specific, Brexit began at 11 PM Korean time. 'Brexit' is an abbreviation for 'Britain's Exit' and is a new word referring to the UK's withdrawal from Europe. The word 'Brexit' is a shortened form of the UK's withdrawal from the EU.

After deciding to leave the EU in the 2017 British referendum, it went through a difficult process of about three years. At that time, British Prime Minister Boris Johnson said, "The EU has had its own strengths and many good points over the past 50 years, but now it is going in a direction that does not suit the UK, so we have no choice but to leave the EU.

Now that the UK, the world's fifth largest economy, has chosen to leave the EU, it is expected that there will be major changes in the global economy and politics. Brexit will have a major impact on the EU, but at the same time, the UK will also be greatly affected. Not only that, but the entire world will be affected by Brexit. Today, we will look at the background of the UK's withdrawal from the EU and examine the UK's future activities in international trade and international finance. First, we will briefly look at the process by which the small European Community of six countries during World War II (1939-1946) expanded into the EU of 27 countries in 1993.

2. History of the European Union

1) Yalta Conference in February 1945 and Potsdam Conference in July

Second As World War II was drawing to a close, Italy surrendered. As Nazi Germany also showed signs of defeat, Allied leaders met for eight days from February 4 to 11, 1945, in Yalta, a resort town on the Crimean Peninsula in Soviet territory. The three leaders were U.S. President Roosevelt (January 1882 - April 1945), British Prime Minister Churchill (November 1874 - January 1965), and Soviet Secretary-General Stalin (December 1878 - March 1953). The main topics of discussion were postwar Germany's treatment, war reparations, postwar border demarcation, and the decision-making process of the new international organization, the United Nations. As representatives

⟨The Flag of Europe⟩ The Flag of Europe was officially adopted as the national flag of Europe by the Council of Europe in late 1955. The Council of Europe urged other European institutions to adopt the Flag, and in 1985, the European Union adopted it. In 2017, 16 EU member states, plus France, officially recognized the Flag of Europe as the symbol of the EU. The Flag of Europe features twelve gold stars forming a circle on a blue background. The circle of stars symbolizes unity.

of the Western Allies, Prime Minister Churchill and President Roosevelt joined hands to pressure Soviet Secretary-General Stalin in order to obtain the common interests of the Western Allies. At the same time, the experienced President Roosevelt listened to Stalin's reasonable arguments. As an experienced politician, Roosevelt He acted as a mediator between the Soviet Union and Britain, receiving what he could from Stalin and giving what he could.

Meanwhile, France surrendered to Germany at the beginning of World War II and had no national representative. When France surrendered to Germany in 1940, General de Gaulle of France went into exile in London and formed the National Congress of Free France. After the liberation of Paris, the Allied powers recognized de Gaulle's status, but his reputation within France was somewhat negative. Left-wing politicians in France disliked de Gaulle because he was a Catholic, and the right-wing camp treated him as a traitor who betrayed the national hero General Petain. However, he took office as the chairman of the provisional government with the liberation of France in 1944, and de Gaulle returned to Paris on September 9 of the same year.

However, French leader General de Gaulle was unable to hold a meeting at the Yalta Conference on February 8, 1945 (1945:2.4-11) and the Potsdam Conference on July 15, 1945 (1945:7.17.- 8.2) was not invited. General de Gaulle was furious that this was an idea of President Roosevelt of the United States and was a serious diplomatic insult. However, the Soviet Union opposed de Gaulle's participation in the Yalta Conference and the Potsdam Conference. The Soviet representative was concerned that if General de Gaulle were invited to the Potsdam Conference, given his personality, he would insist that all matters decided at the Yalta Conference be discussed again at the Potsdam Conference in order to preserve his honor.

The problem did not end there. British Prime Minister Churchill hated de Gaulle so much that he even tried to give up his support for de Gaulle's resistance movement. In a telegram sent to Deputy Prime Minister Attlee and Foreign Secretary Eden in London on May 21, 1943, Churchill severely criticized de Gaulle of France as follows: "De Gaulle accused himself of representing all the French people, despite the bitter military defeat he had suffered in the war against Germany." And he described de Gaulle as "a person who is thoroughly unfriendly to Britain and the United States, sympathizes with communism, and even has fascist tendencies." When this fact became known, de Gaulle was furious and subsequently opposed Britain's application for EU membership twice.

2) Development of the European Community

A. On July 23, 1952, the European Coal and Steel Community (ECSC) was established by six countries. The founding members were the three Benelux countries (Belgium, the Netherlands, and Luxembourg), France, Italy, and West Germany. In the Treaty of Paris, they agreed that coal and steel were the most necessary resources for making weapons of war, and agreed that the six-nation community would agree on coal and steel production.

B. On January 1, 1958, the European Economic Community was established in accordance with the Treaty of Rome in 1957.

C. On July 1, 1967, the European Community (EC) was established by merging the organizations of the three communities: the European Coal and Steel Community (ECSC), the European Economic Community (EEC), and the European Atomic Energy Community (EURATOM).

3) Expansion of the European Community(EC)

January 1, 1973 (First Expansion): Denmark, Ireland, and the United Kingdom joined the EC.

January 1, 1981 (Second Expansion): Greece joined the EC.

January 1, 1986 (Third Expansion): Portugal and Spain joined the EC.

October 3, 1990: With the reunification of East and West Germany, the former East Germany was incorporated into West Germany.

4) Establishment and Expansion of the European Union

On 7 February 1992, the Maastricht Treaty was signed, establishing the European Union.

1 January 1995 (4th enlargement): Austria, Finland, and Sweden joined the EU.

1 May 2004 (5th enlargement): Cyprus, Czech Republic, Estonia, Hungary, Latvia, Lithuania, Malta, Poland, Slovakia, and Slovenia joined the EU. The EU expanded from 15 to 25 member states.

1 January 2007 (6th enlargement): Bulgaria and Romania joined the EU. On 13 December 2007, representatives of the EU member states signed the Treaty of Lisbon, which entered into force on 1 December 2009. July 1, 2013 (7th enlargement): Croatia

joins the EU.

On June 23, 2016, the UK voted to leave the EU through a referendum.

3. Britain's long-standing efforts to join the European Economic Community(EEC)

Thanks to the Marshall Plan provided by the US, Europe recovered at an astonishing rate from the devastation of World War II. From July 1947 to four years later, Europe received about $130 billion in aid from the US, and with the exception of West Germany, the European economy largely recovered to its pre-war state, according to historians.

In 1951, six countries (Belgium, France, West Germany, Italy, Luxembourg, and the Netherlands) jointly planned and managed coal and steel production through the European Coal and Steel Community (ECSC), greatly increasing productivity. Based on this, the six ECSC countries signed the Treaty of Rome in 1957 and established the European Economic Community (EEC). The EEC aimed to create a 'Common Market' with the goal of free movement of people, goods, and services. At that time, French President de Gaulle decided to treat the EEC as a 'Franco-German Alliance' based on his special relationship with West Germany and the other four countries as satellite countries.

Unaware of this situation, Britain submitted an application for EEC membership in 1963, but French President de Gaulle exercised his veto and rejected it. Britain was greatly disappointed by this. Then, in 1967, he submitted an application for EEC membership, but de Gaulle rejected it a second time. He gave two reasons for his refusal, which he announced publicly. One was personal, and the other was that Britain's EEC membership would be very disadvantageous to France in agricultural trade. The personal reason was that Britain was too supportive of the US position. This was because in February 1945, when the German defeat was imminent at the end of World War II, British Prime Minister Churchill met with Stalin at the Yalta resort in the Soviet Union, accompanied by US President Roosevelt.

In 1969, when de Gaulle resigned as president, Britain submitted its third EEC membership application and began the process of becoming an EEC member. The British Parliament passed the 1972 European Community Bill, and on January 1, 1973, Britain officially became a member of the European Economic Community (EEC). It was a very difficult and painful process.

In 1950, Britain's per capita GNP was 33% higher than the average of six European countries. However, since then, Britain's income has continued to decline, and has actually fallen by 10%. However, after the UK became a member of the EEC, it remained relatively stable. This showed that the income ratio of the UK and other EEC member states did not deteriorate any further.

4. Why did the UK leave the EU?

The UK joined the EEC in 1973 and its economy seemed to improve for a while, but it began to deteriorate after becoming a member of the European Union. The number of member states began to increase rapidly when the European Union was established with the Maastricht Treaty. In 1952, the European Community began as the European Coal and Steel Community of six countries. However, when it expanded to the European Union in 1995, the number of members increased to 27 countries. Most EU member states other than the UK, including the UK, France, Germany, and the UK, are countries with difficult economies and low-income levels.

The reasons why the British people decided to leave the EU are as follows:

1) They cannot help but lose in the fight for leadership within the EU. In particular, unified Germany is not the West Germany of the past. Unified Germany, the largest economy and most populous country in Europe, decides on important policies in the EU. As of 2015, the UK's voting rights in the EU were only 8%. Therefore, it had little say in the EU. This led to widespread

anti-EU sentiment among the British public that "the UK pays a huge amount of money to the EU but has little influence."

2) As the UK's economy, which had shrunk after the 2008 global financial crisis, recovered, immigrants from Eastern Europe flocked to find jobs. As the discontent among the UK's elderly and low-income class grew, they loudly supported Brexit.

3) Even though the UK became an EU member, it did not adopt the euro like other member states. The UK, which had been known as a financial kingdom for centuries, chose the British pound currency even though it became an EU member. Since it had set a certain ratio between the euro and the pound, it could suffer huge financial losses if the financial crisis occurred in 2009.

5. BREXIT's Impact on the EU

With the United Kingdom (UK) leaving the European Union (EU) on January 31, 2020, the EU will now consist of 27 member states: Belgium, Luxembourg, France, Germany, Italy, the Netherlands, Denmark, Ireland, Greece, Spain, Portugal, Sweden, Austria, Finland, Poland, Czech Republic, Hungary, Slovakia, Lithuania, Slovenia, Latvia, Estonia, Cyprus, Malta, Romania, Bulgaria, and Croatia.

The differences in the EU's GDP growth rates before and

after the UK's 2020 withdrawal are as follows: 2016 (1.9%), 2017 (2.8%), 2018 (2.1%), 2019 (1.9%), 2020 (-5.6%), 2021 (6.4%), 2022 (3.5%), 2023 (0.5%), and 2024 (1%). The -5.6% negative growth rate in 2020 wasn't solely due to the UK's withdrawal. The debate over the UK's withdrawal had been ongoing for years before 2020, so the effects of BREXIT had been gradually affecting the remaining EU member states. However, the COVID-19 pandemic, which suddenly threatened the entire planet in early 2020, immediately brought about a significant negative growth rate in the EU.

When the United Kingdom withdrew from the EU in early 2020, powerful countries such as Germany, France, Italy, and Spain decided to take leadership and steer the EU. The number of seats in the European Parliament was set at 96 for Germany, 79 for France, 76 for Italy, 59 for Spain, and 51 for Poland. The GDP-to-contribution ratios of key countries for the EU's growth and development are as follows: Germany 19.90%, France 17.76%, Italy 13.57%, Spain 9.15%, and Poland 3.07%.

The EU now appears poised for renewed growth. By 2024, the combined population of the 27 EU countries will be approximately 500 million, while the United States' population will be approximately 350 million in the same year. The EU's GDP in 2024 will be approximately $19.4 trillion, while the US's GDP will be approximately $28.78 trillion. And China's GDP is approximately $18.8 trillion. If China continues to strengthen its communist stance, the EU's GDP is expected to surpass that of communist China.

1) Changes in Trade

Trade with EU member states that remain could result in immediate losses due to tariff obligations. However, if the quality of traded goods is improved and customer trust is increased, even if tariffs are imposed, profits from existing customers may increase. Developing new products using AI could further increase demand from existing customers.

2) China's Communism and the Spread of Russia's Aggression

China is no longer a free-market economy. A new free-market order will soon emerge in the global market. Even if Britain leaves the EU, economic cooperation between Britain and EU member states could become more active than before Brexit due to the tyranny of China and Russia.

3) The UK is still a Brent oil producer

As of 2023, the UK is still an oil producer producing expensive Brent crude oil. More than half of the reserves are still left. For the sake of the environment and future generations, oil is being extracted little by little. It is dealing with oil depletion and global warming. The UK drills for oil in the North Sea, the northeastern sea. Most of the North Sea light oil, Brent crude, is buried in Norway and the UK. A country with such oil resources is a country blessed by God.

6. The Rapid Recovery of the EU Economy and Its Reasons

After Britain left the EU, the remaining member states experienced several economic difficulties. Consequently, many of those who stayed in the EU criticized Britain for its decision. However, after a year or two, the EU economy began to recover. This turnaround occurred because the citizens and governments of the remaining 27 member states adjusted their outlooks—perhaps even out of necessity—for some reasons.

First, the Russo-Ukrainian War, which many had expected to end quickly, became increasingly uncertain. Second, they sensed the growing economic rivalry between the United States and China. Third, EU member states did not experience serious religious conflicts among themselves. As a result, the EU was not deeply shaken by Brexit, and a renewed sense of mutual trust naturally developed among member countries. This atmosphere of cooperation allowed them to find a path to economic recovery relatively quickly.

To better understand why the EU economy recovered so rapidly, I visited five major Spanish cities—Madrid, Barcelona, Valencia, Seville, and Córdoba—over ten days in October 2025.

As Spain's capital, Madrid offered abundant job opportunities, particularly in government offices, and was witnessing a boom in new high-rise construction, including many hotels. The other four cities, meanwhile, were actively renovating historic palaces and landmark buildings to attract foreign tourists.

Throughout my visits to these five cities, I observed that all maintained long business hours. Attractive shops and convenience stores selling food, coffee, beer, and other goods were open from 6 a.m. to 9 p.m., drawing customers well into the evening. Most impressively, many young shop owners spoke English fluently. When the UK was still an EU member, shop owners rarely spoke English so readily, but now it was commonly—and accurately—used. Interestingly, the English I heard was not marked by a formal British accent, but rather a warm, friendly American one.

Part 14 | Early 21st Century, the Power of Capitalist Market Economy

1. Attending the 2024 MPS General Assembly in New Delhi, India

I attended the 2024 MPS India General Assembly in mid-September. This MPS General Assembly was held in New Delhi, India from September 22 to 26. About 350 people from 40 countries participated. The attendees were experienced professors, researchers, government officials, and staff of international organizations. As for MPS, I have explained it before. MPS is the first letter of the three words Mont Pelerin Society.

The Mont Pelerin Society refers to the International Society for Free and Democratic Economics, which was started in April 1947 by Professor Hayek, who was the chairman of the Austrian School at the time. It is an academic society that promotes the

This photo was taken during a break at a Mont Pelerin Society meeting in New Delhi, India, in the fall of 2024. From left, Professor Emeritus Yuko Arayama of Nagoya University, Nobel Professor James Heckman of the University of Chicago, and Professor Emeritus Inchul Kim of Sungkyunkwan University.

advantages of free democratic market economy internationally. In 2024, India played a leading role and successfully held the event on the 5th and 6th. India is known historically as a country with many deep-thinking scholars.

The theme of the conference that India announced to the world at the 2024 MPS New Delhi General Assembly was "For the freedom and prosperity of the world's 6 billion people." As of 2024, the total population of the world is 8.3 billion, of which about 2.3 billion are citizens of wealthy countries with free democratic market economic systems, while the remaining 6 billion are economically poor. Therefore, as the host country, India wanted to widely publicize through this event that it would seek measures for the economic freedom and prosperity of the 6 billion people.

Among the speakers who participated in this event, the most impressive presenter was Professor James J. Heckman of the University of Chicago. He had already received the Nobel Prize in Economics in December 2000 in the field of econometrics. He was born in 1944 and is over 80 years old in Korean age, but he still continues to conduct important research with his strong physical strength and intellect. The subject that he studied for a long time was the importance of children's education. He said that it is very valuable that educational opportunities are easily provided to everyone in a free democratic and capitalist market economic system.

Professor Heckman's research on education alone for the past 15 years has been on the effectiveness of children's education. There are two types of education: home education and school education, but home education is character education taught by parents, and school education is knowledge education taught by school teachers. The effectiveness of knowledge education at school depends on the educational ability of the school teacher and the personality of the student. Professor Heckman's research on home education showed that parental education is most effective from the age of 3 to the third grade of elementary school.

What we should think about here is that in a free democratic country, all citizens are entitled to education. Anyone can become an engineer or a doctor if they want to. They can also become a capitalist, a landowner, or a building owner. In a free democratic country, no one can stop this freedom of choice.

2. Highly Certain Economic Development in India

As of 2024, the world population is recorded as 8.162 billion according to the World Bank's statistics. China has 1.42 billion people and India has 1.45 billion people. India's population has become larger than China's. The Chinese government recommends one child per family, so India's population will soon surpass China's. And since India will maintain a free democracy and capitalist market economy, India's economy is expected to grow much faster than communist China's in the future. And the most advantageous thing for India is that, unlike China, all Indians can speak English accurately, so the time is expected to come soon when they can stand shoulder to shoulder with economic powerhouses in terms of economy and culture.

In particular, as we enter the 21st century and face a new Cold War era, China has clearly turned to a communist economic system. Therefore, the era of "China is the world's factory" is now gone. However, since India is pursuing a free democracy and a capitalist market economy, Indians believe that it is only a matter of time before India overtakes China's economy.

3. 'Capitalist Market Economy Education for College Students' hosted by MPS

At every MPS general meeting, there is a discussion session where the audience listens with special interest. This discussion session is a session where college students present papers, the audience listens, asks questions, and the presenter answers. The audience is mainly professors, but there are also general intellectuals and experts from other fields. It has been over 10 years since this discussion session began. Through this discussion session, college students' interest in the capitalist market economy has increased and their knowledge has improved considerably, but college freshmen are still interested in the claim in 'Das Kapital' written by Karl Marx (May 5, 1818 – March 14, 1883) in 1867 that capitalism is the exploitation of wages that capitalists should receive from workers.

However, in the 20th century, the concept of capitalism used in the free democratic market economy system has changed significantly in its meaning worldwide. Unlike the early 19th century, anyone can become a capitalist or an investor if they want. At first, you start out as a small capitalist, and if your business is successful, you can become a large capitalist in a free market economy. No one will stop you from becoming a large capitalist. Instead, the capitalist or investor is always responsible for uncertainty and investment risks, whether in the domestic or global market.

4. Strengthening Education on Capitalist Market Economy for Youth

For the past 30 years, the government-affiliated KDI(Korea Development Institute) research institute, major media organizations, and universities have taught the advantages of capitalist market economy to youth and college students, but it has not had much effect. The reason is that the concepts of capitalist market economy, socialism, and communism were not clearly explained to children. On the other hand, many politicians have been leaning to the left in our country.

However, anyone who calls themselves a citizen of the Republic of Korea should have a clear understanding of the concepts of socialism and communism. And they should know exactly what a 'capitalist market economy' is. Fortunately, many students think that socialism is a great concept in its own way, even if they dislike communist ideology. So they eventually fall into their own trap.

When talking to young students, they believe that the concept of socialism they know coexists separately from the concept of communism. Their thoughts are as follows. In a socialist society, the government controls for the public good, and the goal of socialism is to reduce social inequality through the redistribution of wealth. However, the problem is that they do not know that socialist ideology is ultimately a preliminary step to a communist system. Young people still lack experience in the world, so they cannot understand the concept of socialism well. However, they must know that if they abandon the free democratic market economy system and move to a socialist system in the 21st century, everyone will become poor and eventually become a vassal state of the surrounding socialist powers.

In a capitalist market economy system, anyone can become a capitalist or a landowner. Producers, consumers, and investors can also satisfy their own needs through the free market. And unlike in the past, in the 21st century, only by having a free democratic and capitalist market economy system can they create strong allies and have a strong economy.

Even college students do not have actual economic experience yet, so they cannot fully understand capitalists and cannot accurately understand the position of company employees. However, you can roughly guess what the company's working conditions are like through your seniors or relatives. College students will think that the government should do a better job with economic policies and that business owners should treat their employees more generously.

5. Socialism is Doomed to Fail

During the MPS General Assembly held in New Delhi, India last September, a Western professor told an anecdote from his lecture. He asked his students in the classroom which was better, Democratic Socialism or Democratic Capitalism, and many students said that Democratic Socialism was better than Democratic Capitalism, which greatly embarrassed him.

Regarding this, Professor Mark Skousen, a senior professor, responded as follows. He said that college students and young people are still simple-minded and attach too much meaning to the word itself. He said that college students at the average level have a negative view of the word Capitalism, and that the word 'capitalism' needs to be explained in more detail. Regardless of East or West, when the word 'capitalism' comes up, students remember that in 'Das Kapital' written by Karl Marx in 1867, capitalists were positioned as those who exploit labor, and they know that 'capitalism' is always bad.

Therefore, first of all, it is necessary to explain to students that 'democratic capitalism', that is, in a democratic market economy system, 'capitalism' can benefit everyone, including capitalists, and that not only employees, but also corporate executives, customers, suppliers, investors, and the local community can all benefit. Professors and scholars in our country also need to change the current term "capitalism" associated with the market economy to capitalism in the modern sense.

In order to resolve students' doubts about the concept of "capitalism" in the modern sense, the following explanation can be given. First, point out the contradictions of 'democratic socialism'. For example, in American schools, they ask students how much an individual's annual living expenses are. It may vary slightly depending on the region, but let's assume that students in the classroom need roughly $50,000 a year.

And let's assume that in a democratic socialist country, people work according to their ability and the government allows them to spend, for example, $50,000 according to their needs. People with a lot of ability can earn more than $50,000, but the government collects the money they earn and distributes the difference to those who do not earn $50,000.

But how long will this salary system last? At first, people with a lot of ability can work hard with patriotism and donate more than $50,000 to the country, but this system cannot last long. If everyone works as little as possible and tries to earn $50,000, it is obvious that everyone will soon be poor. This is the obvious reason why Socialism cannot last long.

6. Disadvantages and Countermeasures of a Capitalist Market Economy

Free democracy and market capitalism also have disadvantages.

Income distribution can become very poor. In the current situation where competition is fierce in the global market, a huge amount of capital is also needed to invest in new fields. To solve this problem, the government needs wise tax policies and new investment subsidies. However, the capitalists' ingenious ideas are also necessary.

In the case of the United States, the management method of Henry Ford, who greatly contributed to the automobile industry, is very famous. In 1914, when President Ford made a lot of money by selling cars like hotcakes, he paid his employees $5 a day. At that time, that amount of wages was a lot of money. With that amount of money, the employees could buy their own cars. The employees were very happy because they could actually drive the cars they made to work. As a result, the employees were able to produce better cars with more care and attention.

However, in the latter half of the 20th century, professors who received the Nobel Prize in Economics observed that the national income inequality was getting worse and argued that democratic capitalism also needs to be improved. According to these professors, this is because humans instinctively dislike excessive income inequality. However, the problem we face is that human instinct is not easily changed by government power or social pressure. However, it is very fortunate that some famous business owners in advanced countries are voluntarily solving the problem of excessive income inequality.

For example, Microsoft in the US is experiencing a win-win result for both business owners and employees by implementing a stock option system. All 12,000 employees of Microsoft have become rich people with millions of dollars. If more companies like this emerge around the world, this planet will surely become a better place to live. (End)

| References |

Becker, Gary S., and Guity Nashat Becker. 1997. *The Economics of Life*. New York: McGraw-Hill.

Boettke, Peter J. 2001. *Calculation and Coordination: Essays on Socialism and Transitional Political Economy*. London: Routledge.

Bohm-Bawerk, Eugen. 1984 [1898]. *Karl Marx and the Close of His System*. Philadelphia: Orion Editions.

Burns, Arthur F., ed. 1952. *Wesley Clair Mitchell: The Economic Scientist*. New York: National Bureau of Economic Research.

Clark, John Bates. 1895. "The Origin of Interest." Quarterly Journal of Economics 9 (April), 257-78)

Coase, Ronald H. 1976. "Adam Smith's View of Man." *Journal of Law and Economics* 19, 529-46.

Friedman, Milton, and Anna J. Schwartz. 1963. *A Monetary History of the United States, 1867-1960*. Princeton University Press.

_____, 1968. *The Invisible Hand in Economics and Politics*. Singapore: Institute of Southeast Asian Studies.

_____, and Rose Friedman.1998. *Two Lucky People*. Chicago: University of Chicago Press.

Gordon, Robert J. 1974. Milton Friedman's Monetary Framework. Chicago: University of Chicago Press.

Hayek, Friedrich A. 1975. *Monetary Theory and the Trade Cycle*. New York: Augustus M. Kelly.

_____, 1979. *A Tiger by the Tail: The Keynesian Legacy of Inflation*. Washington, DC: Cato Institute.

Hobbes, Thomas. 1996 [1651]. *Leviathan*. New York: Oxford University Press.

Keynes, John Maynard. 1973 [1936]. *The General Theory of Employment, Interest and Money*. London: Macmillan.

Kirzner, Israel. 1973 [1936]. Competition and Entrepreneurship. Chicago: University of Chicago Press.

McCloskey, Deirdre. 1998. *The Rhetoric of Economics*, 2d ed. Madison: University of Wisconsin Press.

Marx, Karl, and Friedrich Engels. 1964 [1848] The Communist Manifesto. New York: Monthly Review Press.

Menger, Carl. 1976 [1871]. Principles of Economics, trans. James Dingwall and Bert F. Hoselitz. New York: New York University Press.

Mises, Ludwig von. 1966. Human Action, 3d ed. Chicago: Regnery.

1980 [1952]. *Planning for Freedom*, 4th ed. Spring Hill, PA: Libertarian Press.

Montesquieu. 1989 [1848]. The Spirit of the Laws. Cambridge: Cambridge University Press.

Ricardo, David. 1876. Works of David Ricardo. London: John Murray.

Rothbard, Murray N. 1970. *Power and Market: Government and the Economy.* Menlo Park. CA: Institute for Humane Studies.

_____, 2002. "Milton Friedman Unraveled." Journal of Libertarian Studies 16:4 (Fall), 37-54. Reprinted from *The Individualist* (1971).

Samuelson, Paul A. 1962 "Economists and the History of Ideas." Vol. 2. American Economic Review 52: 1 (March), 1-18.

_____, 1966. Collected Scientific Papers of Paul A. Samuelson. Vol.2. Cambridge. MA: MIT Press.

Schumpeter, Joseph A. 1934. *The Theory of Economic Development.* Cambridge, MA: Harvard University Press.

Skousen, Mark. 1990. *The Structure of Production.* New York: New York University Press.

_____, 2008. EconoPower: *How a New Generation of Economists Is Transforming the World.* New York: Wiley & Sons.

Smith, Adam. 1965 [1776]. *The Wealth of Nations.* New York: Modern Library.

Smith, Vernon L. 1987. "Experimental Methods in Economics." In the New Palgrave: *A Dictionary in Economics,* vol. 2, 241-49, London: Macmillan.

Stigler, George. 1941. *Production and Distribution Theories*. New York: Macmillan.

———, 1966. The Theory of Price. 3d ed, New York: Macmillan.

Viner, Jacob. 1965. "Guide to John Rae's Life of Adam Smith." In John Rae, *Life of Adam Smith*. New York: Augustus M. Kelley.

 When I met Mr. Inchul Kim for the first time at the University of Chicago in 1977, he was already recognized as a hub of information for the newly arrived Asian students. Namely, he had started his studies about two years ahead of me and was well known among the faculty of the economics department by that time.

Incidentally, Inchul and I attended a lecture on Price Theory given by Professor Gary Becker together. Then Professor Becker often mentioned Professor Milton Friedman, who had already left the University of Chicago in 1977 to join the Hoover Institution at Stanford University. Inchul and I have remained close friends ever since.

At Becker's recommendation Inchul and I also became members of the Mont Pelerin Society, MPS for short, and over the past twenty years, we have attended the MPS meeting almost every year. Needless to say, the MPS was first established by Friedrich Hayek and Milton Friedman. Professor Becker followed in Friedman's footsteps and became the President of MPS.

As far as I know, Inchul taught in the United States and returned to Korea early to become a professor. Before becoming a professor, he conducted extensive research on Korean economic policy at the government-funded Korea Development Institute. Recently, he has started providing quite a number of important economic essays on YouTube, only in Korean. To my delight, he has decided to translate the content into English and compile it into a book for international readers this time. I hope that this book offers an accessible overview of not only the Korean economy but also international politics for a wide range of readers.

Yuko Arayama, Professor Emeritus of Nagoya University.
(Received the University of Chicago a Ph. D. in Economics)

Professor Kim, Inchul, carrying on the liberal market economy philosophy of his mentor, Professor Milton Friedman of the University of Chicago, has devoted himself to promoting the advantages of the free market system. As a full member and board member of the Mont Pelerin Society (MPS), founded in 1947 by scholars of liberal market economics, he has played an important role in spreading the achievements of the free market economy. In recent years, however, the liberal market system has faced various challenges from countries such as China and Russia, which are seeking to expand government intervention. This book is a collection of Professor Kim's writings on the free market economy, originally published through YouTube broadcasts and newspaper contributions. It is expected to provide valuable insight not only for economics majors but also for general readers in understanding both the accomplishments of the liberal market system and the challenges it currently faces.

Professor Emeritus Jung Sik Kim of Yonsei University. Former president of the Korean Economic Association. He received a Ph. D. in economics from Claremont University

Professor Inchul Kim, Emeritus of Sungkyunkwan University, has published a new book through Sungkyunkwan University Press. Professor Kim has revised and rewrote content he posted on YouTube over the past year, beginning two years ago. Professor Kim is the first Korean to receive a doctorate in economics from the University of Chicago. While at Sungkyunkwan University, he has consistently researched the free-market economy advocated by his mentor, Milton Friedman.

This book is the definitive edition. It provides an in-depth explanation of the concepts of liberalism, democracy, and the free market, as well as their origins. The book's core lies in its clear comparison of the academic contributions of leading economists from the Chicago and Austrian Schools of economics, the two major schools of thought. It also examines the development and impact of the 2008 global financial crisis, highlighting the challenges of the free market economy. It also systematically analyzes international issues, such as the United Kingdom's withdrawal from the European Union and Russia's invasion of Ukraine, as well as South Korea's security challenges. This book will be a valuable resource for readers, especially young students, to envision how the world will change in the future.

Professor Emeritus Seung-guan Baik of Hong-Ik University. Received a Ph. D. in Economics from the University of California, Berkeley

자유민주주의와 시장경제

  이 책은 지난 2년 동안 필자가 U-tube에 올렸던 12개의 강의와 그리고 몽펠르랭(Mont Pelerin Society, 줄여서 MPS) 국제회의를 다녀와서 국내 신문에 발표한 2개의 글을 모아 출판하였다. 몽펠르랭 국제회의는 1947년 4월, London School of Economics(LSE)에서 오래 동안 교수직을 수행한 프리드리히 하이에크(Friedrich Hayek, 1899-1992) 교수가 창립한 것이다. 이 당시 시카고 대학의 밀턴 프리드먼(Milton Friedman, 1912-2006) 교수는 젊은 교수로서 MPS의 창립회원이 되었다. 하이에크 교수와 프리드먼 교수는 무척 가까운 관계에 있었다.

  당시 시카고대학교의 법대교수인 애런 디렉터(Aaron Director, 1901-2004)는 하이에크 교수와 아주 가까운 친구이었다. 디렉터 교수는 하이에크 교수의 "The Road to Serfdom" 책을 시카고대학교 출판부가 발행하도록 다리를 놓아주었으며 LSE에서 가르치던 하이에크 교수를 시카고대학의 특별 연구교수로 올 수 있게 하였다. 프리드먼 교수는 시카고대학교 대학원 학생 시절에 로즈 디렉터(Rose Director) 여학생을 만났으며 몇 년 후에 뉴욕에서 결혼하게 되었다. 그래서 프리드먼 교수보다 11살이나 위인 매형이 바로 애런 디렉터이다. 이로써 프리드먼 교수는 젊은 시절부터 하이에크 교수와 매우 친한 관계에 있었다.

이렇듯 하이에크 교수와 프리드먼 교수와의 특별한 관계를 내가 알게 됨으로써 경제이론에 있어 두교수가 서로 같지 않을 때도 있지만 결국 서로 이해하는 방향으로 가게 된다는 사실을 알 수 있었다.

나의 중간 이름, 'Jeffrey'는 나의 필명(Pen name)이다. 나는 2014년부터 2010년까지 약 6년 동안 한국의 영자신문인 The Korea Times에 칼럼을 씀으로써 세계적으로 내 이름이 퍼져 나갔다.

본인은 현재 Mont Pelerin Society의 영구회원으로 활동하고 있다. 국내 일류수준의 한국경제신문사는 2017년 5월 6-10일 기간에 Mont Pelerin Society 회의를 서울에서 개최하였다. 이로써 한국은 자유민주주의 시장경제를 추구함으로써 빠르게 발달된 경제상황을 전세계에 알릴 수 있었다.

서울에서 MPS 행사를 치르기 위해서 한국경제신문사는 4년 이상의 준비를 했어야 했다. 이런 과정에서 많은 외국인들은 나를 "Inchul"보다 "Jeffrey"라고 불렀다. 한국에서 "김인철" 이름을 가진 분들이 많아서 혼선을 불러올 때가 자주 있어서 "Jeffrey" 이름이 추가로 붙으면 국내외적으로 편리할 때가 많다.

| 차례 |

제1편 | 자유민주주의와 시장경제의 체제 강화와 주요 과제

자유민주주의와 시장경제 체제는 대한민국의 국가적 정체성을 나타낸다. 조금 쉽게 표현한다면, 대한민국의 정치체제는 독재 공산주의와 구별되는 자유민주주의며 이것은 구체적으로 자유주의와 민주주의의 합성어라고 할 수 있다. 그리고 시장경제는 정부가 주도하는 계획경제가 아니고 시장이 주도하는 경제체제라고 할 수 있다.

자유민주주의 체제라 하더라도 선진국형과 개발도상국형이 있다. 마찬가지로 시장경제 체제라 하더라도 선진국형과 개발도상국형이 있다. 그러므로 대한민국이 GDP 기준으로 세계 10위권에 있다 하더라도 우리가 안보 문제를 해결하지 못하면 우리의 자유민주주의와 시장경제는 하루아침에 사라질 수도 있다.

제1편에서 제기되는 과제가 무엇인지 다음과 같다. 먼저 우리가 왜 자유민주주의 체제와 시장경제 체제를 강화해야 하는지 또 대한민국이 당면하고 있는 과제가 어떤 것들인지 알아보자. 지금 우리 대한민국의 정치와 경제는 과거 어느 때보다 위험과 불확실성이 대단

히 높다. 그 이유는 무엇보다도 세계가 지금 신냉전 시대를 겪고 있기 때문이다. 미국과 중국은 패권 장악을 위하여 지금은 서로 관세정책을 포함하여 경제전쟁을 치르고 있지만 앞으로 미국과 중국 간에 군사적 마찰도 일어날 수도 있다.

군사 강대국인 러시아는 2022년 2월 24일 무력으로 우크라이나를 침공한 후 3년이 지났으나 우크라이나는 함락되지 않았다. 이미 양측국가에서 주요 건물의 파괴는 엄청나며, 수많은 사상자가 생겼기 때문에 양측이 감정적으로 쉽게 물러설 수가 없는 상황이 되었다. 러시아의 푸틴 대통령은 우크라이나 침공을 당장 멈출 생각은 없다. 미국의 트럼프(Trump) 대통령이 러시아-우크라이나 전쟁을 멈추려고 중재 역할을 하려고 하지만 트럼프와 푸틴(Putin)의 속셈이 서로 달라서 정전 또는 휴전이 쉽게 이루어지지 않고 있다. 그동안 세계 많은 나라가 우크라이나에 무기와 의약품을 우크라이나에 보내왔으나 아직도 전쟁은 계속되고 있다. 지금 한국은 인도주의 차원에서 우크라이나를 돕고 있다.

미국은 유럽 연합을 포함하여 일본, 캐나다, 호주와의 군사 동맹의 힘을 합해서 앞으로 러시아가 또 다른 침략행위를 하지 못하도록 방어벽을 쌓고 있다. 이런 상황에서 러시아와 중국의 군사적 힘을 얻고 있는 북한은 남쪽의 대한민국을 향해 수시로 핵무기위협을 계속해옴으로써 한반도 사정을 매우 불안하게 만들고 있다.

2013년 중국의 최고 지도자가 된 시진핑 주석은 과거 중국 지도자들이 결정한 약속을 어기고 완전히 공산주의 국가로 돌아섰다. 그리고 지금 중국은 공산 러시아 편에 바짝 붙어있다. 지난 1997년 중국은 과거 150년간 지배를 받아왔던 홍콩을 영국으로부터 반환받았으며 이어서 "하나의 중국"을 주장하고 있다. 그리고 중국은 과거UN 안전보장이사회의 상임 이사국이었던 자유 대만을 홍콩처럼 접수하려고 한다. 그리고 북한의 핵무장을 교묘하게 지지하고 있다. 이에 대응하여 미국은 북대서양 조약기구인 NATO와 유대를 강화하고 있으며 미국과 대만과의 안전보장 협정에 따라 미국은 대만을 지키고 있다.

이런 상황에서 대한민국은 국가안보와 경제성장을 동시에 계속해 나갈 수밖에 없다. 한국의 국가안보는 한국이 혼자 담당할 수 없다. 지금은 지구상의 어느 나라도 홀로 자국의 국가안보를 담당할 수 없다. 엄청난 비용이 들 뿐 아니라 자체방어는 불가능하다. 현재 러시아, 중국, 북한의 3국 동맹의 위협에 대응하기 위해서는 한국은 일본과 미국과의 군사 및 경제 동맹이 필수이다. 그래야 대한민국이 자유민주주의와 시장경제 체제를 계속 유지할 수 있다.

제2편은 "자유민주주의와 자유시장경제의 의미와 역할"이다. 제3편은 "자유주의 사상의 변천사와 시대적 주요 인물"이며 제4편은 "자유시장경제는 왜 좋은가?"이다. 제5편은 "오스트리아학파의 주요 인물들과 그들의 활동"이며 제6편은 "하이에크(Hayek)의 생애와 몽펠르랭 소사이어티(Mont Pelerin Society) 창립"에 관한 것이다. 제7편은 "한 지붕 밑 오스트리아학파와 시카고학파"이다. 제8편은 "시카고학파의 좌장, 밀턴 프리드먼의 학술적 공헌"이다. 제9편은 2017년 "Mont Pelerin Society (MPS) 서울총회 개최"이다. 제10편은 "도전받는 21세기 금융자본주의"이며 제11편은 "글로벌 약육강식 시대, 한국의 안보-경제 강화"이다. 그리고 끝으로 제12편은 "한국의 선택은 자유민주-시장경제"이다. 제13편은 "영국은 왜 EU(유럽연합)를 탈퇴하였

을까?"

이제는 각 제목에 관해서 내용을 간략히 설명하고자 한다. 제2편 강연은 "자유민주주의와 자유시장경제의 의미와 역할"에 관한 것인데 강의의 주요 내용은 이러하다. 가장 중요한 것은, 우리가 자유민주주의 개념과 자유시장경제의 개념을 확실하게 구분하고 용어의 내용과 범위가 무엇인지 정확하게 알아보고자 한다.

자유민주주의는 정치용어로서 자유주의와 민주주의의 합성어이다. 보통 사람들이 말하는 자유주의는 '개인의 자유'를 가리킨다. 자유민주주의 국가는 공산주의 또는 전제주의 국가와 다르다. 이런 나라에서는 지배자가 국가의 모든 권력을 장악하여 국가적 주요사안을 직접 결정한다. 그러나 자유민주주의 국가에서는 직접 선거를 통하여 국민이 국가적 주요사안을 결정하며 그 외의 사안은 국민의 뜻을 받은 정치인 대리인들이 결정한다. 그리고 자유시장경제에서는 공산주의 국가에서 하듯이 정부가 주도하는 계획경제가 아니라 생산자가 시장에서 자유롭게 판매하고 소비자는 원하는 상품을 시장에서 자유롭게 살 수 있다.

제3편 강연의 주 내용은 '자유주의 사상의 변천사와 시대적 주요인물'이 된다. 사상의 개념도 알아야 하겠지만, 그 시대에 활동하던 주요 인물이 누구였는지 알아볼 것이다. 주요 인물의 가족 배경과 교육환경을 찾아보면 그들의 사상을 좀 더 쉽게 그리고 정확하게 이해할 수 있다.

자유주의는 개인의 인격의 존엄성을 인정하며 타인에게 피해를 주지 않는 범위 내에서 개인의 경제적, 사회적 활동의 자유를 보장하려는 정치적 사상이다. 자유를 최상의 정치 사회적 가치로 삼는 사회철학적 이념이라고 할 수 있다. 자유주의는 어떤 권력자로부터 받는 부당한 지배나 억압으로부터 해방을 추구하는 사상이라고 할 수 있다. 자유주의자라고 해서 정부의 역할을 전면적으로 부정하지는 않는다. 자유주의자들도 공공재, 법, 복지 등을 관리하는 정부의 일정한 통제는 필요하다고 인정한다.

역사적으로 자유주의를 주창한 철학자들이 많으나, 그중에도 뛰어난 인물들을 찾으라면 출생 연도 순서대로 영국의 존 로크(1632-1704), 프랑스의 몽테스키외(1689-1755), 스코틀랜드 영국의 애덤 스미스(1723-1790), 영국의 존 스튜어트 밀(1806-1873) 등을 꼽을 수 있다. 애덤 스미스와 스튜어트 밀은 정치적 사상뿐 아니라 경제적 자유의 중요성도 함께 주장한 철학자이었다. 자유주의 사상가들의 집안 배경과 교육과정을 살펴봄으로써 이들의 이론과 주장을 좀 더 정확하게 이해할 수 있다.

제4편의 강연은 "자유시장경제는 왜 좋은가?"이다. 앞에서 거론된 훌륭한 철학자들은 자유시장경제가 왜 좋은가를 이론적이고 논리적으로 설명하고 있으나 애덤 스미스와 리카도는 실제 경험적으로도 왜 좋은가를 설명한다. 국내시장에서의 거래뿐만 아니라 국제무역 거래까지 포함하는 자유시장제도가 얼마나 유용한지 알아볼 것이다. 애덤 스미스는 그의 1776년 "국부론"에서 어느 국가든지 가장 싸게 상품을 만들어 팔면 무역하는 모든 국가에 이득이 생긴다는 '절대우위론'을 주장했다. 이에 더하여 리카도(David Ricardo)는 41년 후, 1817년 그의 저서(Principles of Political Economy)에서 각자 비교우위가 있는 상품을 특화해서 두 나라가 서로 교환하면 더 큰 이득이 생긴다는 '비교우위론'을 주장하여 세계의 이목을 끌기도 하였다.

1976년 노벨경제학상을 받은 시카고대학의 밀턴 프리드먼 교수는 65세에 시카고대학을 은퇴하고 미국 남가주에 있는 스탠퍼드(Stanford) 대학 부설 Hoover Institution에 소속해 있으면서 이론보다는 주로 실제적인 정책 면에서 민간인을 상대로 자유시장제도를 TV 토론회에서 쉽게 설명했습니다. 그리고 그는 미국은 물론이고 전 세계적으로 부인과 함께 TV 카메라 팀과 여러 나라를 다니면서 보통 사람들에게 자유시장제도가 왜 필요하고 좋은 것인지를 일깨워 주고자 하였다. 그의 부인인 Rose Director Friedman 여사도 경제학자인데 시카고대학교 대학원 시절에 같이 만나서 결혼하였다. 여행을 마치고 강연내용을 주로 부인께서 꼼꼼하게 다시 정리해서 책으로 만들어 세계 사람들이 읽도록 하였다. 그렇게 만들어진 책이 "Free to Choose (선택의 자유)"이다. 상당히 풍자적인 사건인데 오히려 러시아를 포함하여 사회주의 국가 사람들이 많이 그 책을 사 갔다는 기록이 남아 있다.

　　제5편 강연은 "오스트리아학파와 주요 인물"에 관한 것이다. 19세기, 20세기 경제학 하면, 오스트리아 경제학파를 빼놓을 수가 없다. 물론 근대경제학의 시조는 18세기 후반, 1776년에 발행된 '국부론'의 저자 애덤 스미스(Adam Smith 1723-1790)를 빼놓을 수 없다. 한국 학계에서도 오스트리아학파 하면 미제스(Ludwig von Mises, 1881-1973) 교수와 하이에크(Friedrich August Hayek, 1899-1992) 교수가 비교적 많이 알려져 있다. 오스트리아경제학파 중에도 미제스와 하이에크 두 교수에게 학문적 영향을 많이 끼친 선배 학자를 지적하지 않을 수 없다. 현대경제학의 발전에 크게 공헌한 카를 멩거(Carl Menger, 1840-1921)와 오이겐 뵘-바베르크(Eugen von Böhm-Bawerk,

1851~1914) 두 학자가 손꼽히고 있다. 특히 멩거 교수는 미시경제학의 한계효용이론의 창시자로 추앙받고 있다.

이들의 영향을 많이 받은 미제스(Mises)와 하이에크(Hayek)는 주류경제학에 대해 매우 비판적이다. 주류경제학이 자랑하는 '경제 현상의 과학적 예측'은 불가능하다고 단정한다. 사회과학에 있어 실증주의는 치밀한 논리적 근거에 기반을 두는 것이 아니라서 경제 현상들 사이의 통계적 연관을 찾는 주류경제학자들은 모두 틀렸다고 보는 것이다. 그러나 오스트리아학파의 하이에크 교수는 다소 시카고학파의 실증경제학 연구에 공감을 다소 가졌다. 그리고 현대 경제학의 지평을 넓혔다는 호평을 받았은 하이에크 교수는 1974년 노벨경제학상을 받았다.

본인의 제6편 강연은 하이에크의 몽펠르랭 회(Mont Pelerin Society, 줄여서 MPS) 창립에 관한 것이다. 1947년 당시 끔찍한 제2차 세계대전이 끝난 뒤에도 자유를 억압하는 전체주의 망령이 세계에 드리우고 있음을 개탄하며 하이에크가 주축이 되어 39명의 학자가 MPS를 창립했다. 경제학자, 역사학자, 철학자이었으며 주로 경제학자가 많았다. 이 단체는 자유시장 경제정책을 제시하며 열린사회에 대한 정치적 가치를 옹호하는 사람들로 구성되어 있다. 한국도 4년 동안 준비해서 2017년 5월에 MPS 서울총회를 개최하였다.

제7편 강연은 "한 지붕 밑 오스트리아학파와 시카고학파"에 관한 것이다. 오스트리아학파와 시카고학파의 뿌리 서로 같다. 왜냐하면 자유주의 시장경제를 개척한 애덤 스미스가 두 학파의 원조이기 때문이다. 그러나 국내에서는 많은 사람이 그 사실을 모르고 있다.

1947년 하이에크가 MPS를 창립할 때 당시 시카고대 초임 교수였던 밀턴 프리드먼(1912~2006)은 프랭크 나이트(Frank Knight, 1855~1972) 선배 교수님을 모시고 스위스 휴양도시인 몽펠레랭(Mont Pelerin)에서 개최되었던 MPS 창립총회에 창립회원으로 참석했다. 한때 1929~32년 세계 대공황의 원인분석에 있어 하이에크 교수와 프리드먼 교수 두 사람은 서로 반대편에 서게 됨으로써 사이가 아주 안 좋았던 때가 있었다. 그러나 곧 여러 사람의 중재 역할로 옛날 관계가 복원되기도 했다. 그 예로 하이에크 교수가 창립한 MPS 학회를, 프리드먼 교수가 1970~72년 기간 동안 이어받아 MPS 회장직을 맡아서 많은 일을 했다. 하이에크 교수는 1974년에 노벨경제학상을 받았으며 1976년에는 프리드먼 교수가 노벨경제학상을 받았다. 그때부터 오스트리아학파와 시카고학파는 한 지붕 밑에서 잘 지내오고 있다.

8번째 강연은, "시카고학파의 좌장, 밀턴 프리드먼의 공헌"에 관한 것이다. 본인은 1976년 봄학기부터 시카고대학교에서 박사 공부를 시작했다. 지금 생각하니 그때가 내겐 큰 행운이었다. 프리드먼 교수께는 1976년 한 해가 시카고대 교수로서의 강의가 마지막 해이었기 때문이다. 1977년 초부터 스탠퍼드 대학의 Hoover Institution에 연구원 자격으로 가시게 되어 있어서 마지막으로 대학원생들에게 일방적인 "교육 서비스"를 해주셨다. 경제학 세미나 과목이었는데 주로 학생들이 질문을 하고 프리드먼 교수께서 해답을 주시는 시간이었다. 좋은 성적을 받아야 하는 부담 없이 많이 배웠다. 그리고 그해 10월, 프리드먼 교수가 노벨경제학상 수상자가 되었다고 세계 언론들이 일제히 발표하였다. 시카고대학의 모든 학생과 교수는 "Bravo"라고 환호를 질렀다. 그분의 경제사상과 경제이론의 배경을 많이 배우고 익혔다.

제9편 강연은 "2017년 Mont Pelerin Society(MPS) 서울총회 개최"이었다. 1947년 4월 MPS 학회가 창립되고 70년이 지난 후 2017년 5월에 한국에서 개최되었다. 이미 일본은 2차례나 MPS 총회를 유치했으며 대만과 홍콩도 유치한 적이 있었다. 시장경제 제도를 1960년대 초에 도입한 지 10년도 되기 전 세계 최빈국에서 선진경제국으로 도약함으로써 싱가포르를 포함하여 타이완(Taiwan), 홍콩, 한국 4개국은 아시아의 4대 경제부국으로 불리게 되었지만 대한민국은 MPS 서울총회를, 70년이 지나서야 처음으로 유치할 수 있었다.

MPS는 하이에크 교수를 포함하여 8명 비롯하여, 밀턴 프리드먼(Milton Friedman), 조지 스티글러(George Stigler), 제임스 뷰캐넌(James Buchanan), 로널드 코즈너(Ronald Coasner), 게리 베커(Gary Becker), 모리스 말레(Maurice), 버논 스미스(Vernon Smith)를 배출하였다. 따라서 MPS는 해외 자유 경제학자들 사이에 저명한 학회로 인정받고 있다. 2년마다 정기적으로 정기총회(General Meeting)를 개최하고 있으며 정기총회가 없는 해에는 세계 주요 도시에서 지역총회(Regional Meeting)를 개최하고 있다.

MPS 총회를 유치하려면 많은 준비가 필요하다. 800여 명의 정규회원과 기타 초대받은 유명 인사들을 수용하기 위해서는 4년의 준비기간이 필요하다. 2017년 5월 MPS 서울총회는 당시 한국의 경우, 정치적, 경제적 어려움이 많았다. 그러나 여러 관련 기관과 여러 단체의 헌신적인 지원으로 그 행사는 성공적으로 끝났다.

제10편 강의는 "21세기 초 자본주의 시장경제의 위력"에 관한 것이다. 2024년 9월 MPS 인도 뉴델리 총회에서 발표된 것 중에서 자

본주의 시장의 중요성이 사람들에게 좀 더 잘 알려져야 한다는 주장이 있었다. 놀랍게도 선진국이든 중진국이든, 대학생들이 자유시장경제의 우월성을 제대로 이해하지 못하고 있다는 사실이 지적되었다. 필자는 대학생 수준의 지식을 가진 사람들에게 자유시장경제가 왜 필요하고 좋은지 설명하고자 한다.

제11편 강연은 "도전받는 21세기 금융자본주의"에 관한 것이다. 사회주의 국가인 중국이 2001년 11월 세계무역기구인 WTO의 143번째 회원국이 되었다. 이때부터 중국경제는 2020년 1월 코로나−19 발생 전까지 무서운 속도로 성장해왔다. 세계 경제도 중국보다는 훨씬 못하지만 빠른 속도로 성장했다. 세계 여러 나라가 중국의 저임금 노동의 혜택을 보았기 때문이었다.

그러나 미국은 2001년 9월 11일 테러 사건 이후 이어진 경기침체 때문에 미국경제가 어려운 지경에 이르렀다. 저금리 정책과 주택부양정책을 과다하게 씀으로써 결국 2008년 금융위기를 맞았다. 미국 정부와 연방은행이 심각한 금융위기를 극복하는 과정에서 금융자본주의의 모순과 부조리가 외부 세상에 알려짐으로써 많은 사람, 특히 10−20대 젊은 학생들과 대학생들이 실망과 분노를 느끼고 거리로 뛰쳐나와 '반(反)자본주의'를 뜻하는 "Occupy the Wall Street" 구호를 외쳤다. 미국의 "Wall Street"는 우리말로 '월 가'라고 부르기도 한다. 미국의 증권거래소와 대형금융기관 기업들이 몰려있는 미국금융시장이자 세계금융시장의 핵심과도 같은 곳이다. 미국 젊은이들의 월가 반대에 대하여, 자유시장을 옹호하는 쉬운 설명이 필요하다.

제12편 강연은 "글로벌 약육강식 시대, 한국의 안보−경제 강화"이다. 신냉전을 맞은 세계 속에서 한국의 안보가 매우 중요하다. 우리

는 지금 무엇보다도 대처방안을 만들어야 하는 상황에 있다. 모든 국민이 나라를 지키기는 일에 단결하고 한마음이 되어야 한다.

경제에 앞서 안보를 걱정해야 하는 상황에서 우리가 할 수 있는 구체적인 대응책을 마련하는 것이 어느 때보다 중요하다. 안보보다 경제를 앞세우면 안보도 없고 경제성장도 없다. 경제보다 안보를 앞세워야 안보도 있고 경제가 있게 되는 시대가 되었다.

제13편 강연은 "한국의 선택은 자유민주−시장경제"이다. 지금 우리는 정치, 사회, 경제면에서 복합적 위기 상황을 직면하고 있다. 막연한 자유주의 사상과 자유시장제도를 논의하는 시간은 지나갔다. 이제는 확실하고 구체적인 대응책을 마련해야 한다. 그동안 외국인에게 "우리 대한민국은 지난 30년 이상 자유민주−자유시장경제 체제를 갖추었다"라고 대외적으로 주장해왔으나 외부 모양만 그럴싸하지 아직은 선진국의 자유민주−자유시장 체제에 도달하지 못했다. 선진국 학자들에 의하면 한국은 자본주의 경제국가이긴 하지만 아직도 정실자본주의(Crony Capitalism) 체제에서 확실하게 벗어나지 못하고 있다고 한다.

제14편 강연은 마지막 강연으로서 제목은 "영국은 왜 유럽 연합체인 EU를 탈퇴하였는가?"이다. 영국 시민들은 나름대로 EU를 탈퇴하기 전 오랫동안 경제적 계산을 해보았다. EU 탈퇴를 반대한 영국민도 많이 있었으나 국내 열띤 토론을 거쳐서 결국 영국은 EU 탈퇴를 결정하였다. 그 과정을 설명하고자 한다.

제2편 | 자유, 자유주의, 민주주의, 그리고 자유시장

1. 자유의 개념

경제 자유, 자유주의, 민주주의, 자유시장경제 등의 단어는 워낙 중요한 개념에 해당하며 초등학생도 학교에서 배우기 때문에 기본적인 의미는 무엇인지 알고 있다. 그러나 실제 생활에서 사람들이 느끼고 경험하는 과정에서 구체적으로 시민의 자유의 범위는 어떠하며 민주주의 사상은 무엇을 지칭하며 시장경제는 무엇을 의미하는가를 이해하기가 쉽지 않다.

우선 '자유'의 개념부터 의미가 무엇인지 알아보자. 영어로는 'freedom' 또는 'liberty'라고 한다. '자유'의 개념은 오래전에 서양에서 시작되었기 때문에 21세기 지금 시대에 동양인이 서양의 '자유'의 개념을 정확하게 이해하기가 쉽지 않다.

우리나라에 '자유'의 개념을 처음으로 소개한 사람은 조선 후기 외교관이자 개화파 지식인이었던, 유길준(俞吉濬, 1856-1914)이다, 그는 대한제국 시대에 드문 학자로서 일찍이 미국과 일본에 유학하여 새

〈Fukuzawa Yukichi(福澤諭吉, 1835~1901)〉

〈Yu Giljun(1856~1914)〉

로운 문물을 도입하였으며 후세를 위해 서양을 두루 다닌 후에 '서유 견문록(西遊見聞錄)'을 써서 후세에 남겼다. 그가 정치적 사건에 연루되어 연금돼있는 동안 집필을 완성했는데 일본의 선각자이었던 후쿠자와 유키치(福澤諭吉)의 '서양 사정(西洋事情, Things western)' 책을 읽고 영감을 받아 '서유 견문록'을 저술한 것으로 알려져 있다. 일본 돈, '일만 엔' 화폐 표면에 보이는 인물이 후쿠자와 유키치(1835-1901)이다. 여기서 그는 서구 근대의 핵심 가치였던 Freedom과 Liberty를 같은 의미로 해석하고 '자유'로 번역했으며 유길준은 그의 번역을 그대로 수용한 것으로 전해지고 있다.

지금 시대에 우리가 알고 있는 '자유'는 무엇일까? 국어사전에는 '자유'를 세 가지 의미로 설명하고 있다. 첫째, 일반적 의미로는, 외부적인 구속이나 무엇에 얽매이지 않고 자기 마음대로 할 수 있는 상태를 말한다. 둘째, 법률적인 의미로는, 법률의 범위 안에서 남에게 구속되지 않고 자기 마음대로 하는 행위이다. 그리고 셋째, 철학적인 의미로는, 자연 및 사회의 객관적 필연성을 인식하고 이것을 활용하는 일이라고 정의하고 있다.

앞에서 일본의 후쿠자와 유키치나 유길준은 비영어권의 동양인으로서 'Freedom'과 'Liberty'를 정확하게 구분할 수 없었으나 영어를 모국으로 사용하는 사람들은 'Freedom'과 'Liberty'를 엄연히 구분하고 있다. 'Freedom'은 인간의 기본권리로서의 자유를 뜻하며, 타인의 자유를 인정하면서 자신이 원하는 것을 자유롭게 추구할 수 있는 상태를 가리킨다. 이에 대하여 'Liberty'는 신(神)권, 왕권, 국가권력, 또는 어떤 특권층으로부터 강제로 압박을 당하지 않는 자유를 가리킨다.

2. 자유주의(Liberalism)의 개념

이제는 '자유'의 뜻을 어느 정도 알았으니 다음은 '자유주의'가 무엇인지 좀 더 자세히 알아보자. '자유주의'는 영어로 'Liberalism'이다. 국어사전에 따르면 "자유주의는 개인의 존엄성을 인정하여 타인에게 피해를 주지 않는 범위 내에서 개인의 경제적, 사회적 활동의 자유를 보장하려는 정치적 사상(思想)이며, 자유를 최상의 정치, 사회적 가치로 삼는 사회철학적 이념(理念)이다"라고 했다.

思想(Thought or Philosophy)은 개인 또는 집단이 가지는 철학적 또는 이론적 사고의 체계 를 뜻한다. 사상은 특정 주제나 문제에 대한 깊이 있는 성찰과 관찰에서 비롯된 사고방식으로 새로운 이념이나 신념의 근간이 될 수 있다. 그 특징은 철학적이고 지성적인 활동에서 비롯된 사고와 결과물이다. 학문적이고 탐구적인 성격을 지니며 시대와 환경에 따라 변하기도 한다. 개인적이거나 집단적일 수도 있다.

이념(理念)은 사상에서 출발하여 체계화된 결과물로 나타나는 경우가 많다. 예를 들어 실존주 의 사상에서 자유주의적 이념이 발전할 수 있다. 신념(信念)은 개인이 이념이나 사상을 받아들 여 내면화한 상태를 의미할 수 있다. 예컨대 공산주의라는 이념에 동의한 개인은 그에 대한 신념을 가질 수 있다. 이처럼 이념, 신념, 사상은 서로 밀접하게 연결되어 있으면서도 초점과 성격이 다를 수 있다.

3. 자유주의(Liberalism)와 민주주의(Democracy)의 관계

현재 UN에는 193개국이 가입되어 있다. 대한민국과 조선민주주의 인민공화국은 1991년 9월 17일 같은 날 UN 회원국이 되었다. 유엔 회원국이 되려면 일단 유엔의 최고 핵심 기관인 안전보장이사회(안보리)의 승인을 받아야 한다. 1945년 유엔 창설 당시 유엔 회원국은 51개국이었으나 지금은 전 세계 국가가 유엔 회원국이 되었다.

국가적 정체성을 비교할 때 그 나라의 정치체제와 경제체제가 중요한 기준이 된다. 우리나라 언론 매개체는 한국의 국가적 정체성은 "자유민주 시장경제"라고 간단히 표현하고 있다.

정치체제와 관련하여 얼핏 들으면 자유주의와 민주주의는 같은 뜻으로 받아들일 수 있겠으나 엄연한 차이가 있다. 자유주의는 개인의 자유와 권리보호를 최우선으로 지향한다. 그러나 민주주의는 다수 대중에 의한 통치와 국민이 주인이라는 명제가 최우선이다. 유럽 근대 시민혁명 시대에 자유주의와 민주주의는 모두 군주제를 반대하는 협력관계이었다. 그러나 중요시하는 가치에는 다소 차이가 있다. 자유주의는 개인주의에 훨씬 가깝고 민주주의는 공동체주의, 공화주의에 가까워서 자유주의와 민주주의는 어느 정도 서로 긴장 관계에 있다고 볼 수 있다.

여기서 '공화주의'란 모두의 이익과 권리를 보장하기 위해 공적이익과 공동체의 안녕을 중요시한다. 각각의 개인은 귀족이나 평민 등으로 다를 수 있다. 그러나 사회단체나 공동체의 입장에서, 모두 공화적 개념인 국민이나 시민의 미덕을 고양해야 한다는 정치철학에서도 해당한다.

서유럽과 유사하게 과거 대한민국도 사상과 정치에 대한 자유를 추구하는 과정에서 자유주의는 민주주의와 함께 군사독재와 싸웠다. 그러나 경제적 분야에서 자유 무역 경제체제를 통하여 부유한 선진국이 된 현대에는 사유재산권에 있어서 자유주의와 민주주의는 서로 충돌하는 상황이 종종 일어나고 있다. 특히 다수결의 원칙에 따라 당락이 결정되는 대통령선거와 국회의원 선거를 앞두고 여당과 야당 구별 없이 정부예산을 선심 정책에 사용하려고 경쟁함으로써 자유주의와 민주주의는 격렬하게 부딪치기도 한다.

그러나 이 문제는 해결하기가 쉽지 않다. 누구든지 자신의 영역 안에서는 자신의 권리와 소유를 위해서 자유주의를 추구할 것이지만, 타인의 자유에 의해 자신의 자유가 제한받을 때는 평등과 의무를 주장하기 때문이다. 경제적 분야가 아니더라도 개인의 자유 추구와 공공이익 추구가 서로 충돌하는 경우도 많다. 수도권 집중 현상을 해소하기 위하여 서울 시내 대기업과 명문 사립대학을 강제로 지방으로 이전하는 경우를 가정해 볼 수 있다. 물론 국민 대다수가 그것을 원하고 있다는 경우이다. 지역 균형발전의 가치를 위해 이들 기업과 학교를 지방으로 강제로 이전하자는 것은, 민주주의 영역에 해당한다. 그러나 사기업과 사립학교가 서울지역에 머무를 권리는 자유주의의 영역에 해당한다.

4. 세 가지 유형의 자유주의 사상

인류는 약 400년 전부터 지금까지 크게 세 가지 유형의 자유주의 —고전적 자유주의(Classical Liberalism), 신자유주의(Neoliberalism), 그리고 자유 지상주의(Libertarianism)를 경험하거나 관찰해왔다.

왕권과 종교로부터 자유를 획득하기 위하여 무진 애를 썼으며 아직 완전하지는 않으나 많은 성취를 이룩하기도 했다. 특히 초기 단계에 왕권에 대항하여 개인의 자유를 얻는데 기여한 지도자들은 영국의 존 로크(1632-1704), 애덤 스미스(1723-1790), 존 스튜어트 밀(1806-1873) 등이었다.

1) 고전적 자유주의(Classical Liberalism)

먼저 고전적 자유주의 시대를 간단히 살펴보겠다. 고전적 자유주의는 17세기~19세기 300년간에 서유럽을 중심으로 나타난 정치이념이라고 하겠다. 이것은 하늘이 내려준 인권과 자유경제를 기반으로 하면서 인간이 법치국가를 추구하는 자유주의 사상을 가리킨다. 19세기에 들어와 사회 자유주의(social liberalism) 등의 개량적 자유주의 이념이 생기면서 이전의 전통적인 자유주의를 구분하기 위하여 고전적 자유주의라고 부르기 시작했다.

고전적 자유주의는 역사적으로 시민혁명의 기반이 된 사상이다. 17세기 영국에서는 상공업이 발달하면서 상업에 종사하던 시민계급의 세력이 점차 강해지기 시작했다. 시민계급은 자신들을 수탈하던 국왕과 고위 귀족들에 대항하여 자신들의 사유재산과 경제적 자유를 지키려 하였으며 이로써 왕권과 충돌하여 명예혁명(1688)이 발생하고 의회 민주주의가 들어서게 되었다. 이러한 영국의 정치적 변화는 미국의 독립전쟁(1775-1783)과 프랑스 혁명(1789-1799)이 발발케 하였으며 이로써 서양의 민주주의 제도가 자리를 잡기 시작했던 것이다.

2) 신자유주의(Neoliberalism)

신자유주의는 20세기 후반에 나타난 경제적 자유주의 중 하나로 볼 수 있다. 1970년대 초부터 자본의 세계화가 증폭하면서 신자유주의가 부각 되기 시작했다. 19세기의 자유방임적인 자유주의의 결함에 대하여 정부에 의한 사회정책의 필요성을 인정하면서도 동시에 자본주의 자유기업의 전통을 지키며 사회주의에 대항하려는 뜻에서 신자유주의가 생겨난 것이다.

신자유주의는 고전적 자유주의에 더 가까운 것이며 사회적인 면에서는 보수자유주의적인 가치를 지향한다고 볼 수 있다. 고전적 자유주의가 국가개입의 전면적 철폐를 주장하는 데 비하여 신자유주의는 강한 정부를 배후로 시장경쟁의 질서를 권력적으로 확정하는 방법을 사용한다. 20세기에 들어 신자유주의는 강력한 정부의 복지정책을 반대했다.

1980년대 영국의 대처 정부는 신자유주의를 옹호하였으며 권력기구를 강화함으로써 치안과 시장 규율의 유지를 보장하는 '작고도 강한 정부'를 추구했다. 대한민국의 경우, 역사가들은 대체로 신자유주의의 기원은 김영삼 정부의 후반기라고 보고 있다. 김영삼 대통령은, 작지만 강한 정부, 자유시장경제의 중시, 규제 완화, 자유무역협정의 중시, 노동시장의 유연화 등을 추구했다. 신자유주의를 실현하는 국가의 경우 대체로, 자유시장 자본주의와 국가자본주의를 혼합하고 있지만, 자유시장경제에 더 치중하고 있음을 보게 된다.

3) 자유 지상주의(Libertarianism)

자유 지상주의는 개인의 자유를 최우선의 가치로 삼고 이에 대한 최대한의 보장을 주장하는 이념이다. 자유 지상주의는 고전적 자유주의보다 더 강한 자유주의 이념이 된다. 권위주의(Authoritarianism)의 반대 끝에 오는 단어는 고전적 자유주의(Classical liberalism)가 아니라 자유 지상주의(Libertarianism)라고 규정할 수 있다. 권위주의가 특정 세력, 또는 개인의 국가적 권위와 지배를 긍정하는 사상이라면 자유 지상주의는 권위와 지배를 거부하기 때문이다. 참고로 한국어에서 자유 지상주의는 '자유 의지 주의', 일본어에서는 '완전 자유주의', 중국어에서는 '자유인 주의', 또는 '방임 자유주의'로 번역되고 있다.

그러나 자유 지상주의가 어떻게 번역이 되든, 독자들이 꼭 조심해야 할 문제가 있다. 자유 지상주의를 부르짖는 자 중에는 좌익-자유 지상주의자도 있으며 우익-자유 지상주의자도 존재한다는 사실이다. 자유 지상주의가 처음 생길 때, 반-권위주의 사회주의자 또는 반-정부 사회주의자는 모두 자신은 자유 지상 주의론자라고 주장한다.

20세기 중반에 들어 미국의 우익들은 "우리는 확실하게 '우익-자유 지상주의자이다." 라고 주장하고 있어서 혼선의 여지가 다소 있으니 유의할 필요가 있다.

5. 자유시장경제의 특징과 역할

이제는 정부의 개입이 전혀 없는 자유시장경제에 관하여 생각해보자. 시장의 역할이 무엇인지, 그리고 시장이 왜 중요한지 구체적으로 짚어보자. 자유시장경제의 핵심 사항은 시장에서 수요와 공급에 따라 가격이 자유롭게 움직인다는 것이다.

시장은 상품시장, 주거용 주택시장, 금융시장, 자본시장, 외환시장 등이 있다. 어떤 시장에서든지 수요와 공급의 상황에 따라 가격이 자유롭게 움직임으로써 수요자와 공급자를 동시에 만족시켜 준다. 만일 수요량이 공급량을 초과하면 가격이 오름으로써 수요와 공급을 일치시켜준다. 그리고 만일 공급량이 수요량을 초과하면 가격이 내림으로써 역시 수요와 공급을 일치시켜준다. 예컨대 미 달러 시장에서 달러 수요가 달러 공급을 초과하면 달러 가격이 올라가게 됨으로써 환율이 올라가고 동시에 원화 가치가 떨어지게 되는 것이다. 임대주택시장에서도 수요가 공급을 초과하면 전월세 가격이 확실하게 상승한다. 임대주택시장에서 만일 공급이 수요를 초과하면 전월세 가격은 확실하게 하락한다.

만일 정부가 가난한 전 월세 입주자를 돕기 위하여 임대주택시장의 임대료를 억지로 낮은 수준에 묶어두면 시장에서의 공급량은 더욱 줄어들어 임대료를 마련하는 전 월세 입주자는 더욱 어려운 상황에 놓이게 된다. 그래서 정부가 개입하지 않는, 자유 시장경제 체제가 좋다는 것이다.

　이렇게 해서 오늘은 자유, 자유주의, 자유주의 사상의 개념을 확인하고, 자유주의와 민주주의와의 관계도 살펴보았다. 그리고 자유주의에도 크게 고전적 자유주의(Classical Liberalism), 신자유주의(Neoliberalism), 그리고 자유 지상주의(Libertarianism)의 특징을 짚어보았다. 아울러 정부 개입이 없는 자유시장경제 체제의 유용성과 역할을 살펴보았다.

제3편 | 자유주의 사상의 변천사와 시대적 주요 인물

제3편 주제는 "자유주의 사상의 변천사와 시대적 주요 인물"이다. 자유주의 사상이 언제, 어떤 상황에서 시작되었으며, 누가 어떻게 그 사상을 계승해왔는가에 대하여 알아보고자 한다. 첫째 인물은 토머스 홉스이다.

1. 토머스 홉스(Thomas Hobbes:1588-1679)의 민주적 사회계약론

홉스는 영국 잉글랜드에서 태어났다. 그의 부친은 가난한 목사였지만 홉스는 14살에 옥스퍼드 대학의 청교도 학풍을 자랑하는 Magdalen Hall 단과대학에 입학하여 학사학위를 받았다. 홉스는 캐번디쉬(Cavendish)가문의 가정교사로 지냈다. 자신이 집에서 가르치는 윌리엄 캐번디쉬(William Cavendish)와 함께 1610~1615 기간 동안 유럽을 여행하며 학문의 폭을 넓혔다. 그는 그리스의 헬라어(Greece)와 로마의 라틴어에 능통했으며 1628년 그 유명한 투키디데스 펠

〈Thomas Hobbes(1588~1679)〉

로폰네스 전쟁(Thucydides' History of the Peloponnesian War) 책을 번역했다. 투키디데스의 펠로폰네스 전쟁 책은 한마디로 말한다면, 신흥강국이 부상하면 기존의 강대국이 이를 견제하는 과정에서 전쟁이 발생한다는 내용을 쓴 책이다.

홉스는 사회계약론에 대해 명확하고 자세하게 기록한 최초의 근대 정치 철학자이었다. 그에 의하면 자연 상태에서 이기적 본성을 지닌 개인들은 자신의 이익을 한없이 추구하며 '만인에 의한 만인의 투쟁'을 전개함으로써 결국은 국가에 의해 개인의 권리는 억류된다고 했다. 그래서 왕권이 시민과의 사회계약에 따라 존재하게 된다는 '리바이어던(Leviathan)' 책을 라틴어로 1651년에 발행했다. 홉스는 국가의 이름을 리바이어던이라고 불렀는데, 이는 국가가 '사회계약'에 의해 만들어진 인공적 산물이라는 점을 강조하기 위한 것이었다. '리바이어든'은 당시 영국 왕당파의 정치적 신념이었다.

이 책은 유럽에서 망명 중이던 찰스 2세에게 헌정되었지만 거절당했다. 찰스 2세와 그 주변 참모들은 사회계약이라는 개념을 바탕으로 절대왕권을 옹호한 홉스의 추론 방식을 탐탁지 않게 여겼다. 그 이유는 시민들이 자신들의 보존을 위해 맺은 계약으로 왕이 권력을 얻는다면, 왕의 권력은 아래로부터 형성된다는 논리이었기 때문이었다. 홉스는 왕이 교회 권력으로부터 독립하기 위해 집중된 권력을 가져야 한다고 했으나, 왕은 당연히 권력이 시민들로부터 나온다는 주장을 용납할 수가 없었다. 그래서 결국 영국의 왕당파는 홉스의 논리 대신에 왕권은 신이 부여한다는 왕권신수설을 그들의 논리로 채택했다.

2. 존 로크(John Locke)의 사회계약설

〈John Locke(1632~1704)〉

영국의 존 로크(1632~1704)는 영국의 서남부 항구도시인 브리스톨(Bristol)에서 조금 떨어진 서머싯(Somerset) 州의 링턴(Wrington) 마을에서 출생했다. 로크는 부친이 변호사이어서 비교적 유복한 가정에서 자랐나. 그는 유년기 대부분을 펜스퍼드 (Pensford)에서 보냈다. 그가 15세에 웨스트민스터(Westminster) 학교에서 라틴어, 그리스어, 히브리어 그리고 아랍어까지 배웠다.

로크는 나이 20세에 Oxford Christ Church 대학에, 장학금을 받는 조건으로 입학했다. 옥스퍼드에서는 고전어와 형이상학, 논리학 등을 배웠다. 1656년 24세에 학사학위에 이어 1658년에 석사학위를 받고 모교에서 가르치는 교수가 되었다. 그 후 옥스퍼드 대학에서 의학을 공부하고 의사가 되었다.

1666년 34세의 로크 의사는 Ashley 백작을 만나게 된다. Ashley 백작은 지병인 간 염증을 치료받기 위해 옥스퍼드 대학병원에 갔는데 거기서 그는 젊고 유능한 로크 의사를 만나게 된다. Ashley 백작은 로크 의사에게 자신의 의료 수행원이 되어달라는 요청을 하게 된다. 그의 요청을 받아들인 로크는 다음 해 1667년 Ashley의 런던 저택에서 전임 의사로 일하게 된다. 거기서 또 간 염증이 재발하자 이를 고치기 위하여 여러 동료 전문의사의 자문을 얻어 담랑을 제거하였다. 그러자 죽어가던 Ashley 백작이 살아났다. 1672년 영국의 휘그(Whig)당을 창당한 Ashley 백작은 때를 같이하여 샤프츠베리(Shaftesbury) 백작으로 불리게 된다.

로크는 샤프츠베리 백작과 생사고락을 같이하면서 런던에서 정치 활동을 시작했다. 당시 왕당파의 토리(Tory)당과 의회파인 휘그당은 서로를 향한 대결 구도에 있었다. 그러나 휘그당의 샤프츠베리가 국가반역죄로 체포되었다가 의회파인 법원에서 풀어주어 그는 1682년 네델란드 암스테르담으로 망명했다. 로크도 그를 따라 1683년에 네덜란드로 넘어가서 5년여 기간 동안 망명 생활을 하게 되었다. 이렇게 해서 존 로크는 학자요 의사이며 정치인으로서 혹독한 경험을 하였다.

1688년 명예혁명(Glorious Revolution)이 성공하자 로크는 다시 영국으로 돌아올 수 있었다. 네덜란드에 망명가 있는 동안, 로크는 3개의 책을 썼다. Essay Concerning Human Understanding(인간의 이해에 관한 수필), the Two Treatises of Government(통치론에 관한 2개의 논문), 그리고 A Letter Concerning Toleration all appearing in quick succession(신속한 왕위계승에서 나타나는 관용의 편지)이다. 이 중에서 그의 두 번째 책 <u>통치론</u>에 자유에 관한 내용이 많이 담겨 있다.

우리가 앞에서 짚어본 토머스 홉스의 '자연 상태'와 방금 지적한 존 로크의 자연 상태를 비교해보면 두 사람의 출생과 교육받은 장소는 똑같이 영국이지만, 두 사람의 주장은 조금 다르다. 왜냐하면 두 사람이 활동한 시대가 조금 다르고 또 두 사람의 경험도 서로 다르기 때문이었다. 홉스는 1588년생이고 로크는 1632년생으로서 44년 차이가 있었다. 그리고 홉스는 순수 학자 출신이지만 로크는 학자, 의사, 정치가로서 혹독한 인생 경험을 한 사람이었다. 자유주의 사상을 논의하기 전에 두 사람은 자연 상태의 조건과 상황을 다르게 설명하고 있다. 토머스 홉스는, 자연 상태에서 '만인이 만인에 대한 만인의 투쟁을 할 것'이라고 예측했다. 그가 말하는 '자연 상태'란 '정치권력이 아직 존재하기 이전의 자연 상태라고 했다. 홉스는 일반적으로 인간에 대해 부정적이었다.

그러나 토머스 홉스와는 달리, 존 로크는 자연 상태에서 정치권력만 부재할 뿐이지, 사람은 이성(理性)을 사용하여 서로를 생각해줄 수 있는 존재라고 가정했다. 그러나 정치 생활을 해본 결과 사람이 항상 이성적이지 않고 항상 이타적이지도 않다는 현실을 존 로크는 깨달았다. 법질서가 없는 자연 상태에는 개인 간이라 하더라도 자신의 생명과 재산을 지킬 수 있어야 한다는 주장을 폈다. 정치권력이 없는 자연 상태에서 자신의 권리를 침해받은 사람은 피해를 준 사람을 처벌할 처벌권이 있어야 한다고 주장했다. 마찬가지로 국가 사이에 더 상위 입법기관이 없는 경우 그때는 자연 상태라서 모든 국가는 침략해온 국가에 대해 처벌권을 주장할 수 있어야 한다고 주장하였다.

3. 애덤 스미스(Adam Smith)의 시장경제 사상

〈Adam Smith(1723~1790)〉

애덤 스미스(1723~1790)는 당시 철학자로서 근대 경제학의 기초를 세운 세계적 학자이었다. 그의 시장경제 사상과 경제이론으로 애덤 스미스는 현대에서 경제학의 아버지로 추앙받아왔다. 그가 1776년에 쓴 "An Inquiry into the Nature and Causes of the Wealth of Nations" 책과 함께 근대 경제학이 출범하였으며 애덤 스미스는 고전주의 자유시장경제의 토대를 만들었다. 그는 국부론에서 분업의 개념을 창조했으며 이성적 이기심의 개념과 공정한 시장경쟁이 경제적 번영을 가져온다는 사실을 주장했다.

그러나 그는 국부론을 쓰기 전, 오랜 시간이 걸리더라도 인간의 도덕적 감정이 어떠한지 알아내고자 하였다. 그래서 그는 1759년 The Theory of Moral Sentiments (도덕 감정론)을 먼저 출판했다. 그리고 17년 후인 1776년에 국부론을 출판하였다.

도덕 감정론을 쓰는 일은 절대로 간단하지 않았다. 그 당시 정치경제학자이었던 애덤 스미스는 1723년 영국 스코틀랜드(Scotland)에서 출생했다. 그는 14세에 스코틀랜드의 글래스고우(Glasgow) 대학에 입학하여 도덕철학을 공부했으며 1740년 옥스퍼드(Oxford) 대학교에 장학생으로 공부했다. 1748년부터 에든버러대학에서 공개 강의를 하면서 데이비드 흄(David Hume:1711~1776) 학자를 만나 절친한 친구가 되었다.

1751년 28세에 글래스고우 대학의 교수가 되어 13년 동안 자연신학, 윤리학, 법학, 그리고 정치경제학의 4과목을 가르쳤다. 교수로 재직하는 동안 강의내용을 정리하여 1759년 도덕철학을 다룬 "도덕 감정론" 책을 출판하였다. 그는 사회생활에서 개인과 개인 간의 "공감(sympathy)"이 도덕 감정론(moral sentiments)의 기본이라고 했다. 그가 다룬 도덕 감정론은 18세기 당시 영국에서는 도덕철학이었으며 도덕철학은 자연철학과 대칭되는 의미로 사용되었다.

스미스가 도덕 감정론을 쓰도록 영향을 준 사람은 많았으나 가장 영향을 많이 준 사람은 영국의 아이작 뉴턴(Issac Newton: 1643~1727)이었다. 친구이자 선배이기도 한 스코틀랜드 출신, 데이비드 흄도 아이작 뉴턴의 영향을 많이 받았다. 애덤 스미스보다 80년 먼저 영국에서 태어난 아이작 뉴턴은 캠브리지 트리니티(Cambridge Trinity) 대학에서 석사학위를 받았으며 수학자, 물리학자, 천문학자이며 자연철학자로 일생을 살았다. 그는 17세기 후반, 1687년 44세 때 라틴어로 쓴 [자연철학의 수학적 원리] 책을 출판하여 세계 문명을 바꿔놓았다.

이에 앞서 이탈리아의 천문학자인 갈릴레오 갈릴레이(Galileo Galilei: 1564-1642)는 스스로 망원경을 만들어 천체를 관찰했으며 관성의 법칙을 발견하였다. 1675년 8월 영국은 그린위치(Greenwich) 천문대를 세워 천문학을 발전시킴으로써 배의 위치를 정확히 알 수 있는 항해술을 발달시켰다. 영국은 천문학의 발달로 무역을 확대하고 식민지를 쉽게 점령할 수 있었다.

아이작 뉴턴은 갈릴레오의 관성의 법칙을 수학적으로 증명하고 뉴턴 제1운동의 법칙으로 이름을 지었다. 그 후 가속도의 법칙을 증명하고 이를 뉴턴의 제2운동의 법칙이라 불렀다. 그리고 작용과 반작용의 법칙을 관측하여 수학적으로 증명하고 이를 뉴턴의 제3운동 법칙이라고 불렀다. 이렇듯 뉴턴은 지속적이고 철저한 관찰을 통하여 천문학을 발전시켰다.

스코틀랜드 출신인 애덤 스미스는 영국의 뉴턴과 같은 천문학의 대가는 될 수 없었다. 그러나 인간의 생각과 도덕에 관하여 훌륭한 교육자가 되기를 원했다. 뉴턴은 오랫동안 천체를 관찰함으로써 3가지 운동의 법칙을 발견하였다. 애덤 스미스는 인간의 행동을 관찰함으로써 3가지 행동 원칙을 알아냈다.

역사적으로 14세기 초부터 16세기 중반까지 잉글랜드(England) 왕국과 스코틀랜드(Scotland) 왕국 사이에 많은 전쟁이 있었다. 그러나 스코틀랜드가 1517년 마르틴 루터의 종교개혁을 받아들임으로써 쉽게 두 왕국은 한 나라로 합치게 되었다. 두 왕국의 내부 갈등 없이 1707년 1월 16일 두 나라 의회가 합해짐으로써 잉글랜드와 스코틀랜드는 그레이트 브리튼(Great Britain)으로 통합되었다. 두 나라는 법과 종교만 따로 유지했으나 화폐, 조세, 주권, 의회, 무역, 국기는 모두 통합되었다. 당시 잉글랜드의 인구는 UK의 84%나 되었으나 스코틀랜드의 인구는 오직 UK의 8.4%이었다.

1519년 당시 스코틀랜드가 개신교로 바꾼 종교개혁의 비전에는 사회의 모든 계층에 속해 있는 남자와 여자에게 차별 없는 교육의 기회가 포함되었다. 교육을 통하여 사회, 예술, 문화, 의학, 경제학, 법학 등 지식 체계 전반에 걸쳐 영향을 끼치는 계몽주의 사상이 스코틀랜드 전국에 빠르게 퍼져나갔다. 그러나 또 다른 한편으로는 영국의 전통문화와 자연과학에 대해 여전히 경쟁심이 있었다.

자연철학이 자연의 원리를 탐구하는 학문이라면 도덕철학은 인간 사회의 원리를 탐구하는 학문이었기 때문에 애덤 스미스는 자연의 연구와 인간의 연구 방법은 비슷하다고 생각했다. 뉴턴이 관찰을 통하여 자연과 우주의 법칙을 알아냈듯이 인간 본성의 원리는 세심한 관찰을 통해 밝혀낼 수 있다고 애덤 스미스는 믿었다.

1751년 애덤 스미스는 자신의 모교인 글래스고우 대학 전임교수가 되었다. 그는 자신의 강의록을 근거로 하여 1759년에 도덕 감정론(The Theory of Moral Sentiments)을 출판하였다. 이 책에서 그는 共感(sympathy)이 인정 많고 번창하는 사회를 만드는 추진력(driving force)이 된다는 결론을 내렸다. 애덤 스미스가 그의 도덕 감정론 책으로 유럽에서 명성을 얻게 되자 학생들이 강의수업을 들으려고 후한 등록금을 직접 가지고 오는 상황이 벌어지기도 했다. 1763년 친구인 데이비드 흄의 소개로 파격적인 보수와 연금을 약속받고 대학교수직을 사퇴하고 영국의 타운젠트 공작의 장남, 헨리 스콧(Henry Scott) 공작의 견문을 넓혀주는 개인교수가 되었다. 그리고 프랑스를 포함하는 유럽 여행을 떠나게 되었다. 애덤 스미스는 이 여행에서 세계적 명사를 만나게 되는데 프랑스의 대표적인 계몽주의 철학자인 볼테르(1694~1778)를 만났으며 중농주의 학파의 시조인 프랑수와 케네를 만나 그의 자유방임주의(Laissez faire) 사상을 섭렵하였다. 당시 프랑스에 파견된 미국의 외교관 벤자민 플랭클린(Benjamin

Franklin:1706~1790)을 만나기도 했다.

유럽 여행에서 돌아온 후 저술 활동에 전념하여 "국부론"을 써서 1776년 2월 출판하였다. 국부론에서 애덤 스미스는 이성적인 "self-interest"가 번창하는 사회를 만드는 추진력이 된다고 주장하였다. 그가 1751년 글래스고우 대학에 교수로 임용될 때는 형식적이라도 개신교 신자이었다. 그러나 그의 국부론 책 중간쯤에 나오는 보이지 않는 손(Invisible Hand)에 종교적 의미를 구체적으로 부여하지 않았다. 스미스는 정의로운 국가가 민간인의 경제활동에 간섭하지 않는 자유 경쟁 상태에서도 '보이지 않는 손'에 의해 질서가 유지되고 사회가 발전한다고 하였다.

앞에서 아이작 뉴턴이 3개의 운동법칙을 발견한 것처럼 애덤 스미스는 그 후 자유시장에서 작동되는 3개의 행동 원칙을 설명하였다. 작은 마을에서 같이 사는 사람들은 서로를 잘 알아서 공감 또는 배려(sympathy) 하나면 마을이 발전할 수 있지만, 자본주의 산업 시대에 런던이나 파리에 사람들이 거대한 시장에 모여드는 경우, (1) 공정한 정부의 질서유지(Justice), (2) 생산자와 소비자의 경쟁적인 자기 이익 추구(Self-interest), 그리고 (3) 타인을 위한 공감(Sympathy) 또는 배려, 이 세 가지 행동이 사회 전체를 번영케 하는 것이라고 했다.

4. 존 스튜어트 밀(John Stuart Mill: 1806~1873)

존 스튜어트 밀은 영국 태생으로 철학자이자, 사회학자, 정치경제학자로서 논리학, 윤리학, 정치학, 사회평론 등에 방대한 저술을 남겼다. 그는 경험주의 인식론과 공리주의 윤리학, 그리고 자유주의적

〈John Stuart Mill(1806~1873)〉

정치경제 사상을 바탕으로 현실정치에도 적극적으로 참여해서 하원의원을 지내기도 했다. 그는 당시 여러 철학자 중에서도 세련되고 섬세하고 표현력이 뛰어난 저술가이었다. 그의 대표적 저서인 "자유론", [원래의 영어 제목은 "On Liberty"] 이다. 이 책은 1859년에 출판되었지만, 놀랍게도 그의 아내인 '해리엇 테일러(Harriet Taylor)'와 함께 저술하였다.

이 책은 "자유주의를 대표하는 위대한 고전 중의 하나로 평가받고 있다. 그는 다른 학자와는 다르게 말과 글을 구분하여 그의 자유주의 사상을 설명하였다. 더 나아가 '말', '글' 그리고 '행동'에 있어 구체적으로 자유의 한계를 구별되게 설정하기도 하였다. '말'은 그 어떤 것도 자유롭게 말해질 수 있어야 한다고 했다. '글'은 한번 발표되면 기록에 남기 때문에 남에게 해를 가할 수 있기 때문이었다. '행동'은 남에게 피해를 주지 않는 범위 내에서 사적인 행동은 자유가 보장되어야 한다고 주장하였다.

그가 강조하는 '표현의 자유'와 '사생활의 자유'는 서양을 비롯하여 미국헌법 제정에 큰 영향을 주었으며 초기 우리 대한민국헌법 제정에도 간접적으로 큰 영향을 주었다.

제4편 | 자유민주 시장경제는 왜 좋은가?

1. 한국의 자유주의 시장경제의 선택

지금 국제정치는 불안정하고 세계 경제 상황도 매우 불안정하다. 그리고 불확실성이 매우 높다. 미국과 중국 간의 정치 및 경제 관계가 점점 나빠지고 있다. 2022년 2월 러시아가 일방적으로 우크라이나를 침공한 후 전쟁이 계속 확대되었다가 2025년 5월 현재, 러시아와 우크라이나 간의 전쟁은 다소 약화되고 있다. 지금은 미국이 중재 역할을 하여 휴전 또는 정전을 모색하고 있다.

사람은 누구나 건강하게 오래 살기를 원한다. 사는 동안 돈도 좀 벌고 어느 정도의 명예도 가지기를 원한다. 욕심이 큰 사람은 왕이나 고관이 되어 백성을 종이나 하인처럼 데리고 살기를 원한다. 지금 시대에는 큰 재벌 총수가 되어 수많은 종업원을 거느리고 살기를 원하기도 한다.

그러나 극소수의 사람은 그럴 수 있겠으나 보통 사람은 그렇게 살 수는 없다. 그리고 타고난 재능과 가치관이 서로 달라서 그렇게 살고

싶어 하지도 않는다. 대부분의 보통 사람은 평생 남에게 돈 꾸지 않고 살면, 괜찮은 인생이라고 생각한다. 이 정도는 자유주의 시장경제가 해결해 줄 수 있다고 필자는 믿고 있다.

사람은 한평생 사는 동안에 3단계를 거친다. 요즘 시대에는 의술이 크게 발달되고 사람들의 건강이 좋아서 이제는 한국인의 평균 수명이 80세 정도 되었다. 제1단계는 약 30년 기간 동안, 자녀들이 태어나 교육과 기술훈련을 받는 단계이다. 제2단계는 청장년 세대라고 하여 이들이 약 30년 동안 직장생활을 하는 단계이다. 이들은 부모의 경제적 보호에서 벗어나서 직장을 얻으며 결혼하여 새 가정을 꾸며가면서 집안의 가장으로 활동하는 세대이다. 이 기간에 이들은 노후를 위해 일정액의 저축을 은퇴할 때까지 금융기관에 예금하는 단계이다. 제3단계는 직장생활을 은퇴하고 수명이 다할 때까지 저축해둔 돈으로 취미생활도 하고 여행도 하면서 수명이 다할 때까지 자신만을 위한 평화스러운 노후생활을 보내는 단계이다. 가능하면 자식 도움 없이 독립적으로 마지막 남은 노년기를 보내겠다는 사람이 주위에 많다.

이런 사람들에게 자유민주 시장경제 체제(Liberal Democracy and Free Market System)는 절대적으로 필요하다. 자유 민주주의(Liberal Democracy) 국가에서 국민은 누구나 자신과 가족의 미래를 위해 장기목표를 자유로이 계획할 수 있다. 젊은 부부는 앞으로 자녀 수를 몇으로 할지, 그리고 부모가 자녀의 교육 수준을 어느 정도까지 지원해 줄 것인지를 계획한다. 자유인은 자신의 목표 달성을 위하여 상품시장, 장기 및 단기 금융시장, 자본시장을 자유롭게 이용할 수 있다. 그래서 "자유민주 시장경제"가 필요한 것이며 또 그 가치도 높이 평가

되고 있다.

2. 애덤 스미스의 자유주의 시장경제

자유주의 시장경제는 사람들이 마음으로 결정만 한다고 해서 바로 이루어지지 않는다. 유럽의 경우, 오랫동안 왕권에 대항하면 갖은 고생과 시련을 거쳐서 자유시장경제를 이루었다. 우리나라의 경우, 1945년 8월 제2차 세계대전이 끝나면서 일본의 식민지 굴레에서 벗어나 자유주의 국가가 되었다. 그리고 대한민국은 서구식 자유시장경제 체제를 선택해서 그때부터 77년이 지난 2023년 지금, 대한민국은 세계 10위권의 경제 규모로 경제 대국이 되었다.

그러나 경제 규모로 보아 대한민국은 세계에서 앞서가는 선진국이 되었다. 그러나 여러 가지 문제도 많다. 빈부격차, 공해, 저출산 문제 등이 있지만, 이런 문제들은 다른 선진국도 마찬가지다. 그런데도 이제 세계가 새로운 냉전 시대를 맞게 되니, 한국 내에서도 자유주의 시장경제에 대해 회의심을 가지는 사람이 많아지고 있다. 이런 시점에서, 우리는 "자유주의 시장경제, 왜 좋은가?"를 다시 새겨볼 필요가 있다. 결론은 역사적으로, 이론적으로, 그리고 경험적으로 우리 대한민국은 자유주의 시장경제보다 더 좋은 대안은 없다.

우선 역사적으로 자유주의 시장경제가 좋다는 관념은 영국 스코틀랜드의 정치경제학자 애덤 스미스가 제일 먼저 주장 했다. 그는 1723년 6월 초에 태어났기에 때맞추어 그의 출생 300주년 기념행사가 세계 여러 국가에서 있었다.

애덤 스미스는 1776년 3월에 출판한 국부론(國富論, The Wealth of

Nations)에서 자유주의 시장경제의 장점을 설명하였으며, 이로써 자유 무역거래가 국가의 富를 축적한다는 사실을 세상에 처음으로 알렸다. 그때만 하더라도 지금의 경제학 개념이 제대로 형성되지 않았다. 그 당시 대학의 문과 분야에 신학, 정치학, 철학, 윤리학, 논리학, 법학이 자리 잡고 있었다. 그래서 애덤 스미스가 "현대경제학의 아버지"로 불리고 있다.

애덤 스미스는, 나라마다 주어진 천연자원과 인구, 기후 등이 달라서 각국은 노동의 국제적 분업 효과에 따라 가장 낮은 비용으로 상품을 생산해서 교역하면 모든 국가가 이득을 얻는다고 했다. 그의 국부론 책의 일부에는 이런 표현이 있다. 번역하면, "모든 사람은 정의의 법칙을 위반하지 않는 한 자신의 이익을 자기 방식대로 추구할 완전한 자유가 있으며 자신의 기업과 자본으로 다른 사람들과 경쟁할 수 있다고 했다. 여기서 중요한 3단어가 정의, 자유, 그리고 경쟁이다. 심지어는 이 3개의 요소가 노동자(labor), 지주(landlord), 자본가(capitalist), 세 사람과 자연스러운 화합을 이룰 수 있다고 주장했다. 그래서 마르크스주의자들(Marxists)도 자주 애덤 스미스의 주장을 격찬했다고 전해지고 있다.

1970년 미국인 경제학자로서 첫 번째 노벨경제학상을 받은 사람은 당시 MIT대학의 폴 새뮤얼슨(Paul Samuelson) 교수이었다. 노벨경제학상은 과학, 의학, 문학 분야와는 다르게 늦게 1969년에 시작되었다. 1962년 새뮤얼슨 교수는 애덤 스미스를 경제학자 중에 최고로 권위 있는 학자라고 추앙했다.

1976년 미국인 경제학자로서 두 번째 노벨경제학상을 받은 사람은 당시, 시카고 대학교(University of Chicago)의 밀턴 프리드먼(Milton

Friedman) 교수이었다. 프리드먼 교수는 애덤 스미스의 업적을 좀 더 구체적으로 그리고 좀 더 쉽게 설명했다.

그가 1980년에 발행한 책 Free to Choose(선택의 자유)에서 시장가격의 역할을 예로 설명하면서 300여 년 전(前) 자유시장경제에 대한 애덤 스미스의 통찰을 높이 평가하고 있다. 프리드먼 교수의 설명은 다음과 같다.

애덤 스미스가 쓴 국부론의 열쇠가 되는 통찰은 너무나 단순한 것이어서 오해를 낳을 정도이다. 교환이 자발적이라면 양자 모두 이익이 되어야만 교환이 될 수 있는 것이다. 이처럼 두 사람 사이의 단순한 예에서는 스미스의 통찰이 자명하다. 그러나 수많은 사람이 어떻게 해서 자신의 이익을 높이기 위해 서로 좋아하게 할 필요도 없이 협동할 수 있는가를 유추하기는 어렵다. 그러나 중앙집권적 명령 없이, 상호 대화도 없이, 그리고 서로 좋아하게 할 필요도 없이, 이 일을 해내는 것이 가격 시스템이다.

어떤 개인이 연필을 사거나 매일 먹는 양식이나 채소를 구할 때 이것이 백인이 만든 것인지, 흑인이 기른 것인지, 아니면 중국 사람인지, 인도 사람인지 알 수가 없다. 그리고 알 필요도 없다. 애덤 스미스의 번뜩이는 재기(才氣)는, 파는 자와 사는 자 사이의 자발적인 교환으로부터 이루어지는 가격이라는 것이, 즉 자유시장의 가격이 각자 자신의 이익을 추구하면서도 모든 사람에게 더 이익이 될 수 있는 방향으로, 수백만의 사람들이 협동할 수 있게 한다는 사실을 깨닫게 하는 데 있다. 사전에 의도 한 바도 없이 자신의 이익만을 추구하는 행동의 결과로 경제가 질서를 얻을 수 있다는 사실은 그 당시로서는 놀라운 착상이었다.

이 시점에서 시장의 기능에 관하여 우리가 꼭 짚고 넘어가야 할 사실이 있다. 시장에서 가격은 기계처럼, 스스로 알아서 상하로 움직이지 않는다. 시장에서 소비자의 수요와 생산자의 공급이 시장가격의 변동에 따라 반응한다. 시장가격은 정보를 전달하는 역할을 한다. 예컨대 베이비 붐(Baby Boom) 때문에 학생 수가 많이 늘었다고 가정해 보자. 그러면 소매상 가게에서 연필이 많이 팔릴 것이고 그러면 도매상에 연필 주문을 늘릴 것이다. 도매상은 마찬가지로 공장에 주문을 더 많이 할 것이고 연필을 생산하는 회사는 판목, 놋쇠, 흑연 등 연필을 만드는 데 필요한 각종 원자재를 더 많이 주문하게 된다. 이때, 이들 제품을 더 많이 공급하도록 생산자를 유인하기 위해서는, 전보다 높은 가격을 제시할 수밖에 없다. 이렇게 해서 연필 수요의 증가가 연필의 시장가격을 올리게 된다.

예기가 조금 길었지만, 사회활동을 할 때, 사람들은 일반적으로 남에게 호감을 주려고 하며 예의 바른 행동을 한다. 예컨대 오랜만에 친구를 만나 식사를 한 후, 상대에 대한 배려와 인정, 호감이 작동하여 식사 비용을 먼저 부담하려고 카운터로 날려가기도 한다. 이에 더하여 종교활동을 하는 사람은 비용이 좀 들어도 다른 사람에게 좋은 인상을 남기기 위하여 선의를 베풀고자 많이 노력한다.

애덤 스미스는 1776년 국부론 책을 쓰기 전, 1759년에 도덕 감정론(The Theory of Moral Sentiments) 책을 이미 출판했다. 그는 오랫동안의 관찰을 통하여 인간이 과연 어떤 존재인가를 규명하는 연구를 했다. 연구 결과, 애덤 스미스는, 인간은 마음에 타인을 위한, 그리고 타인을 자신처럼 배려하는 동정심(Sympathy)이 있다는 결론을 내렸다.

그러나 위와 같은 사람이라 해도 경제활동을 할 때는 사람은 달라진다는 것이다. 예컨대 소비자로서 시장에 가서는 가능한 한, 좋은 상품을 낮은 가격에 사고자 한다. 마찬가지로 판매자는 될수록 높은 가격으로 상품을 팔고자 한다. 이것이 바로 애덤 스미스가 국부론에서 말하는 인간의 이성적인 이기심이다. 만일 경제활동에서 스미스가 지칭하는 합리적 이기심(rational self-interest) 사람에게 없으면 시장경제는 무너지게 된다. 사실, 애덤 스미스가 가리키는 합리적 이기심은 거의 모든 사람이 가지고 있을지도 모른다. 그러나 아주 포악한 이기심을 가진 사람도 이 세상에 많은 것도 사실이다.

3. 한국의 자유민주 시장경제

　대한민국의 정체성은, 정치적으로는 자유민주주의 체제이며 경제적으로는 시장경제 자본주의 체제이다. 북한의 공식 명칭은 인민 '민주공화국'이지만, 당원을 제외한 북한 사람들은 정치적 및 경제적자유가 없다. 북한은 계속 핵무기를 개발해 오면서 세계를 위협하고 있다. 결국 북한의 최종 목적은 한반도 지도에서 대한민국을 지우는 것 아니겠는가? 그래서 우리가 지향하고 있는 "자유 민주주의(Liberal Democracy)"에는 중대한 의미가 있다. 그런데 자유 민주주의 국가라 해도 자유시장제도(Free Market System)가 확립되어 있지 않으면 경제는 쇠락할 것이고 그렇게 되면 대한민국은 쉽게 없어지게 된다. 자유시장제도를 유지하기 위해서는 자유 민주주의 국가들과 소위 가치동맹을 맺어야 한다. 지금은 한미일 3국이 동맹관계에 있으며 여러 자유주의 국가들과 가치동맹을 맺어가고 있어서 한국의 자유시장경제

체제는 점차 강화될 것이 예상된다.

한국은 왜 자유시장 경제체제가 좋은지 구체적으로 살펴보자. 우선 우리의 경제 규모가 2022년 GDP 기준으로 1.73조 달러 수준을 넘어 세계 10위 부자나라이다. 현재 5,100만 명이 넘는 인구로서 한국이 최빈국에 주는 원조금이 매년 상승하고 있다.

그리고 매년 자유시장 규모가 확장되고 있으며 시장 패턴이 더욱 고객 중심의 서비스 수준이 빠르게 상승하고 있다. 흔히 시장이라고 하면 사람들로 붐비는 농수산물 시장, 대형 마트(Mart) 등의 구체적인 장소를 떠올리게 된다. 이제는 시장이 특정 장소만을 가리키는 것은 아니다. 오늘날에는 정보, 통신, 기술을 활용한 상거래가 확대되고 있다. 비록 구체적인 장소가 아니더라도 상품을 사려는 사람과 팔려는 사람이 만나 거래가 이루어지면 시장이라 할 수 있다. 예컨대 컴퓨터나 휴대전화를 이용하여 물건을 사는 인터넷 쇼핑몰과 같은 상거래도 시장에 해당한다.

요즘 한국에서는 선진국도 따라 하지 못하는 시장 형태가 계속 생겨나고 있다. 지하철역 광고판에 설치된 상품 사진을 보고 스마트 폰으로 상품에 부착된 바코드나 QR 코드를 인식하면 상품 정보가 입력된다. 이를 온라인으로 구매하면 가까운 매장에서 집으로 상품을 배송하여 준다. 이로써 '소비자 참여'와 '새로운 미디어 이용'이라는 현대 사회의 새로운 시장 형태가 생겨난 것이다. 또 고객이 매장을 찾아올 때까지 기다리는 것이 아니고 물건을 팔려는 사람이 직접 고객을 찾아간다는 '고객 중심적 생각'이 담긴 새로운 형태의 시장이 생겨난 것이다.

이에 대해 전 세계 언론은 '가상 스토어(假像 store)'를 "대한민국에서 일어난 새로운 형태의 시장이라고 해외에 소개하고 있다. 이러한 가상 스토어를 두고 언제(Anytime), 어디서나(Anywhere), 원하는 곳(Anyplace)에서 상품을 받을 수 있다는 '3A 쇼핑 시대'가 되었다고 외신 특파원은 자신의 본국에 전하기도 한다. 그동안 한국 정부가 자유 '가상 스토어'를 허용하지 않거나 지하철 광고 판매를 허용하지 않았더라면 지금과 같은 선진형의 '가상 몰(mall)'은 생기지 않았을 것이다.

그러나 한국의 금융시장과 자본시장은 아직 후진국 단계에 있다. 이것은 정부의 잘못만은 아니다. 그 이유는 금융시장과 자본시장은 상품시장과는 근본적으로 다르기 때문이다. 첫째, 무엇보다도 한국 화폐가 국제적으로 통용되는 화폐가 아니기 때문이다. 미국 달러처럼 국제교환성이 높으면 금융시장과 자본시장은 그만큼 안정적으로 유지될 수 있다. 둘째, 남북한 관계가 항상 불안해서 외국인은 한국에 장기적인 자본투자를 꺼린다. 셋째, 환율변동이 심해서 한국 내 금융투자를 꺼린다.

남북 대결 중이라도 한국의 자유민주 시장경제를 더욱 발전시키기 위해서는 정부의 장단기 정책이 좀 더 유연하고 합리적이어야 합니다. 이에 대해서는 우리보다 인구가 훨씬 작은 600만 인구의 도시국가이지만 금융/자본시장 발전을 위한 금리, 통화, 환율정책을 잘하고 있는 싱가포르를 여러 면에서 벤치마킹(Bench marking)을 할 필요가 있다.

이미 한국경제의 규모가 GDP 기준으로 세계 10위권에 있으며 해외원조를 받던 나라가 해외 가난한 나라에 큰 규모의 원조를 주는 경제 선진국이 되었다. 지금은 경제뿐 아니라 문화 선진국으로서 도약할 때가 되었다. 우리나라가 지금 제일 잘할 수 있는 것은, 우리 국민이 외국어 구사력, 특히 영어구사력이 높은 국민이 되어야 한다. 그렇게 되면 국가 간의 교류와 상업적 거래가 확대되고 경제도 확대되며 고용도 늘어날 것이 예상된다.

제5편 | 오스트리아학파의 주요 인물

1. 오스트리아학파의 출발 배경

경제학에 있어서, 세계적으로 여러 학파가 있다. 고전학파, 신고전학파, 오스트리아학파, 시카고학파, 케인즈학파 등 여러 경제학파가 있다. 경제학파가 많은 이유는 경제사상이 다르거나 경제문제 해결에 대한 접근 방법이 학파마다 차이가 있기 때문이다. 그래서 후세 사람들은 학파의 특징에 따라 이름을 붙여주기도 하였다.

일반적으로 해당 학자가 속해있는 국가의 이름이나 소속 대학교의 이름을 학파 앞에 붙이기도 한다. 예컨대, 철학자이며 경제학자였던 애덤 스미스는 경제학의 원조로서 고전학파에 속한다. 경제학의 지경을 넓혀가는 과정에서 애덤 스미스 이후 역사적으로 제일 먼저 생긴 학파가 오스트리아학파이다. 그리고 지금도 오스트리아학파는 명맥을 유지하고 있다.

오스트리아학파의 주요 인물은 네 사람이다. 카를 멩거(Carl Menger: 1840~1921), 오이겐 폰 뵘바베르크(Eugen Ritter von Bohm-Bawerk:

1851~1914), 루트비히 폰 미제스(Ludwig von Mises: 1881~973), 그리고 프리드리히 하이에크(Friedrich Auguste von Hayek: 1899~1992)이다. 역사적으로 볼 때, 오스트리아학파가 애덤 스미스의 자유주의 시장경제 사상을 많이 이어받았다.

오스트리아학파를 잘 이해하기 위해서 우리는 오스트리아의 역사를 조금 알 필요가 있다. 2020년 현재 오스트리아는 인구 890만 명을 겨우 넘는 작은 나라이다. 그러나 1인당 GDP는 $56,800으로 한국의 35,000달러를 훨씬 넘는 부자나라이다.

그러나 한때는 유럽에서 네 번째로 영토가 큰 나라이었다. 1918년 제1차 세계대전이 끝나기 전 1867~1918년 기간 동안 50년 넘게 오스트리아-헝가리 군주국가로서 오스트리아는 유럽의 네 번째 강대국으로 군림했다. 수도인 비엔나(Vienna)는 전 세계로부터 인정받고 사랑받던 음악과 문화의 도시였다. 그러나 제1차 세계대전 후 오스트리아-헝가리 왕국이 갈기갈기 찢어졌다. 이때 떨어져 나온 소수민족이 각각, 헝가리, 폴란드, 체코슬로바키아, 유고슬라비아, 크로아티아, 보스니아이며 이들이 각자 국가를 만들었다.

2. 카를 멩거(1840~1921)

오스트리아학파의 원조는 카를 멩거이다. 멩거는 1840년에 출생했으며 그의 부친은 변호사이었다. 멩거는 1859~1860년 동안 비엔나 대학에서 법학과 정치학을 공부했으며 1867년 크라쿠프(Krakow) 대학에서 27세의 젊은 나이에 박사학위를 받았다. 또한 1867년은 강력한 카리스마를 가진 프란츠 요제프 1세 황제가 1916년까지 거

《Carl Menger(1840~1921)》

의 50년 동안 통치하는 오스
트리아-헝가리 군주국가가
시작된 해이기도 하다. 그로
부터 9년 후 1876년, 멩거 박
사는 요제프 황제의 명을 받
아 18세의 루돌프(Archduke
Rudolf) 황태자의 가정교사가
됨으로써 일찍부터 유럽의 유
명 인사로 세계적으로 알려지
게 되었다. 이것은 1764년 애

덤 스미스가 영국의 귀족이었던 헨리 스콧(Henry Scott) 공작의 가정교
사가 되어 2년간 유럽 여행을 한 것과 같다. 멩거 박사는 루돌프 황
태자에게 100년이 된 애덤 스미스의 '국부론(1776년 발행)' 책을 주어
그 책을 공부하게 하였다.

신고전학파의 선두 학자로서 멩거의 뛰어난 학문적 업적은 경제학
에서 한계효용이론을 처음으로 세계에 알린 것이었다. 고전학파의
시조인 애덤 스미스가 풀지 못해 고민했던 문제를 풀었는데 그 내용
은 이러하다. 깨끗한 물은 인간에게 매우 귀한 것인데 값은 싸고, 다
이아몬드 보석은 생명 유지와는 전혀 관계가 없으나 시장가격은 매
우 높다는 사실, 즉 음료수-다이아몬드의 모순적 관계를 잘 설명할
수가 없었다. 그래서 그는 국부론 책에서 사용 가치와 교환가치가 다
름을 알고 효용과 가격을 분리하였다.

멩거는 한계효용의 개념을 만들고 한계효용이 교환가치 즉 시장가
격을 결정한다고 설명함으로써 애덤 스미스가 풀지 못한 음료수-다

이아몬드 모순을 해결하였다. 인간은 자신에게 가장 시급한 욕구를 충족하는 일을 가장 먼저 하거나 또 거기에 가치를 두는 특성이 있다. 재화의 한계효용은 그 재화를 사용하는 것을 많이 하거나 줄임으로써 변화한 가치의 양을 상정한 것인데 이런 변화에서 추가로 느끼는 효용을 한계효용이라고 부른다. 그래서 시장가격은 소비자의 주관적인 한계효용에 달려 있다고 보았다. 그래서 멩거가 그 당시 주도한 오스트리아학파를 지금도 "한계효용학파"라고 부른다. 지금 기준으로 보면 카를 멩거는 오스트리아학파의 미시경제학자이었다.

3. 오이겐 폰 뵘바베르크(Eugen von Böhm-Bawerk, 1851~1914)

〈Eugen Ritter von Böhm-Bawerk(1851~1914)〉

신고전학파인 오스트리아학파에 속하는 뵘바베르크는 1851년에 출생했으며 1875년에 비엔나 대학에서 법학박사 학위를 받았다. 그의 학문 생활에서 가장 중요한 시기는 1881년부터 1889년까지 인스브루크 대학에서 재직하던 시절이었다. 그는 '자본과 이자(Capital and Interest)'의 총 3권 중 2권을 그때 저술하였다. 그는 1890~1904년, 14년 기간 동안, 오스트리아 정부에서 재무장관을 역임하였으며 그후, 그는 비엔나 대학교의 석좌교수로 학계에 복귀하여 1914년 사망할 때까지 저술 활동을 하였다. 그 당시 뵘바베르크 교수는 자유주의 사상을 가진 자로서 노동자, 투자자, 자본가, 이자율 등에 관한 연구를 집중적으로 하였기 때문에 지금 기준으로 보면 그는, 신고전학파 금융 전문가 또는 신고전학파 거시경제학자라고 볼 수 있다.

특별히 뵘바베르크는 카를 마르크스(Karl Marx: 1818~1883)의 잘못된 사상을 이론적으로 철저하게 반박한 첫 번째 사람이었다. 뵘바베르크는 1884년에 출판된 〈이자 이론의 역사와 비판(History and Critique of Interest Theories)〉에서 이자율이 인위적인 구성요소라는 경제사상사의 전통적인 오류를 전면적으로 비판하였다.

뵘바베르크는 마르크스가 주장하는 '자본가와 지주의 잉여가치 착취'는 비논리적이고 잘못된 주장이라고 강하게 비판했다. 산업 시대에 들어오기 전 유럽에서의 생산물이 주로 농산물이라면 힘 있는 자본가의 노동착취는 어느 정도 있었다고 할 수 있다. 그러나 산업혁명 이후 기술개발, 기계에 의한 대량생산, 그리고 디자인, 포장이 중요시되는 시대에는 상품 가치에서 차지하는 노동자의 비중은 그만큼 적어질 수밖에 없었다.

그 당시 마르크스가 주장하는 자본가의 착취는 논리적으로 매우 취약했던 것은 틀림없다. 마르크스의 잘못된 주장에 대해 뵘바베르크는 2개의 논리를 주장하였다. 하나는 '기다림(waiting)에 대한 보상 논리'이며 또 하나는 '위험부담(risk-taking) 논리'이다.

그의 보상 논리는 다음과 같다. 사람들은 현재의 소비를 장래의 소비보다 더 선호하기 때문에 현재의 소비를 포기하고 타인에게 자본을 빌려주는 데 대한 당연한 보상이라고 뵘바베르크는 주장했다.

그의 위험부담 논리는 아주 간단하고 명료하다. 자본을 제공하는 기업가와 투자자는 항상 위험부담을 안고 있다. 그러나 노동자는 불확실한 미래 위험의 부담은 없다. 생산품의 매출 여하에 상관없이 규칙적으로 정해진 보수를 받기 때문이었다. 예컨대 만일 사업이 실패하여 문을 닫으면 노동자들은 다른 회사에 가서 일자리를 얻을 수 있다. 끝으로 그 당시 오스트리아학파 사람들은 애덤 스미스와 같이 장기적이고 끊임없는 경제성장을 견지하기 위해서 저축과 투자는 꼭 필요한 요소가 된다고 철저하게 믿고 있었다.

4. 루드비히 폰 미제스(Ludwig von Mises: 1881~1973)

〈Ludwig von Mises(1881~1973)〉

오스트리아학파의 루드비히 폰 미제스는 1881년 9월 유태인 가정에서 태어났다. 그는 1973년 10월까지 92년간 살면서 오스트리아를 포함하여 세계 각국의 경제학도들에게 많은 영향을 끼친 경제학자이었다. 미제스는 비엔나대학을 졸업하였으며 1906년 같은 대학에서 박사학위를 받았다. 그는 1912년 〈The Theory of Money and Credit〉 책을 썼다. 미제스는 이 책에서 금융의 미시적 부분을 금융의 거시적 부분에 연결하였다는 찬사를 독자들로부터 받았다. 그는 일찍부터 애덤 스미스의 자유주의 시장경제 사상을 받아들였다. 미제스는 그가 세상을 떠날 때까지 자유주의 사상을 신봉하고 학생들에게 그 중요성을 가르쳤다.

미제스는 오스트리아학파의 선배 학자로부터 영향을 많이 받았다. 그는 카를 멩거 교수로부터 한계효용이론을 포함한 오늘의 미시경제학을 배웠다. 그리고 오스트리아에서 재무장관을 오래 역임한 뵘바베르크 교수로부터 오늘의 금융-거시경제학을 배웠다. 뵘바베르크가 재무장관 때 금본위제도로 되돌아감으로써 거시경제가 안정되는 사실을 미제스는 확실하게 지켜보았다.

뵘바베르크 교수는 미제스보다 연배가 30년 위 아버지뻘이었다. 멩거와 뵘바베르크 두 교수는, 오스트리아-헝가리 제국이 1867~1918년 기간 동안 합스부르크의 통치 아래 국력이 탄탄할 때 활동했으므로 일도 많이, 그리고 열심히 해서 큰 예우를 받고 살았다. 그러나 미제스에겐 그런 행운이 없었다.

미제스가 비엔나 대학에서 경제학 박사학위를 받고 중요한 국가일을 맡을 만한 30대 초반 때인 1914년, 제1차 세계대전이 시작되어 4년 동안 전쟁이 계속되는 동안 미제스는 오스트리아의 포병장교로 전선에 있게 되었다. 어떤 면에서는 시대를 잘못 타고 태어났다고 볼 수 있다. 1918년 제1차 세계대전이 끝나면서 오스트리아-헝가리 제국은 무너지고 체코, 슬로바키아, 슬로베니아, 크로아티아, 루마니아, 우크라이나 등의 작은 나라들로 갈라지게 되었다.

전쟁 중 금본위제도는 작동이 멈추었다. 각국의 금융당국은 종이화폐를 많이 찍어내었기에 물가는 빠르게 올라갔다. 특히 패전국 독일은 1920년 초부터 배상금을 승전국에 지급하는 상황에서 월간 물가상승률이 300%를 웃돌기도 했다.

제1차 세계대전이 끝난 후 미제스는 개인적으로 경제 세미나 (Seminar) 모임을 만들어 정기 토론회를 열었다. 이때 여러 나라의 경제전문가들이 방문했다. 미제스는 세미나에 참석하는 사람들에게 정부의 지속적인 화폐 발행과 민간은행의 신용팽창은 하이퍼-인플레율을 유발하므로 조속히 멈추어야 한다고 주장했다. 이때 미제스는 조만간에 심각한 경제불황이 유럽에 닥칠 것이라고 했다. 이러한 미제스의 예견은 자신이 만든 경기변동이론에 근거를 두고 있었다.

경제학 교수의 신분을 가지고 제1차 세계대전을 처참하게 겪은 미제스는 전쟁 전의 경제와 전쟁 후의 경제를 비교할 수 있었으며 경제의 흐름과 변동을 주의 깊게 관찰할 수 있었다. 여기에 바탕을 둔 그의 경기변동이론은 대체로 간단하다. 민간은행이 기업이나 일반 개인에게 대출함으로써 실물경제를 활성화하는 역할을 하지만 때로는 시행착오로 과다한 신용대출을 제공함으로써 경제가 오히려 위축되는 결과를 가져온다고 했다.

미제스의 설명은 다음과 같다. 한 나라에 전쟁이 발발하면 정상적인 경제활동은 멈추고 GNP 성장률은 마이너스가 되며 경제불황이 시작된다. 이렇게 되면, 중앙은행이 돈을 마구 찍어냄으로써 겨우 경제가 움직이지만 대신 하이퍼 인플레를 유발하게 된다. 그러나 전쟁이 끝난 후에는 경제를 다시 살리기 위하여 중앙은행뿐만 아니라 민간은행도 사업가들에게 기계나 자본재에 대규모로 투자하도록 신용대출을 제공함으로써 경제는 호황을 맞이한다고 하였다.

미제스는 제1차 세계대전(1914~1918)을 겪은 후 1929년쯤에 세계대공황 (1929~1932)이 올 것을 미리 알았다. 제1차 세계대전에서 패전국이 된 독일은 전쟁보상비를 내기가 어렵게 되자 이탈리아와 일본을 동맹국으로 끌어들여 제제2차 세계대전(1939~1945)을 일으켰다.

호전적인 독일이 제1차 세계대전 후 약속한 전쟁보상비를 제대로 지급하지 못하는 것을 지켜본 미제스는 오스트리아를 떠나기로 하였다. 세계 대공황이 끝난 후 1934년 미제스는 오스트리아를 떠나 스위스 제네바 국제대학원 국제관계학 교수가 되었다.

그후 제2차 세계대전이 끝난 1945년 스위스를 떠나 미국으로 건너가서 뉴욕대학의 객원교수가 되었다. 그때 그의 나이는 64세였다. 지금도 그렇지만 그때에도 미국대학에 교수가 되면 대학원생 교육이 중요하나 학부 학생들을 잘 가르치는 것도 매우 중요했다. 가르치는 과목 수도 많고 학생 수도 많으며 중간고사, 학기말고사, 숙제, 학생 상담 등 때문에 젊은 교수들도 시간이 모자라서 새로운 논문을 쓰기도 매우 어려운 상황에 있었다. 그래서 학교 측에서도 미제스 교수가 대학원생 중심으로 가르치되 계속 연구할 수 있도록 객원교수 직책을 주었다.

그러나 부족한 연봉을 채울 수 있도록 미제스 교수를 도와준 기관이 여럿 있었다. 그중 미국 미주리(Missouri)주 부호가 1932년에 세운 William Volker Fund가 오랫동안 미제스 교수의 연구를 지원하였다. 그는 열정적으로 학생들을 가르치고 연구를 계속하였다. 그리고 1973년 92세에 타계하였다.

그가 타계한 후 1982년 머리 로스바드(Murray Rothbard)를 포함한 그의 제자들이 합심하여 미제스 연구소(the Mises Institute)를 설립하여 자유주의 관련 서적을 많이 발간하였다. 그리고 국제적으로 명성을 날린 훌륭한 제자를 많이 배출하였다. 그의 첫째 제자는 물론 오스트리아 비엔나 대학 때부터 가르친 1994년 노벨상을 받은 하이에 크였다. 뉴욕대학에 온 이후로는 미국경제학회 회장을 재임한 2명의 제자, 고트프리트 하벌러(Gottfried Harberler)와 프리츠 매클럽(Fritz Machlup)이 있으며, 국제적으로 명성을 얻은 오스카 모르겐 슈테른 (Oskar Morgenstern), 머리 로스바드(Murray Rothbard), 이스라엘 커즈너 (Israel Kirzner) 등을 배출하였다.

미제스는 20세기 오스트리아학파의 최고봉에 있었다. 소비자 민주주의 체제로서 시장경제의 장점을 강조하였다. 개인의 선호와 선택, 교환이 훌륭한 시장경제를 만들어낸다고 하였다. 그는 인간행동학에 바탕을 두고 수학적 경제학이나 계량경제학을 논박하였다. 1979년 영국의 대처리즘(Thatcherism)이 나오게 한 하이에크(Hayek) 그리고 1980년 미국의 레이거노믹스(Reaganomics)를 만든 프리드먼 (Friedman)은 미제스와 함께 몽페를랭 학회의 창설 회원이었으며 오랫동안 뜻을 같이한 학자들이었다.

5. 프리드리히 하이에크(Friedrich Hayek: 1899~1992)

하이에크(Hayek)는 학자 집안에서 태어났다. 그의 할아버지는 자연과학을 전공한 학자로서 생물학 교수였으며 그의 아버지는 식물학 전공자이었다. 그는 비엔나(Vienna) 대학을 졸업하고 18세의 나이로 포병장교로 제1차 세계대전에 참전했으며 거기서 자신보다 17세가 더 많은 미제스 상관을 모시면서 두 사람은 끝까지 서로를 위해주는 선후배 관계와 형제 관계를 유지하였다. 한편 미제스는 1906년 비엔나 대학에서 법학박사 학위를 얻은 후 오스트리아 상공회의소에

〈Friedrich Hayek(1899~1992)〉

일하면서 1934년 오스트리아를 떠나기 전까지, 오스트리아 정부의 경제자문관으로 일하였다.

하이에크는 비엔나 대학에서 1921년에 법학박사 학위를 받았으며 1923년에는 같은 대학에서 정치학 박사학위를 받았다. 그 당시 정치학 전공자는 전통적으로 경제학을 같이 공부해야 했다. 두 개의 박사학위를 가진, 청년 하이에크는, 제1차 세계대전이 끝난 후 경제가 어려운 오스트리아에 남아서 고군분투하는 미제스 전임 상관을 도우려고 그가 운영하는 개인 세미나에 참여하게 되었다. 하이에크는 미제스 선배로부터 많은 경제학 지식을 얻었다.

제6편 | 하이에크의 생애와 Mont Pelerin Society(MPS) 설립

1. 제1차 세계대전 후 미제스 세미나에 하이에크 가입

4년간의 제1차 세계대전이 끝나고 1920년대에 들어서고 유럽경제가 서서히 쇠락하는 기미를 보이자 30대 중반의 원숙한 미제스 박사는, 머지않아 닥칠 유럽경제의 폭망을 내다볼 수 있었다. 미제스는 1906년 비엔나 대학에서 정치경제학 박사학위를 받았으며 제1차 세계대전(1914~1918) 기간에 오스트리아의 포병부대 장교로 전방에 배치되었다.

하이에크도 비엔나 대학을 졸업하고 신임 장교로 포병부대에 배속되었다. 이때부터 미제스는 18세 아래이자 대학 후배인 하이에크를 평생 아들처럼, 친구처럼 아꼈다. 하이에크는 비엔나 대학에서 1921년 법학박사, 1923년 철학박사 학위를 받은 후 1년간 미국을 돌아보기로 하였다. 미국에서 가장 인상 깊었던 것은 NBER(the National Bureau of Economic Research) 연구기관과 어마어마한 통계자료 처리 시스템이었다. '全美경제연구소'로 불리는 NBER은 1920년에 설립된 미국의 비영리기관이다. 경제 전반에 대한 국민의 이해를 증진하고 정책 결정에 객관적인 분석자료를 제공하기 위해 설립된 기관이었다.

오스트리아에 돌아온 하이에크는 미제스에게 오스트리아도 통계에 많은 관심을 가져야 한다고 전하였다. 하이에크는 정확한 통계가 충분히 있어야 정부가 바른 정책을 쓸 수 있다고 하였다. 그러나 이 부분에 대해선 평생 연역적 연구 방법을 사용해 온 미제스는 다소 부정적이었다. 왜냐하면, 청년 미제스 시대에 유럽, 특히 영국과 오스트리아에 1929~32년 세계공황을 연구할 자료가 부족했으며 대형 컴퓨터도 없었기 때문이었다.

하이에크는 미국 여행에서 돌아와서 미제스 선배가 만든 개인 세미나 모임에 참여하였다. 2주에 한 번씩 만나는 모임이지만 1918년 제1차 세계대전이 끝난 후 황폐된 오스트리아 경제를 회복하는 데 큰 도움이 되고자 하였다. 미제스와 하이에크는 당시 패전국이었던 오스트리아뿐 아니라 유럽경제 전체가 기울어지고 있음을 느꼈다. 그 당시에도 지금처럼 유럽의 부자들이 미국에 많은 투자를 하고 있었다. 그래서 1929년 미국의 뉴욕 월가(Wall Street)의 주식시장이 먼저 무너지면서 유럽뿐 아니라 세계 전체가 1929-32년 경제공황을 겪게 되었다.

제1차 세계대전에서 패한 오스트리아-헝가리 제국은 해체되어 작은 오스트리아 단일국가가 되었다. 패전국인 독일도 전쟁보상금을 내면서 월 300% 이상의 초인플레를 겪었다. 경제공황이 끝난 직후 1933년, 독일 의회가 히틀러를 총리로 임명하면서 독일 권력이 그에게로 넘어갔다. 이것은 결국 독일과 이탈리아가 중심이 되어 고대 로마 시대의 국가와 민족의 우월성을 내세우고 전 세계를 정복하려는 목적으로 제2차 세계대전을 일으켰다.

2. 오스트리아를 이별한 미제스

오스트리아의 윤택한 가정에서 태어나 최고 일류 비엔나 대학에서 정치경제학 박사까지 받았으며 최고수의 경제학자가 된 미제스가 스위스를 거쳐 미국으로 망명하게 되었다.

1918년 1차 세계대전이 끝난 직후 독일과 함께 패전국이 된 오스트리아-헝가리 제국은 해체되면서 쪼그라든 오스트리아의 경제 상황은 극도로 약해졌다. 1922년 국제연맹으로부터 융자를 받아 국가 파산을 겨우 막았지만 결국 1929년 미국 주식시장이 폭락하면서 오스트리아를 포함한 유럽과 심지어 미국까지 포함된 세계 경제가 대공황을 맞았다. 이때부터 미제스의 생활은 매우 어렵게 되었다.

1867~1918년의 51년 기간에, 오스트리아-헝가리 제국은 경제 안정을 유지했다. 이 시대에 오스트리아 학자로서, 한계효용이론을 처음으로 개발한 카를 멩거(1840~1921) 교수와 금융 거시경제 이론을 처음으로 세상에 내놓은 오이겐 뵘바베르크(1851~1914) 교수 두 사람은 세계가 인정해 주는 오스트리아학파의 선구자이었다. 그 뒤를 이은 오스트리아의 최고 경제학자는 단연코 루드비히 폰 미제스 (1881~1923)이었다.

그러나 불행하게도 그는 시대를 잘못 타고 오스트리아에서 출생한 것이다. 그는 37세의 원숙한 경제학자로서 활동할 수 있는 1918년에, 오스트리아는 이미 나라가 쪼개지고 정치와 경제가 폭망 상황에

놓여 있었다. 그가 유럽의 경제 상황을 예측하여 보니 금본위제도가 작동하지 않는 상태에서 패전국의 전쟁보상금 지급과 중앙은행의 통화량 폭증으로 패전국과 승전국 구별 없이 전 세계가 1929~1932년 기간 동안, 유럽은 경제 대공황을 맞을 것을 예측하였다.

모교 비엔나 대학에서 경제 철학박사 학위를 받은 미제스는 비엔나 대학의 교수가 되고 싶었다. 그러나 처음에는 비엔나 대학에서 미제스에게 무급에 파트타임(Part-time) 강사직을 주었다. 기분은 좋지 않았지만 좀 참으면서 정규 교수 채용 시기를 기다렸는데도 정규 교수직은 이름 없는 다른 사람에게로 돌아갔다. 결국 자신에게 돌아온 직장은 정부가 간여하는 비엔나 상공회의소의 자문역이었는데 급여도 매우 적었다. 국내 정치 상황이 바뀐 후에 미제스는 오스트리아 신정부로부터 홀대를 받았던 것이다.

1932년 세계 경제공황이 가라앉고 각국 정부는 금본위제도를 회복시키지 않고 통화만 대량으로 살포하다 보니 경기는 조금 활발하여 생산이 조금 증가하는 듯했으나 이웃의 각국은 고인플레를 겪게 되었다. 이런 상태에서 독일과 이탈리아는 경제위기에서 빠져나오기 위해, 한때 세계를 지배한 고대 로마 황제 시대에 인정받던 민족의 우월성을 바탕으로 무력을 앞세워서 세계를 지배하고자 하였다. 이것이 독일의 나치즘과 이탈리아의 파시즘(Fascism)이었다. 이탈리아의 파시즘은 자유주의를 부정하고 일당 독재에 의한 극단적인 전체주의 또는 국수주의를 취하였다. 그리고 대외적으로는 反공산주의를 내세우면서도 타 국가를 침략하는 체제이었으며 국제무역은 하지 않았다. 조금 헷갈리기는 하지만 국가가 함락되면 백성이 모두 노예가 되니까 이를 피하기 위해서는 일당 독재를 밀고 나가야 한다고 믿고

〈Heinrich Hitler〉

있었다.

제2차 세계대전이 발발하기 이전인 1935년, 이탈리아가 이미 에티오피아를 침공해서 전 지역을 점령했으며 1936년에는 에티오피아를 식민지로 만들어 이탈리아령 동아프리카 범주에 넣어버렸다. 일본은 1937년부터 중화민국과 전쟁을 치르기 시작하였다. 이렇게 해서 독일, 이탈리아, 일본 세 나라가 파시즘으로 동맹국이 되어 세계를 무력으로 장악하고자 하였다. 그렇다고 해서 나머지 국가들은 그대로 앉아서 당할 수 없었기 때문에 결국 제2차 세계대전이 시작되었다. 공식적으로 결정된 제2차 세계대전 기간은 1939년 9월 1일에서 1945년 9월 2일까지 6년 하루이었다.

미제스는 제2차 세계대전이 곧 일어날 것을 예측하고 1938년 57세 때 스위스 제네바로 이주하였다. 거기서 여배우 출신 마르기트(Margit)와 결혼했다. 그리고 1940년 미국으로 이주하여 미국 뉴욕(New York) 대학으로부터 방문 교수의 직위를 받았으며, 1962년까지 그의 월급은 보수주의 자유주의 단체인 윌리엄 볼커 기금(William Volker Fund)에서 지급했다. 미제스는 그가 1973년 사망하기까지 자유시장을 지지하는 사업가 협회로부터 지속적으로 경제적 지원을 받았다.

3. 제2차 세계대전과 하이에크의 "노예의 길" 저서

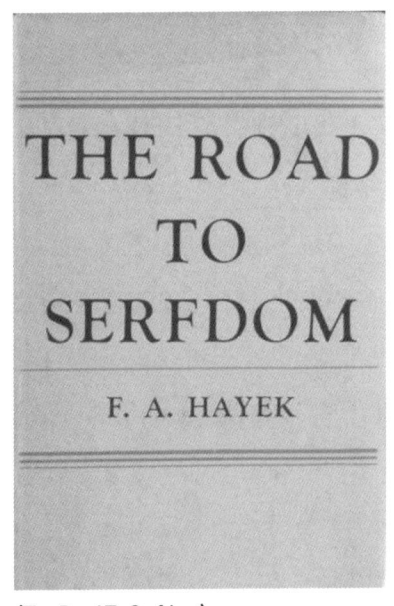

〈The Road To Serfdom〉

기록에 따르면, 하이에크가 비엔나 대학에서 1921년에 법학박사 그리고 1923년에서 정치경제학 박사학위를 받은 후 1923~1924년 기간에 뉴욕 대학의 제레미아 젠크스(Jeremia Jenks) 교수의 연구조교로 일하면서 미국경제와 미국 연방준비제도의 운영에 관한 거시경제 자료를 수집하였다.

1929~1932년 세계 대공황 기간이 끝나갈 무렵인 1931년,

하이에크는 영국의 LSE(London School of Economics) 대학에 교수가 되면서 선도적인 경제이론가로 인정을 받기도 하였다. 6년 기간의 제2차 세계대전이 시작되기 1년 전인 1938년, 미제스는 스위스로 망명을 떠나게 되었다. 하이에크는 자신을 가장 아껴주던 조언자 미제스가 떠난 후 마음이 허전하였겠으나 오히려 그때부터 하이에크는

더 큰 학자의 길로 가게 되었다.

제2차 세계대전(1939~1945)이 진행되는 동안 하이에크는 1940
년과 1943년 사이에 그의 불후의 명작 "노예의 길(THE ROAD TO
SERFDOM)" 책을 저술하였다. 이 책은 라우틀리지(Routledge) 출판사
가 1944년 영국에서 출간했다. 그때는 전쟁 중이라 용지배급에 문제
가 있어서 하이에크는 그 책을 "구할 수 없는 책"이라고 부르기도 했
다.

그러나 1944년 9월 미국 시카고(Chicago) 대학이 하이에크의 책을
출판했을 때 그 책은 영국에서보다 더 큰 인기를 얻었다. 1945년 4
월에 리더스 다이제스트(Reader's Digest) 출판사가 요약본을 출판함으
로써 그 책은 학계보다 훨씬 더 광범위한 잠재고객으로 접근할 수 있
게 되었다. 특히 이 책은 고전적 개인주의(Individualism)와 자유주의
(Liberalism)를 지지하는 사람들 사이에 널리 알려졌다. 왜 그렇게 되었
을까? 이 책은 문장이 수려한 대문호가 쓴 것이 아니었고, 그렇다고
새롭고 필요한 전문지식이라서 수많은 학자가 관심을 가진 것도 아
니었다. 보통 사람들도 자유와 평화가 얼마나 중요한지 공감했기 때
문이었다. 그것은 제1차, 제2차 세계대전을 겪으면서 참혹한 광경을
보고 또 실제로 경험한 사람이 많았기 때문이었다.

제1차 세계대전은 1914년 6월 28일 오스트리아-헝가리 제국의
차기 황제가 될 페르디난트 대공을 세르비아의 사주를 받은 보스니
아 민족주의 단체로부터 공격을 받아 사망하자, 오스트리아-헝가리
제국은 사라예보의 크로아티아인과 보스니아인을 부추겨서 세르비
아 주민들에 대해 폭력을 하도록 부추겼다. 이런 일련의 사건이 계속
되면서 1914년 7월 28일 오스트리아-헝가리 제국은 독일이 러시아

와 싸우면서도 독일의 세르비아 지원을 예상하고 세르비아에 선전포고를 했으나, 러시아는 프랑스를 침공하는 동안 오스트리아를 도울 수가 없었다. 그러다 보니, 오히려 오스트리아가 세르비아에 밀리면서 독일과 함께 패전국이 되었다.

1914~1918년 4년 기간의 제1차 세계대전은 4년간 죽음과 파멸의 대참사였다. 전쟁을 시작한 오스트리아–헝가리 제국과 독일을 포함한 동맹국 측은, 군인 실종자 360만 명을 제외하고 440만 명의 사망자와 840만 명의 부상자를 합쳐 1,280만 명의 사상자를 냈다. 한편, 대영 제국과 프랑스, 러시아, 일본을 포함한 연합국 측은 군인 실종자 약 400만 명을 제외하고 군인 사망자, 550만 명과 군인 부상자 약 1,300만 해서 총 1,850만 명 이상의 사상자를 냈다. 양쪽 진영 사람들이 서로를 향해 "공격 앞으로!" 함으로써 엄청난 인류살상 행위를 저질렀다.

이런 참극을 앞으로 막고 세계평화 유지를 위하여 연합국이 주도적으로 협력해서 국제연맹을 설립했다. 원래의 회원국은 초기에는 중립국까지 포함하여 총 42개국으로 구성되었다. 의무를 성실히 지킨다는 확약과 군비축소에 관하여 국제연맹이 결정한 준칙을 수락한다는 전제하에 총회의 3분의 2 동의를 얻어 회원국이 될 수 있었다. 이렇게 해서 1920년에 가입한 회원국은 6개국, 1921년에는 3개국이 늘어서 1934년에는 63개국까지 늘어났다. 그러나 각국의 사정에 따라 (병합된 나라, 제명된 소련) 1939년 말에는 45개국으로 줄었다. 특히 1939년 말 독일, 이탈리아, 일본 등이 탈퇴한 사실은 바로 제2차 세계대전이 다가오고 있음을 암시한 것이다.

걱정했던 바대로 제2차 세계대전이 발발했다. 나치 독일의 아돌프 히틀러가 폴란드를 침공한 것이 1939년 9월 1일에 시작되어 1945년 9월 2일까지 6년 동안 계속되었다. 이 기간에 연합국 군인은 1,600만 명 이상, 민간인은 4,500만 명을 합하여 총 6,100만 명 이상이 사망했다. 무력이 강한 독일과 동맹국들도 많은 생명을 잃었다. 군인 사망이 800만 명 이상이었으며 민간인 사망은 400만 명 이상으로 총 1,200만 명이 사망하였다.

만물의 영장이라는 인간이 파리 목숨처럼 죽어 나갔다. 굳이 지성인이 아니라 하더라도 많은 사람이 자유와 평화를 원하였다. 이탈리아의 파시즘(Fascism)은 민주주의와 자유를 부정하는, 강력한 국가독재 체제를 가리킨다. 독일의 나치즘(Nazism)은 이탈리아의 파시즘과 인종주의가 결합된 독일의 민족사회주의를 가리키는 말이다. 이런 상황에서 하이에크가 1944년에 발행된 하이에크의 '노예의 길' 책은 자연스럽게 많은 사람에게 호소력이 있었다.

4. 하이에크의 몽펠르랭 소사이어티(Mont Pelerin Society) 설립

MPS에 소속된 회원들은 '몽펠르랭 소사이어티를' 줄여서 "MPS"라고 부른다. '몽펠르랭'은 스위스의 유명한 휴양지 이름이다. MPS는 1947년 4월 8일, 하이에크의 리더십으로 조직된 국제적 단체로서 표현의 자유, 자유시장 경제정책과 열린 사회의 정치적 가치를 옹호하는 조직이다. MPS의 주된 목적은 현재 정부 기관이 제공하는 무수한 기능을 민간 부문이 대체할 수 있는 방법을 찾아내는 일이다. MPS의 초기 구성원은 경제학자뿐 아니라 철학자, 역사가, 재계 지도자, 그리고 유명 지성인으로 모두 39명이었으며 지금은 600명 이상으로 늘어났다.

1947년 MPS가 창설되고 하이에크가 초대 회장으로 추대되었다. 하이에크는 자신의 옛 상관이자 조언자였던 미제스를 제일 먼저 접촉해서 그를 MPS 창립총회에 초청하여 MPS의 창립 회원이 되게 하였다. 미제스는 당시 뉴욕 대학에서 교수로 있었다. 초기에는 주요 인사들을 접촉하여 회원이 되게 하였으며 무엇보다도 기금조성이 가장 어려운 과제였다. 그래서 1961년까지 MPS 회장직을 맡았으며 그 후부터 회장의 업무가 과중해져서 회장은 2년씩만 하기로 정관을 바꾸었다. MPS 회원 중 노벨상 수상자가 8명이었다. 시카고 대학의 밀턴 프리드먼 교수도 1970~1972년 동안 MPS 회장직을 맡았다.

본인도 2010년에 MPS 회원이 되었으며, 2018-2022 4년 동안 8인의 운영 이사의 한 사람으로 봉사한 경험이 있다. MPS 회의는 연차총회가 있으며 그사이에 지역회의가 있다. 회의 장소는 세계 여러 나라를 순회하고 있으며 MPS 회의를 유치하려면 4년간 준비가 필요하다. 대한민국도 4년 동안 준비해서 2017년 서울에서 연차총회를 개최하였다. 2023년 1월부터 본인은 MPS연구회원이 되었다.

5. 하이에크가 후세에 남긴 연구과제

하이에크는 1899년에 출생하였으며 평생 많은 책을 저술함으로써 경제학의 지경을 넓혔다. 하이에크는 1974년 노벨경제학상을 받았다. 하이에크는 살아있는 동안 생산과정에 관련된 우회생산 이론을 만들고 그 이론을 받침대로 하여 경기순환 주기를 찾아내려고 하였다. 어떻게 해서 경기가 좋아지고 나빠지는지 그리고 경기 호황과 경기침체의 기간은 각각 어느 정도 되는지 알고자 하였다. 그는 우회생산의 이론은 완성하였으나 경기순환 이론을 완성하지 못하고 후세의 연구과제로 남겨놓았다.

우회생산(Roundaboutness)이란 소비자가 시장에서 매입하는 상품, 특히 기계류 또는 전기제품은 원재료뿐 아니라 여러 부품이 같이 사용된다. 이런 부품들을 생산재 또는 중간재라고 한다. 사용되는 부품이 많을수록 생산과정이 길어진다. 최종 소비재가 생산되기 전까지의 생산과정을 우회생산이라고 한다. 이런 생산과정, 즉 원자재 생산단계에서 여러 부품, 즉 중간재가 차례대로 투입되는 과정을 보여주는 모델이 삼각형처럼 보인다고 하여 그것을 하이에크 삼각형이라고 부른다. 이러한 우회생산 단계에서 투입되는 기계 부품 등의 중간재 생산을 위한 자본투자가 필요하다. 이때 자본재투자가 성공하면 시장은 경기 호황을 맞게 되고 실패하면 경기 불황을 맞게 된다. 이 과정에 있어서 좀 더 연구할 과제가 있는데 이 부분은 후세학자의 몫으로 하이에크 교수가 남겨놓은 것이다.

제7편 | 한 지붕 밑 오스트리아학파와 시카고학파

1. MPS 협회의 리더십 역사와 노벨경제학상 수상자

1947년 4월에 창립된 몽펠르랭 협회인 'Mont Pelerin Society'를 짧게 줄여서 MPS라고 하는데, MPS 협회가 창립된 후 그동안 무슨 일을 어떻게 해왔는가에 관하여 간단히 살펴본다면 다음과 같다. 2023년 9월 현재 MPS 협회의 회원 수는 600명이 넘는다. 매년 몇 명의 학자들이 MPS 임원의 엄격한 심사를 거쳐 정식 회원이 된다. 그리고 매년 몇 명이 은퇴하거나 사망함으로써 정식 회원 수는 아주 천천히 증가하고 있다.

1947년 창립 때부터 지금까지 76년 동안 두 개 학파에 소속된 회원들이 주축 세력이 되어 MPS 협회를 이끌어 왔다. 하나는 오스트리아학파이며 또 다른 하나는 시카고학파이다. 창립 후 MPS 협회장을 가장 오랫동안 역임한 사람은 당시 오스트리아학파의 좌장 역할을 하던 프리드리히 하이에크(Friedrich Hayek) 교수였다. 하이에크 교수는 1947~1961년 기간, 14년 동안 MPS를 이끌었다. 그리고 그는

1974년 노벨경제학상을 받았다.

지금의 내부 규정에 따르면, MPS 회장은 2년 동안 봉사하며 특별한 경우가 아니면 연임은 하지 않는다. 시카고학파의 좌장이었던 밀턴 프리드먼 교수는 1970~1972년 기간 동안 MPS 협회 회장직을 맡았다. 그리고 그는 1976년 노벨경제학상을 수상했다.

조지 스티글러(George Stigler: 1911~1991)는 1977~1978년 기간 MPS 회장직을 맡았으며 1982년 노벨경제학상을 받았다. 시카고대학에서 박사학위를 받고 미국 조지 메이슨(George Mason) 대학의 교수가 된 제임스 뷰캐넌(James Buchanan: 1919~2013)은 1984~1986년 기간 MPS 협회 의장직을 맡았으며, 1986년 12월 노벨경제학상을 받았다. 프리드먼 교수의 제자인 게리 베커(Gary Becker: 1930~2014) 시카고대 교수는 1990~1992년 기간 MPS 협회 회장직을 맡았으며, 1992년 12월 노벨경제학상을 받았다. 노벨경제학상을 받은 교수들을 살펴보면, 이분들은 MPS의 2년 회장직을 맡아 봉사를 끝낸 직후 또는 몇 년 후에 노벨경제학상을 받았음을 알 수 있다.

오스트리아학파에 소속이면서 MPS 협회에서 활동해 온 학자들은 다음과 같다. 20세기 오스트리아학파의 좌장은 루드비히 미제스(Ludwig von Mises)이었다. 미제스 교수는 제2차 세계대전(1939~1945) 발발 직전에 오스트리아를 떠나 스위스를 거쳐 미국 뉴욕대학에 교수가 되었으며, 오스트리아 경제학을 미국 학생들에게 심어주었다. 오스트리아에서 출생한 하이에크는 제1차 세계대전 때 오스트리아 비엔타 대학을 졸업하고 18세의 오스트리아 포병장교로서 참전했다. 하이에크 교수는 전쟁터에서, 비엔타 대학의 18년 선배이자 자신보다 계급이 높은 미제스 상관을 만나게 되었다. 이때부터 청년 하이에크는 평생 미제스의 충실한 제자가 되었다. 1947년 4월 하이에크 교수는 친구인 시카고법대 애런 디렉터(Aaron Director: 1901~2004) 교수의 도움으로 스위스 휴양지인 몽펠르랭(Mont Pelerin)에서 MPS 협회를 창설할 때 미제스 교수를 창설 회원으로 초청하였다. 애런 디렉터 교수는 밀턴 프리드먼 교수의 처형(妻兄)이었다. 밀턴 프리드먼과 로즈 디렉터(Rose Director)는 시카고대학교 대학원생일 때 처음 만났으며 서로 사랑에 빠져 몇 년 후 뉴욕에서 결혼식을 올렸다.

1973년 미제스 교수가 92세에 타계한 다음 해, 1974년 하이에크 교수가 노벨경제학상을 받았다. 하이에크 교수의 업적 중 많은 부분은 미제스 선임 교수로 부터 배운 것이라고 하이에크 교수 자신이 미제스의 이론을 설명한 적이 많았다. 하이에크 교수는 1992년 3월 93세의 나이로 타계하였다.

하이에크 교수 이후 오스트리아 경제학을 전파한 학자가 여러 사람 있으나 MPS 회원으로서 지금까지 적극적으로 활동하여 온 사람은 버논 스미스(Vernon Smith: 1927~) 교수를 꼽을 수 있다. 스미스 교수는 하버드 대학의 바실 레온티에프(Wassily Leontief) 교수의 논문 지도를 받아 경제학 박사학위를 받았으며 미국 조지 메이슨(George Mason) 대학에서 가르쳤다. 그 후 캘리포니아(California) 주에 있는 채프먼(Chapman) 대학에서 오랫동안 가르쳐 왔다. 스미스 교수는 하이에크 경제이론을 연구했으며 2002년 노벨경제학상을 받았다.

2. 오스트리아학파와 시카고학파의 연구방법론 차이

오스트리아학파와 시카고학파의 경제사상은 '자유시장경제 자본주의'로서 기본적으로 서로 같다. 그러나 구체적인 이론의 전개와 연구 방법에 있어서는 서로 다르다. 20세기 초기에 들어서서 비엔나 대학에서 경제학 박사학위를 받은 오스트리아학파의 좌장은 루드비히 미제스이었다. 1918년 제1차 세계대전이 끝나면서 인구 3,600만 명이 넘었던 오스트리아—항거리 제국이 여러 나라로 분해되면서 오스트리아는 인구 670만 명의 작은 나라가 되었다.

이런 상황에서 주변의 소규모 국가 경제에 관한 통계자료도 없을 뿐 아니라 관심조차도 크게 가질 수 없는 상황이었다. 그리고 그 당시 오스트리아에서는 통계를 잘 처리할 수 있는 고성능 컴퓨터도 없었다. 그러므로 미제스 교수가 택한 경제분석 방법은 주로 연역적 추론(deductive inference)이었다. 이것은 일반적인 원리나 사실을 전제로 해서 개별적이나 특수한 사실을 결론으로 유도해 내는 방법을 가리킨다. 따라서 통계자료의 필요성이 별로 없었다.

이와 반대로 당시 미국의 경제분석 방법은 귀납적 추론(inductive inference)이었다. 거대한 미국경제를 분석하고 예측하기 위하여 통계자료를 수집하는 기관이 여러 개 있었다. 그래서 사람들은 필요한 자료를 쉽게 찾아 전산으로 처리하여 결론을 도출할 수 있었다. 그래서 시카고학파가 선호하는 분석 방법은 통계자료를 많이 사용하는 귀납적 추론이 되었던 것이었다.

그러나 오스트리아와 미국의 상황적 차이를 잘 아는 프리드먼(Friedman) 교수는 경제학파 간의 분열과 불필요한 언쟁을 매우 싫어했다. 1974년 여름, 미국 버몬트(Vermont) 주에 있는 자신의 피서지에서 쉬는 동안, 마침 근처에서 열리고 있는 오스트리아 경제학 토론회에 초청받은 자리에서 청중에게 다음과 같은 어록을 남겼다. "세상에 오스트리아 경제학이란 없습니다. 오직 좋은 경제학 아니면 나쁜 경제학은 있습니다."라고 했다.

그의 선언은 계속되었다. "하이에크(Hayek) 교수가 공헌한 바와 같이 오스트리아 경제학계로부터 유용한 개념이 새롭게 창조되면 그것은 경제이론의 주류에 합류되어야 한다."라고 했다. 하이에크 교수는 1974년 12월에 노벨상을 받았으며 그리고 2년 후 1976년 12월에 프리드먼(Friedman) 교수가 노벨경제학상을 받았다. 그때부터 MPS 협회 내에서 오스트리아학파와 시카고학파 간의 사이가 훨씬 더 좋아졌다. 1982년 어느 "공급경제학(Supply-side Economics)" 학회에서 프리드먼 교수는 "나는 공급-측면 경제학자가 아닙니다. 화폐 주의 경제학자(a monetarist economist)도 아닙니다. 나는 그냥 경제학자입니다(I am just an economist)."라고 여러 청중 앞에서 선언하기도 했다.

3. 시카고학파가 진단한 1929~32년 세계 대공황의 원인

"1929~32년 세계 대공황"은 미국에서 시작되었다. 1929년 10월 24일 미국의 월스트리트(Wall Street) 주식시장의 붕괴가 시작되어 곧 전 세계로 퍼졌다. 미국의 주식가격 폭락이 순식간에 전 유럽의 주식 및 금융시장으로 전염됨으로써 세계 전체가 1932년까지 저성장, 고물가, 고실업 등, 역사적으로 가장 심각한 경제침체를 겪었다.

이 시점에서 우리는 스스로에 2가지 질문을 해볼 수 있다. "왜 세계 대공황이 미국에서 일어났을까?"라는 질문과 그리고 미국에서 발생한 경제공황이 왜 전 유럽으로 빠르게 옮겨갔을까?"라는 질문이다.

첫째 질문에 관하여 시카고학파인 두 사람의 경제학자, 한 분은 시카고대학의 밀턴 프리드먼(Milton Friedman) 교수와 그리고 또 한 분은 NBER(National Bureau of Economic Research) 연구소의 안나 슈워츠(Anna Schwartz) 여사의 연구를 주목할 필요가 있다. 두 분은 약 100년 기간의 미국 중앙은행의 통화량 공급 자료를 수집하고 연구한 결과에 의하면 미국의 중앙은행이 통화량 공급을 과거 수준의 3분의 1로 줄임으로써 1929년 세계 대공황이 미국에서 시작되었다고 결론지었다. 주된 이유는 당시 금 본위주의 시대에 미국의 국제수지 적자로 미국의 금이 유출되고 있어서 이를 막으려고 미국 중앙은행이 긴축통화 정책을 쓰게 되었다. 두 분의 연구 결과는 1963년 미국 프린스턴(Princeton) 대학 출판부가 책으로 발행되었다. 책 제목은 "Monetary History of the United States, 1867~1960"이다.

미국의 NBER 연구소는 1920년에 설립되었으며 미국경제에 관한 연구를 전문으로 하는 비영리 민간 연구기관이다. 안나 슈워츠는 뉴욕에 있는 콜롬비아 바나드(Columbia Barnard) 대학을 졸업한 후 96세까지 NBER에서 연구 활동을 계속하였다. 그리고 1988년 미국 서부 경제학회 회장(President of the Western Economic Association International)을 역임하기도 하였다.

4. 세계 대공황 기간(1929~32), 유럽 주요국의 상황

"미국에서 발생한 경제 대공황이 왜 세계로 빠르게 옮겨 갔을까?"의 질문에 대한 답을 알아보자. 영국을 비롯하여 유럽의 여러 국가가 미국에 이어 1929~32년 기간에 세계 대공황을 겪은 이유는 다음과 같다.

제1차 세계대전 전에 국가 간 무역 결제는 금화이거나 금화의 가치와 같은 지폐를 썼다. 그러나 전쟁 기간 중 유럽 각국은 자국 화폐를 발행하여 썼으며 엄청난 인플레 상황을 겪었다. 제1차 세계대전이 끝난 후, 패전국인 독일과 오스트리아는 전쟁배상금을 금으로 지급해야 했다. 그러나 패전국들은 그렇게 할 여력이 없었다.

승전국들도 전쟁 중 미국으로부터 빌린 자금이 많아서 패전국으로부터 전쟁배상금을 받아도 미국에 갚을 빚보다 적었다. 그래서 미국 상업은행이 이들에게 돈을 빌려주는 상황이 되었다. 이런 상황에서 1929년 10월 미국 주식시장의 붕괴는 세계 대공황으로 직결되었다.

패전국의 전쟁보상금 문제는 여기서 끝나지 않았다. 제1차 세계대전이 끝나면서 오스트리아-헝가리 제국은 몰락하고 분열되어 650만 인구의 작은 나라 오스트리아가 되었다. 경제가 망가진 독일은 히틀러(Hitler) 통치 아래에 들어갔으며 히틀러는 나치당을 만들어 제2차 세계대전(1939~45)을 일으켰다.

5. 오스트리아학파 하이에크와 시카고학파 프리드먼 간의 화해

하이에크(Hayek)는 MPS를 창설하고 초대 회장으로서 14년 동안 MPS를 이끌어 갔다. 프리드먼(Friedman)은 그후 비록 2년 동안만 MPS 회장을 했으나 MPS 내에서 두 학자는 좋은 관계를 유지했다.

그러나 1929~32년 세계 대공황에 대처하는 방법은 서로 달랐다.

프리드먼 교수는, 1929년 10월 미국의 주식시장이 붕괴함으로써 세계 대공황을 오게 한 것은 미국 연방준비제도가 오판하여 미국 통화량을 기존 수준의 1/3로 급격하게 줄였기 때문이라고 결론을 맺었다. 그러나 하이에크는 프리드먼 교수의 주장에 전적으로 동의하지는 않았다. 경기변동이론을 따르는 하이에크는 조금만 더 참았으면 세계 경제는 그전 상태로 돌아갈 수 있었을 것이라고 했다. 그 일로 해서 두 사람의 관계가 한동안 좋지 않았다.

오랫동안 하이에크의 스승이었던 미제스(Mises)가 1973년 타계하고 다음 해 1974년 12월, 하이에크 교수가 노벨경제학상을 받았다. 그리고 1975년 기자 인터뷰에서 40년 전 자신이 중앙은행의 통화수축을 반대하지 않았던 것은 굉장한 실수였다고 인정했다. 그때 만해도 제1차 세계대전 후, 전쟁 중에 치솟은 물가가 내려오면 임금도 어느 정도 내려와서 임금의 경직성이 다소 해소될 줄 알았는데 현실경제에서는 그렇지 않다는 사실을 그제야 알았다고 인정하였다.

그리고 1976년 시카고대학의 프리드먼 교수가 노벨경제학상을 수상했는데 1979년 하이에크 교수는 다시 한번 확실하게 프리드먼 교수의 주장이 옳았다는 사실을 인정했다. 세계적 공황이 시작되었는데도 미 연준은 이를 파악하지 못하고 통화수축을 계속했다는 것은 매우 어리석은 짓이었다고 프리드먼 교수를 지지했다. 이때부터 MPS 지붕 아래 오스트리아학파와 시카고학파는 상호협력해서 자유민주 시장경제 확대를 위한 연구와 교육활동을 열정적으로 진행하고 있다.

6. 프리드먼 교수에 바친 버냉키(Bernanke) 연준 이사의 정중한 사과문

〈Milton Friedman(1912~2006)〉

2002년 11월 8일, 그 당시 미국의 중앙은행인 연방준비제도 이사회 한 사람(2002~2005)이었던 벤 버냉키(Ben Bernanke: 1953~) 이사가 밀턴 프리드먼(1912~2006) 교수의 90회 생신을 축하하기 위하여 시카고 대학에 왔으며 역사에 남을 중대한 연설을 했다.

버냉키 연준 이사는 화려한 학력과 경력을 가지고 있다. 그는 하버드 대학에서 경제학을 전공하여 학사학위를 받았으며 MIT 대학에서 경제학 박사학위를 받았다. 버냉키 박사는 정통 케인즈(Keynes)학파의 경제학을 배웠다. 그러나 버냉키는 시카고학파의 경제학도 많이 섭렵했다. 특히 그가 MIT 대학의 대학원생 시절에 프리드먼 교수의 헬리콥터 경제학에 심취하기도 했다. 버냉키는 2005년 6월 조지 부시(George W. Bush) 대통령을 자문하는 경제자문회의 의장직을 맡았으며 2006년 2월부터 2014년 1월까지 미 연준 이사회의 의장직을 맡았다. 그리고 2022년 12월 노벨경제학상을 받았다.

'Helicopter money'라는 이름은 프리드먼 교수가 1969년 처음으로 사용하였다. "Helicopter Money"는 헬리콥터가 공중에서 땅에 뿌리는 돈을 사람들이 줍는 장면을 연상케 하는 표현이다. 일반적으로 신권화폐는 중앙은행이 발행하여 은행 금융기관이 공식적으로 요청한 만큼 제공해 주는 것인데 헬리콥터에서 돈을 뿌려준다고 하니 보통 사람이 처음 들으면 말도 안 되는 헛소리라고 할 수 있다. 그렇다. 그러나 이것은 특별한 경우에 사용되는 것이다. 1929년 10월 대공황이 시작되기 전, 미국 중앙은행은 통화량이 급속도로 적어지는 위험한 상황을 감지하였으면 곧 통화량을 늘렸어야 하는 데 그렇게 하지 못했다. 통화량이 평소보다 30% 이상 줄어들고 있었는데도 미국의 중앙은행인 미 연방준비은행은 이를 안이하게 생각했으며 이것이 큰 잘못이었다.

프리드먼 교수의 90세 생신을 축하하고 그의 업적을 기리기 위하여 버냉키 연준 이사는 정성스럽게 쓴 연설문을 가지고 왔다. 프리드먼 교수와 안나 슈워츠(Anna Schwartz)가 공저한, '미국의 100년 통화 역사' 저서에서 역사상 최악의 경제재앙이었던 1929~33년의 대공황은 통화의 대수축(Great Contraction) 때문이었다는 가장 설득력 있는 설명을 제공하였음을 버냉키 이사가 치하하였다(몇 가지 쟁점은 있으나 좀 더 세월이 흘러야 확실히 알 수 있을 것 같다고 했습니다). 그는 끝으로 "연준의 공식 대표의 지위를 약간 남용함으로써 사과를 드린다고 하면서, "대단히 죄송합니다. 우리가 통화의 대수축을 저질렀습니다. 그러나 당신 때문에 그 같은 일은 다시는 하지 않을 것입니다."라는 말로 버냉키는 강연을 끝냈다. 그 후 버냉키 이사는 2006년 2월부터 2014년 1월까지 제14대 연준 의장직을 수행하였다.

그후부터 프리드먼 교수는 여전히 여행과 강연을 즐겼다. 프리드먼 교수가 시카고 대학에서 가르친 대학원생 중에서 가장 뛰어난 학생은 개리 베커(Gary Becker)이었다. 그는 1955년 시카고 대학에서 경제학박사 학위를 받았으며 후에 1992년 노벨경제학상을 받은 개리 베커 교수가 MPS의 좌장 역할을 하는 것을 본 후 프리드먼 교수는 2006년 11월 타계하였다.

본인이 시카고 대학의 대학원생이었던 시절에 프리드먼 교수의 강의를 들었으며 1997년 3월부터 프리드먼 교수가 스탠퍼드(Stanford) 대학교의 후버(Hoover) 연구소로 가신 후, 개리 베커 교수가 시카고 대학교 경제학과의 좌장 교수로서 학생들을 지도하였으며 그분 때문에 학생들이 졸업한 후 저를 포함해서 몇몇 졸업생이 MPS의 주축 멤버가 되기도 했다. 시카고학파의 프리드먼 교수에 이어 베커 교수가 MPS의 회장이 됨으로써 MPS의 세계적인 활동은 더욱 강화되었다. 프리드먼 교수와 베커 교수가 MPS의 회장을 역임함으로써 그 이후부터 MPS 한 지붕 아래에 시카고학파와 오스트리아학파는 예전보다 더욱 친근하게 지내고 있다.

제8편 | 밀턴 프리드먼(Milton Friedman) 교수의 학술적 공헌

경제학 분야는 경제이론과 정책을 포함하고 있다. 필자는 프리드먼(Friedman) 교수의 제자로서 직접 강의를 듣고 그의 경제사상을 배웠으며 1976년 3월 봄학기 대학원 과정에서 그분의 강의를 처음 들었다. 세미나 형태의 강의였으며 경제이론의 적용에 관한 내용이었다. 그때 그분의 연세는 이미 64세를 넘기셨으나 그의 눈빛은 반짝거렸으며 분명한 발음과 완벽한 문장으로 설명하는 그의 강의는 학생들에게 인기가 많이 있었다. 그해 10월에 프리드먼 교수의 노벨경제학상 수상이 발표되었고 그는 12월 스웨덴 한림원에서 노벨상 수여식에 참석하였다.

프리드먼 교수는 1977년 시카고대학에서 이론 강의는 접고 미국 스탠퍼드 대학에 있는 Hoover Institution 연구소에서 경제 및 사회 정책에 관한 연구를 시작했다. 대학원생을 가르치는 일은 그만두고 일반 시민들에게 경제학을 쉽게 설명하였으며 세계 여러 곳을 다니면서 강연하였다. 시카고대학원생 시절에 만나 결혼한 부인 로드 디렉터(Rose Dirctor)와 함께 당면한 경제적 및 사회적 문제를 해결하는 다수의 정책 대안을 미국 정부에 제시하여 채택되기도 하였다. 이때의 강연을 모아 만든 책이 "Free to Choose"이며 세계적인 베스트셀러가 되었다. 지금도 그 책은 세계적으로 사람들에게 많은 인기가 있다.

1. 인플레 문제의 해결책

그가 경제학자로서 공헌한 것 중에 몇 가지 중요한 경제이론과 정책 제안을 쉽게 풀어서 여러분에게 소개하고자 한다. 첫째는 인플레 문제를 해결하는 방책이다. 높은 인플레 문제는 수없이 많은 나라에서 겪으면서도 여전히 정부는 인플레 문제를 잘 해결하지 못하고 있다. 참 이상도 하지. 왜 그럴까?

왜 이 문제가 쉽게 풀어지지 않는가에 대하여 프리드먼 교수는 간단히 이렇게 말한다. "Inflation is always and everywhere a monetary phenomenon." 이것을 한국어로 번역하면 "인플레는 언제나 어디서든지 화폐적 현상이다."라는 뜻이 된다. 프리드먼 교수는 이 말을 하면서 "소비자의 구매량이 너무 많다고 인플레가 되지 않으며, 생산자의 공급량이 부족하다고 인플레가 오는 것이 아니다. 그렇다고 노동임금이 인상되었다고 인플레를 높이지도 않는다. 언제나 통화당국이 돈을 계속해서 많이 찍어내니까 인플레가 일어난다"라고 주장하였다. 통화당국이 통화 증가율을 올리지 않으면 물가 상승이 조금 있었다가 다시 안정 수준을 유지한다는 것이다.

해외 원유가격을 비롯하여 원자재가격이 갑자기 오르면 국내 생산비가 올라가고 따라서 물가수준도 올라가게 된다. 그러나 인플레 상승으로 연결되지 않는다는 것이다. 그래서 사람들은 일시적인 물가수준의 상승과 지속적인 물가수준의 상승을 구분해야 한다는 것이다.

2. 글로벌 경제공황의 사전 방지

프리드먼 교수의 두 번째 공헌은 세계적 경제공황을 사전에 방지하는 정책을 제시한 것이다. 지금도 많은 사람이 기억하는 세계 대공황은 1929년 10월 미국 뉴욕 주식거래소(New York Stock Exchange)에서 거의 모든 주식가격이 곤두박질함으로써 시작되었다. 초기에는 영국과 미국의 금융지도자들은 주가 하락이 곧 반등할 것으로 생각했다. 그러나 미국과 유럽 간의 무역과 생산 격감이 유럽의 금융시장을 강타하였다. 유럽 경제가 제대로 작동하지 못함으로써 미국과 유럽은 3년 동안 비참한 경제공황을 겪게 되었으며 1932년 말에 가서야 극한 상황이 진정되었다.

미국 증권시장에 투자한 사람 중 적지 않은 유럽 부자들과 특권층이 뉴욕주식 및 증권시장에 거액을 투자하였다. 뉴욕 증시가 내려앉자, 많은 수의 유럽 투자자들의 실질소득이 크게 내려갔다. 따라서 신규투자가 급격히 줄고 고용수준이 급강하면서 유럽에도 공황이 불어닥쳤다. 그러나 미국과 조금 다른 것은, 유럽의 경우 대미 무역흑자가 증가하여 통화량은 다소 늘어났다. 그래서 유럽 내 물가는 오르면서 실질소득과 고용이 함께 떨어지는 스태그플레이션(stagflation) 상황을 겪었다.

세계적 경제공황의 발생 원인을 놓고 후세 학자들 간 갑론을박의 논쟁이 많았다. 시카고 대학의 교수로 있던 프리드먼은 당시 미국의 최대 경제연구소인 NBER의 수석연구원 안나 안나 슈워츠(Anna Schwartz) 여사와 함께 미국의 100년간 화폐공급역사(1867~1960)를 파헤친 결과 그 당시 미국의 중앙은행인 미 연방준비은행이 화폐공급을 1/3 정도 줄였다는 사실을 알게 되었다. 프린스턴 대학 출판부가 프리드먼과 슈워츠의 공동연구를 발행함으로써 학계와 언론사에 널리 알려지게 되었다.

미 연준이 화폐공급을 크게 줄인 이유는 그 당시 금본위제도하에서 미국의 무역적자가 심화함으로써 미국의 금이 유럽이나 해외로 대량 빠져나갈 것을 막기 위하여 미국의 통화공급을 그만큼 줄였다. 프리드먼-슈워츠 연구가 처음 발표되었을 때 여러 곳에서 두 사람의 연구 실적에 대해 일부 학자와 연준 인사로부터 비판을 받기도 하였으나 그의 공로로 1976년 프리드먼 교수는 노벨경제학상을 받았다. 2009년 프리드먼 교수의 90세 생일 행사에서 당시 연준 총재를 역임하고 있던 벤 버냉키가 프리드먼과 슈워츠 연구 결과에 대해 역대 연준의장들이 좀 더 확실하게 이해하지 못했던 것에 대해 정중한 사과를 하기도 하였다.

3. 총 국내생산 GDP와 국민 총소비와의 정확한 관계

프리드먼 교수의 세 번째 공헌은 케인즈(Keynesian)학파의 원조인 영국인 존 매이너드 케인즈(John Maynard Keynes) 경제학자가 만든 GDP(총 국내 생산) 추정방정식을 좀 더 현실적으로 개선한 것이었다.

국내 총생산 GDP 지표는 세계 각국이 소득지표로 사용하고 있어서 소득추정 방식은 가능한 논리적이고 합리적이어야 한다고 주장하였다. 어느 나라든지 일단 국내 GDP 추정 방식이 공식적으로 결정되면 IMF와 세계은행에 알려주며 이 두 기관은 자체 통계자료 발간에 반영시켜 회원국에 정기적으로 배포한다.

국내 총생산, GDP 추정방정식의 구성요소는 (1) 국민 총소비, (2) 민간투자, (3) 정부지출, 그리고 (4) 순수입(수출 – 수입)의 4개 항목이 있다. 여기서 제일 큰 항목은 GDP 국민 총소비로 대부분 국가는 국민 전체 소비가 GDP 규모의 2/3가 조금 넘는다. 그래서 GDP에서 국민 총소비의 규모를 정확히 아는 것이 매우 중요하다.

미국의 경우, 2013년 국민 총소비는 GDP의 69%, 투자는 16%, 정부지출은 18%, 순 수출은 –3%, 그러니까 무역적자가 3%이다. 다시 말하면 국민 총소비가 GDP 전체의 2/3이므로 프리드먼 교수가 소비자지출방정식을 개선한 것은 매우 의미 있는 공헌이었다. 프리드먼 교수도 스스로 자신의 소비함수 연구는 그의 평생 연구 업적 중에서 가장 자랑스러운 연구었다고 했다.

그의 소비함수 연구 업적의 내용을 좀 더 쉽게 설명한다면 다음과 같다. 앞서 잠깐 소개한 영국의 경제학자 존 케인즈는 "연간 GDP 결정 방정식에 있는 국민의 연간 소비자 지출액은 연간 개인소득에서 직접세를 제외한 가처분 소득(Disposable Income)에 일정 비율을 곱한 것이 된다."라고 주장하였다.

그러나 프리드먼 교수는 케인즈의 그 같은 접근방식은 현실성이 부족하다고 지적한 후 Permanent Income Hypothesis(항상소득가설)을 줄여서 "PIH"를 제안했다. 프리드먼 교수의 "PIH 항상소득가설"

은 소비자 지출 이론이라고 할 수 있다. 그의 "PIH 이론"에서 프리드먼은 소비자의 4개 행동 원칙을 소개하였다. 첫째, 개인의 소비지출 수준은 자신이 기대하는 장기 평균 소득에 맞춘다는 것이다. 프리드먼의 PIH 이론에서 "permanent income"은 "영구적 소득"으로 번역되지 않고 "항상소득"으로 번역되었다. 노동자인 소비자는 현재 소득이, 기대되는 항상소득 수준보다 큰 부분은 저축한다고 보았다. 둘째, 개인들은 소비지출을 정할 때 미래 소득을 추정해 본 결과에 따르며 세후 현재 소득수준에 따르지 않는다는 것이었다.

셋째, 정부의 정책 때문에 현재 소득이 올랐다고 해서 개인들이 반드시 소비지출증대를 택하지 않는다고 가정하였다. 넷째, 개인들은 적정수준의 현금이 항상 필요하므로 소득과 소비 2개를 동시에 관리한다고 가정하였다. 이렇게 함으로써 케인즈의 단순한 소비함수를 크게 개선함으로써 이전보다 좀 더 정교한 GDP가 산출되게 하였다.

4. 기존의 인플레율-실업률 관계를 수정

나이에 관계없이 어린 학생이나 나이 많은 어르신 모두, 인플레율이 높거나 실업률이 높으면 세상살이가 좋지 않을 것이라고 가정한다. 그런데 조금 지식이 있는 사람이라면 "돈이 좀 풀려야 사업이 잘되고 경제가 돌아가는 것"이라고 생각할 것이다. 단순하게 생각하면 바로 그렇다. 은행이 돈을 풀어야 인플레율이 조금 상승해도 기업이 고용을 확대해서 물건을 더 만들고 소비자는 그 물건을 더 살 수 있기 때문이다. 그래서 인플레율이 올라가면 실업률이 내려가는 우하향하는 곡선 관계가 성립하는데 이 곡선을 1950년대 초반에 영국의 통계학자 필립스(Philips)가 발견했다고 해서 필립스 곡선이라고 불렀다.

그런데 그게 다 진실은 아니다. 돈이 풀렸는데 너무 많이 풀려서 조만간에 물건값이 오를 것이라는 소문이 퍼지면 소비자는 발 빠르게 움직여 필요한 물건을 사려고 한다. 그리고 소비자는 상품가격이 앞으로 더 올라가리라고 생각하고 같은 상품을 더 사서 집에 쌓아두기도 한다. 그러나 생산자는 상품 찾는 수요가 많아질 것이니까 그 상품을 더 만들기 위해서 재료를 더 구입하고자 하면 재료가격도 덩달아 오르게 된다. 이런 과정에서는 처음에 돈이 풀렸어도 고용은 더 늘어나지 않고 상품가격과 재료가격만 계속 올라가서 경제 전반에 인플레 현상이 생길 수 있다.

돈이 한번 풀렸다 하더라도 중앙은행이 돈을 계속해서 찍어내지 않고 얼마 동안 풀린 돈이 시장에서 회전되면 소비가 늘고 그래서 생산을 높이기 위해 고용을 높여야 상품시장, 재료시장, 노동시장에서 선순환 효과가 생기게 된다. 그래서 프리드먼 교수는 중앙은행의 단순한 통화량 수준의 싱승이 아니라 통화량 증가율의 인상에 국민이 유의해야 한다고 계속 강조하였다.

5. IMF에 환율제도 변경 요구

다음은 프리드먼 교수가 1944~71년 기간 동안 IMF가 관리해 온 고정환율제는 변동환율제로 바뀌어야 한다고 줄기차게 주장한 결과, 결국 세계가 변동환율제도를 채택하게 되었다. 특히 1970년대에 들어와 자본이동의 자유화가 심화하고 신흥국의 무역수지가 악화하는

데 이때 신흥국은 고정환율에 묶여 계속 IMF로부터 도움을 받아야 하며, IMF와의 협상을 통하여 고정환율을 수정하게 된다. 이즈음에 신흥국 외환시장에서의 환율투기는 경제 전체를 위기 상황으로 몰아갈 위험도 있다.

따라서 각국이 변동환율제를 택해야 신흥국들이 국제수지 위기를 피해 갈 수 있으며 세계 경제 전체가 안정을 유지할 수 있게 된다. 그리고 각국의 환율 수준과 전반적인 경제운용을 IMF의 자의적인 판단에 오랫동안 맡겨둘 수 없다. 어쨌든 프리드먼 교수가 권면했던 변동환율제는 오래 지속될 것으로 예상된다.

6. 미국의 징병제를 모병제로 전환

끝으로, 필자는 프리드먼 교수가 미국 정부에 제의한 사회 정책 및 경제정책 중 가장 성공한 정책을 소개하고자 한다. 그것은 징병제를 모병제로 바꾸는 정책이다. 징병제(Conscription 또는 Draft)는 국가가 국민을 대상으로 국가를 방위할 의무를 강제로 부여하는 제도를 가리킨다. 모병제는 일정한 급여와 보상을 제공함으로써 자발적인 군대 입대를 유도하는 제도이다. 필요하면 외국 국민에게도 원하는 돈을 주고 용병을 모집할 수 있다. 징병제와는 달리 모병제는 국가적으로 비용이 많이 들기 때문에 부유한 국가만이 할 수 있는 제도라고 할 수 있다.

프리드먼 교수는, 1962년에 발행한 저서, Capitalism and Freedom에서 미국의 징병제는 자유주의 사상에 배치되는 것이며, 임의적이고, 공정하지도 않고, 자신의 장래를 결정하는 청년들의 자유를 일찍부터 방해한다고 신랄하게 비판한 적이 있다. 노동시장에서 적절한 임금과 고용이 결정되듯이 필요한 수의 군인을 모집하려면 거기에 상응한 적절한 봉급과 보상을 제공해야 한다고 주장하였다. 길게 보면, 징집제로 인한 각종의 개인적 희생과 사회적비용을 고려하면 모병제가 징집제보다 훨씬 경제적일 것이라고 진단하였다.

제1차 세계대전(1914~1918)부터 세계 각처에 군대를 보내는 미국 정부가, "징집제는 자유주의 사상에 위배 된다."라고 주장하는 대학 교수 밀턴 프리드먼의 말을 듣고 징집제를 즉각적으로 모병제로 바꿀 수는 없었다.

1966년 12월 시카고 대학에서 징병제 토론회가 열렸으며 거기서 프리드먼 교수와 그의 제자 중 한 사람이었던 월터 오이(Walter Oi)가 함께 참여하여 징병제를 위한 사전 대처방안을 논의하기도 하였다. 당시 뉴욕 콜롬비아(Columbia) 대학의 교수이며 닉슨(Nixon) 대통령의 자문역을 맡았던 마틴 앤더슨(Martin Anderson: 1936~2015) 교수가 여기에 참관한 후 닉슨 대통령에게 징병제의 타당성과 대처방안을 설명하였다. 이에 관하여 닉슨 대통령은 깊은 관심을 가지게 되었다. 닉슨 대통령의 대처방안이란 모병제의 경우, 사병의 연봉 수준, 자원자 수, 향후 대학 교육비 지원 등의 기타 비용 등을 추정하는 것이었다.

닉슨 대통령은 앤더슨 자문역으로부터 학계의 모병제 채택 건의를 전해 듣고 이에 큰 호기심을 가졌다. 1968년 선거공약으로 자신이 대통령이 되면 징병제를 끝내겠다고 약속했다. 닉슨 대통령은 만일 징병제가 종식되면 오랫동안 지루하게 끌어오던 미국의 對 월남 전쟁이 끝날 것으로 생각하였다. 그러나 미국 의회와 국방부가 모병제를 적극적으로 반대했기 때문에 대통령 취임 후 한 발짝 물러서서 특별위원회를 구성하여 최종 결론을 내도록 하였다.

아이젠하워(Eisenhower) 전 대통령 행정부에서 국방부 장관을 지낸 토머스 게이츠(Thomas Gates, Jr.)를 위원장으로 지명하여 15인 모병제실시 준비위원회가 구성되었다. 초기에는 게이츠 위원장 스스로가 모병제를 반대하였다. 원래의 징병제 기간이 1971년 6월에 만료 시기인데 그때까지 결론을 내기가 거의 불가능하였다. 그래서 1971년 2월, 닉슨 행정부는 징병제를 2년간 연장해 줄 것을 의회에 요청하였다.

그러나 당시 지속되는 전쟁을 싫어하는 일부 상원들의 입장은 달랐다. 1년만 연장하든가, 그래서 아예 징병제를 없애든지, 아니면 징병제를 계속하되 월남전에서 미군이 철수하는 일정표에 연동하는 것이 좋겠다는 것 등이었다. 그러던 중 1971년 9월 징병제 2년 연장 안이 의회에서 채택되었다. 이때부터 정부는 2년 후 다가올 모병제를 위하여 사병의 봉급을 올려주고 TV 광고를 통해 육군에게 사기를 북돋아줌으로써 자원하는 신병들에게 동기부여를 제공하기 시작하였다. 그리고 1972년 12월에는 베트남 전쟁터에서 미 지상군의 활동이 실질적으로 종식됨으로써 1973년 2월 2일 멜빈 레어드(Melvin Laird) 국방부 장관은 강제징집 영장이 앞으로는 발부되지 않을 것이라고 발표했다.

2023년 6월 30 일자로 미국의 징병제가 괜찮은 봉급과 대학 교육을 보장해주는 모병제로 된 후 50년이 흘렀다. 미국의 군사 및 교육 전문가들은 다음과 같은 결론을 내렸다. 모병제의 단점이 있겠으나 징병제와 비교하면 모병제의 장점이 훨씬 크다는 진단을 내리고 있다. 첫째, 미군에 자원한 병사는 남녀 차별 없이 대학 교육을 받을 수 있게 됨으로써 자신의 평생 소득이 크게 올라갈 수 있어서 군대 생활을 열심히 하려는 동기가 있다. 둘째, 세계 최강의 미 공군력의 공격 및 방어 능력 때문에 전쟁이 발발할 시, 육군의 사상자수가 쉽게 늘어나지 않는다. 셋째, 군부대 내에 행정업무도 많아서 여성의 군대 입대율이 점점 증가하고 있다. 따라서 남녀 간 소득격차도 점차 줄어들고 있다. 넷째, 미국에서 유색인의 군대 입대율이 증가하고 있어서 인종 간의 사회적 갈등이 점차 줄어들고 있다.

제9편 | 2017년 MPS 서울총회 개최

1. 2017년 서울총회개최 준비

MPS(Mont Pelerin Society)에 관한 기본내용은 앞에서 조금 소개된 바 있다. 오스트리아학파의 좌장이었던 프리드리히 하이에크(Friedrich Hayek) 교수는 1947년 4월 10일, 스위스 휴양지인 몽펠르랭(Mont Pelerin)에서 제1회 모임을 주관하였다. 첫 MPS 모임에는 경제학자, 철학자, 언론인 출신 등 39명이 참여하였다. 거기에는 밀턴 프리드먼 교수를 비롯한 시카고학파의 교수들도 참여했다. 그때부터 지금까지 77년이 지나면서 지금은 회원 수가 늘어 정규회원은 600명이 넘는다.

어느 나라이든지 몽펠르랭 소사이어티 총회를 유치하려면 3~4년 정도 준비가 필요하다. 그리고 방문지에 따라 다르지만 400명 정도의 학자들이 MPS 총회에 참가하기 때문에 행사 유치에 성공한 나라에서 준비위원회를 만들고 이 준비위원회는 MPS 본부와 서로 연락해서 행사 때까지 상세하고 치밀한 준비를 한다. 참가자의 발표 논문

〈MPS Seoul 2017〉 이 사진은 MPS 서울 총회 기간 중 5월 9일, MPS의 원로 교수들이 국제금융 분야에 관하 여 토론을 하고 있는 모습을 보여주고 있음. 사진에서 맨 오른쪽에 앉아 있는 분은 일본 Hitotsubashi 대학의 부총장을 역임하였으며 Chicago 대학에서 교육을 받은 Yoshinori Shimizu 교수이며, 그이 바로 옆에 앉은 분은 Canada의 Simon Fraser 대학의 Herbert Grubel 교수이다. 그이 오른쪽에 앉아 있는 분은 Jerry Jordan 씨는 UCLA 박사임. 그는 Ronald Reagan 미국대통령 의 경제자문관 역을 맡은 바 있으며 Cleveland 연방은행장을 역임하였음. 그의 오른쪽에는 Stanford 대학의 원로 교수이며 미국 재무부 차관을 역임하였다. 그의 오른쪽에는 Chicago 대학에서 필자를 가르치셨으며 이스라엘의 중앙은행 총재를 2차례 역임하였다. 그이 오른쪽에 앉은 사람이 필자인 김 인철 교수임.

도 사전에 받아야 한다. MPS를 유치한 나라에서는 외국에서 오는 참 가자들을 위하여 숙소와 회의 장소를 마련한다. 그리고 MPS 참가자 들이 MPS 회의를 유치한 나라의 산업시설과 문화 유적지를 돌아보 는 행사를 준비한다. 2017년 MPS 서울총회의 경우 행사 준비 위원 들은 2주마다 조찬모임을 갖고 추진계획과 실행을 점검하는 회의를 하였다. 본인은 논문발표자를 선정하고 세션을 준비하는 책임을 맡 았다.

2. 2017년 MPS 서울총회에 온 주요 외국인 발표자 소개

1) 바츨라프 클라우스(Vaclav Klaus. 1941~생존) 체코공화국 대통령

클라우스 전 체코공화국 대통령은 정치인이자 경제학자이다. 프라하경제대학을 졸업하고 미국 코넬(Cornell) 대학에서 경제학을 공부하였다. 그는 1993~1998년 기간, 체코 수상을 역임하고 2003~2013년 동안 대통령직을 맡았다. 그는 밀턴 프리드먼(Milton Friedman) 교수의 권유로 MPS 회원이 되었으며, 2012년 제39차 MPS 총회를 체코공화국 프라하에 유치하여 현직 대통령으로서 정치적 자유와 경제적 자유의 중요성을 체코공화국 국민에게 널리 알렸다.

그는 2017년 MPS 서울총회에서 기조연설을 했다. 집단이주 현상과 관련하여 개인이주와 집단이주에 차이점이 있음을 설명했다. 개인이주는 자신과 자신의 가족이 처해 있는 특별한 상황에 따라 결정되는 것이지만 집단이주는 다른 이유에 따라 결정된다고 했다. 집단이주의 가장 주된 원인은 모국의 비참한 상황이 아닌 패러다임의 변화 때문이라고 했다. 가난하고 비민주적이며 무정부 또는 혼란의 상태에 빠진 나라의 국민은 좀 더 부유하고 효율적으로 작동하는 민주주의 정부를 가진 선진국으로 이주할 권리가 있다고 주장했다. 이때 많은 청중의 갈채를 받았다.

2) 버논 스미스(Vernon Smith: 1927~생존)

버논 스미스 교수는 1927년 출생이며 1949년에 캘리포니아공과대학(Caltech) 대학에서 전기공학을 공부했다. 그리고 1955년에 하버드(Harvard) 대학에서 경제학 박사학위를 받았다. 박사 공부를 끝낸

후 버논 스미스 교수는 여러 대학에서 연구와 교육에 열정을 쏟았다. 캔자스(Kansas) 대학, 스탠퍼드(Stanford) 대학, 브라운(Brown) 대학, 동부에 있는 조지 메이슨(George Mason) 대학에서 학생들을 가르쳤다. 그가 애리조사(Arizona) 대학에서 5년간(1976~2001) 연구 활동을 집중적으로 수행하였으며 바로 그해에 노벨경제학상을 수상했다.

버논 스미스 교수는 현재 캘리포니아(California) 주에 있는 채프먼(Chapman) 대학에서 가르치면서 애덤 스미스(Adam Smith) 연구에 열중하고 있다. 지금 미국의 버논 스미스 교수와 과거 300년 전 영국/스코틀랜드 시대의 애덤 스미스 두 사람은 성이 같다. Mr. Adam Smith와 Professor Vernon Smith입니다. 버논 스미스 교수는 2017년 MPS 서울 Meeting에서 애덤 스미스가 1776년 연구 발표한 내용 중에서 가려져 있었던 중요한 부분을 찾아내어 쉽게 설명했다.

애덤 스미스는 2개의 명저를 썼다. 하나는 1759년에 발행된 도덕감정론 (The Theory of Moral Sentiments)이고, 또 하나는 1776년에 발행된 국부론이다. 버논 스미스 교수에 의하면 이 두 저서가 인간 본성에 대해 잘 서술하고 있어서, 1990년대의 게임(Game) 이론은 실패했으나 오히려 애덤 스미스의 두 이론이 더 확실하게 인간의 경제적, 사회적 선택을 설명한다고 지적했다.

버논 스미스 교수의 설명에 따르면, 만일 기존의 게임 이론을 전개했던 경제학자들이, "인간은 '자기 이익, 자기 사랑과 오만을 벗어버리고 타인과 함께 할 수 있는 것을 배우는 과정에 있다.'라고 묘사한 애덤 스미스의 도덕 감정이론에 주의를 기울였다면 좋았을 뻔했다고 했다.

3) 前 駐韓 미군 사령관 버웰 백스터 벨(Burwell Baxster Bell 3rd) 4星 장군

한국 안보를 주제로 한 강연에서 전 주한 미군 사령관 버웰 장군은 한국의 경제성장에 열정적인 찬사를 보냄과 동시에 당선되는 대통령이 사드 (Terminal High Altitude Area Defense) 미사일 철수를 시도할 경우, 한반도에 길게 드리워질 어두운 미래를 경고했다. 대통령 선거 당일 강연을 맡게 된 벨(Bell) 장군은, 한국이 가진 민주주의적 특성은 한국의 힘인 동시에 연약함이라고 했다. "민주주의"는 너무나 많은 경우, 겉으로 보기엔 이성적이고 순조로우며 논리적일 것 같은 협력을 구하지만, 현재 박근혜 전 대통령의 탄핵이라는 트라우마를 겪은 한국 국민은 한쪽으로 기울어진 논리에 쉽게 빠지게 되었다고 평했다.

"만약 문재인 후보가 대통령으로 당선되고 그가 사드(THAAD)의 철회를 주장한다면 어떻게 하겠느냐?"는 청중의 질문에 벨 장군은 "만약 한국이 사드를 원하지 않는다면 한미동맹에 커다란 금이 갈 것이며 우리는 한국에 대한 미국 입장을 재고려해야 할 것이다. 우리는 점령군이 아니다. 만약 한국 국민이 우리가 떠나기를 원하는 날이 온다면 우리는 떠날 것이다. 그러니 만약 한국이 사드배치를 반대하여 우리 군인들의 생명을 위협하는 적으로부터 그들을 보호할 방법이 없으면 우리는 다시 생각해야 한다. 그런 일이 벌어진다면 중국이 원하는 대로 되는 것이다."라고 했다.

4) 에드윈 퓰너(Edwin Feulner: 1941~2025. 7)

에드윈 퓰너 박사는 몽펠르랭 소사이어티 전임 회장(1996~1998)이었으며 미국의 영향력 있는 보수성향 싱크 탱크(Think Tank)인 헤리티지(Heritage) 재단의 창립자이기도 하다. 퓰너 박사는 2017년 몽펠르랭 한국총회가 대한민국 19대 대통령 선거가 열리는 흥미진진한 시기에 서울에서 주최되었다는 사실을 언급하며 축사를 시작했다. 현재 한국은 "고요한 아침의 나라에서 혼란의 오후를 맞게 되었지만, 한국은 진정한 법치주의의 승리를 이끌었으며 세계적인 롤 모델이 되었습니다."라고 했다.

이번 선거에서 누가 승리자가 될지 모르나 진심으로 한국의 번영을 기원하며, 현재 한국 정부가 중소기업의 성장을 방해하는 경제의 과도기에 와 있기에 경제체제를 현대화하고 개인의 자유를 존중하는 방향으로 전환해야 한다고 조언했다.

또한 그는 "우리는 모두 서로 다른 상황에서 자유의 가치를 배운 사람들로서 2017년 MPS 서울총회는 몽펠르랭 소사이어티 회원과 모든 참가자가 경험을 통해 자유로 가는 길을 보여주고 협력을 통해 평화와 국가적 안정을 도모하는 기회가 될 것"이라고 했다. 안타깝게도 2025년 7월 에르윈 퓰러 박사는 병으로 세상을 떠났다.

5) 이즈리얼 커즈너(Israel Kirzner: 1930~생존) 교수

커즈너 교수는 1930년 영국 런던에서 유태인 가정에서 태어나서 부모를 따라 남아프리카로 이주하였다가 미국에 정착했다. 그는 뉴욕 대학의 루드비힌 미제스(Ludvig Mises)의 훌륭한 제자로 1957년 박사학위를 받았다. 그는 평생 기업가정신(Entrepreneurship)과 혁신(Innovation)에 관한 연구를 해왔다. 그는 미국 국적을 가지고 있으나 따지고 보면 자신은 오스트리아학파에 속한다. 그는 2006년 느지막하게 76세에 기업가정신을 깊게 연구한 업적으로 'Global Award'(세

계 대상)을 받았다. 거시경제학과는 크게 다른 각도에서 개별기업을
관찰하면서 많은 논문을 썼다. 경제 지식의 축적, 기업의 리더십과
생산의 효율성, 혁신(Innovation), 시장과 고객 등으로 연구할 주제가
항상 많다. 세계 최대 도시인 뉴욕에서 교수로 지내면서 논문 주제는
항상 넘쳐났다.

그가 MPS 서울총회에서 발표한 내용은 다음과 같다. 그는 "전통적
인 미시경제는 시장의 균형에 초점을 맞추고 있지만 기업가가 혁신
을 도입하는 경우, 이런 균형은 깨진다. 경영학 교수처럼 시장분석을
하지 않는 거시경제학자가 찾는 시장균형은 단기균형이 아니라 장기
균형인 경우가 많다."라고 하였다.

6) 라스 한센(Lars Peter Hansen: 1952~생존) 교수

라스 한센 교수는 1952년 10월에 출생했다. 그는 1978년 미네소
타 대학에서 경제학박사를 받았으며 카네기 멜런 대학에서 가르쳤으
며 1981년에 시카고 대학에 교수가 되었다. 그의 부친은 유타주립대
학의 생화학(Bio-Chemistry) 교수이었으며 그의 장인은 수리통계학의
창(Tsiang) 교수이었다. 그런데 당사자인 한센 교수는 2013년에 노벨
경제학상을 받았다. 그는 불확실성이 높은 장기 상황에서의 가격결
정을 연구한 업적으로 노벨상을 받았다.

라스 한센 노벨 교수는 2017년 MPS 서울총회에 와서 매우 의미
있는 강연을 하였다. 한센 교수는 경제의 미래 불확실성이 점점 높아
지고 있는 상황에서 젊은 후배 경제학자들에게 미래 불확실성을 너
무 쉽게 다루지 말라고 경고하였다.

7) 마크 스쿠젠(Mark Skousen: 1947~생존) 교수

마크 스쿠젠 박사는 미국 캘리포니아 채프먼(Chapman) 대학의 교수이다. 그는 1947년 10월에 태어났다. 그는 브리검 영(Brigham Young) 대학에서 학사와 석사학위를 받았으며 1977년 미국 조지 워싱턴 대학(George Washington University)에서 경제학박사 학위를 받았다. 오스트리아학파 학자이며 시카고학파의 경제이론을 가장 많이 아는 학자이기도 하다.

스쿠젠 박사는 자신이 개발한 총생산량(GO: Gross Output) 개념을 소개하였다. GO는 생산품의 최종가치를 평가하는 GDP와는 구별된다. GDP에서 경제의 가장 큰 부분을 차지하는 것은 소비자 지출이다. 그런데 소비지출은 부와 소득의 결과이지 원인이 아니다. 정부가 발표하는 통계를 잘 못 해석하면, 각국이 GDP 성장을 경쟁적으로 추구하는 상황에서 사람들은 소비지출을 많이 해야 GDP가 성장한다고 믿게 되는 것. 이것은 선진국이나 후진국이나 정치인은 마치 소비가 경제를 활성화하는 것으로 생각하고 소비를 부추기는 성향이 있다고 하는데 이것은 국가적 통계를 잘못 해석하기 때문이라고 하였다.

개인적으로는 소득이 있어야 소비하게 되는데, 위의 오해를 풀기 위해서 보조지표를 만들자는 노력이 일찍부터 있었다. 오스트리아학파의 하이에크(Hayek) 교수가 그런 노력을 시작하였다. 그는 평생 자유주의 시장경제의 중요성을 세계적으로 전파하고 경기변동순환 이론을 연구한 업적으로 1974년에 노벨상을 받았다.

하이에크 교수의 업적을 집중적으로 연구한 스쿠젠 교수는 GO(Gross Output) 지표를 개발했다. 기업과 기업 간에 이루어지는 거래를 추정하여 GO 지표를 만들고 이를 발표하였다. 그의 연구가 채택되어 2014년부터 미국 상무부의 경제분석부(Bureau of Economic Analysis)에서 분기별로 GO 통계가 발표되고 있다.

3. 몽펠르랭 소사이어티 2017년 서울총회의 역사적 의의

2017 MPS 서울총회 개최는, 오랫동안 원했던 한국의 숙원이 이루어졌다는 점에서 그 의미가 컸다. 한국은 1947년 MPS 창립 이후 70년 만에 처음이었다. 그동안 아시아 주요국에서 지역총회와 정기총회가 열린 적이 많았다. 일본은 1988년과 2008년, 홍콩은 1978년과 2014년, 대만은 1978년과 1988년, 두 차례 MPS 총회를 개최하였다. 세계적으로 부러움을 받던 아시아의 4대 경제 강국이 한국만 제외하고 방금 열거한 3개국은 한 번도 아니고 두 번씩이나 MPS를 개최하였다. 그 이유는 MPS와 한국을 엮어주는 뚜렷한 linker가 없었기 때문이었다.

그러던 중, 시카고 대학의 개리 베커(Gary Becker) 교수가 1990~1992년 기간에 MPS 회장직을 맡았다. 베커 교수는 그의 제자인 김인철에게 MPS 회원가입을 제의하셨으므로 본인도 절차를 거쳐 MPS 회원이 될 수 있었다. 본인은 1976년 초에 시카고대학원 경제학과에 입학해서 1981년 8월 박사학위를 받고 바로 9월 학기부터 콜로라도 볼더(Colorado Boulder) 대학에 조교수로 강의를 시작했다. 본인은 시카고대학교 대학원에서 5년을 보냈으며 베커 교수로부터 많은 것을 배웠다.

첫해 1976년 동안에는 프리드먼(Friedman) 교수의 강의와 워크숍에 접할 수 있었다. 1977년부터 프리드먼 교수는 시카고(Chicago) 대

〈MPS Seoul 2017〉 2017년 5월 7-10일 MPS 서울 회의가 끝난 후, 150여 명의 외국인 참석자들은 남한군인(South Korean Soldiers)과 북한군인(North Korean Soldiers)이 서로 가장 가까이 마주 보고 있는 지역(Demilitarized zone, DMZ for short)을 구경한 후 단체사진을 찍었음. 그 날에 김인철 교수는 guide 역할을 하였음. 김교수는 맨 앞줄 오른쪽에서 세번째 서 있음.

학 교수직을 그만두고 4계절 기후가 좋은 스탠퍼드 대학의 Hoover Institution에 자리를 옮겼다. 베커 교수도 시카고 대학에서 청년 때부터 프리드먼 교수의 제자이었다. 그러니까 김인철(Inchul Kim)의 학연은 프리드먼에서 시작하여 그의 제자인 베커를 걸쳐 이어진다. 그래서 본인은 몽펠르랭 소사이어티 MPS와 한국을 자연스럽게 연결하는 linker 역할을 할 수 있었다.

한국경제 신문사는 1962년 8월에 설립되고 2년 후 1964년 10월 12일에 첫 신문을 발행하였다. 그때부터 한국경제신문은 지금까지 독자들에게 언제나 유익한 정보를 제공하여 주었다. 한국경제신문은 자유민주 시장경제가 우리 국민에게 얼마나 유익한지 설명하는 특별 기고가를 위해 항상 지면을 제공해주었다. 한국경제신문사의 열정적이고 주도면밀한 지원이 없었다면 MPS 서울총회는 불가능한 것이었다.

특히 지금은 은퇴하셨지만, 그 당시 2017년 한국경제신문의 정규재 논설고문과 권영설 논설위원, 김홍열 국제부 부장, 그리고 전국경제인연합회 권태신 부회장, 이분들의 열정적이고 희생적인 활동과 노력, 그리고 배려가 없었다면 2017년 MPS 서울총회개최는 불가능한 것이었다. 이분들 모든 분께 이번 기회를 통하여 진심으로 감사드린다.

제10편 | 도전받는 21세기 금융자본주의

1. 서브프라임 모기지(Subprime Mortgage Bank) 은행의 부실 사태

21세기에 접어들면서 금융기법이 놀라운 속도로 발전됨으로써 금융산업도 크게 확장되기 시작하였다. 그런데 2007년 이른바, 서브프라임 모기지(Subprime Mortgage Bank) 사태가 발생하였다.

여기서 'Subprime'은 한국말로 '비우량'이고 'Mortgage Bank'는 '담보대출은행'이다. 그래서 'Subprime Mortgage Bank'는 '비우량 담보대출 은행' 또는 '비우량 담보 대출회사'로 번역된다. 미국에서는 누구든지 자격이 갖춰지면 은행에서 돈을 빌려 집을 살 수 있다. 과거 금전 거래에서 개인의 신용 상태가 좋지 않으면 '비우량' 고객으로 취급받았다. 신용 상태가 좋지 않고 연봉 수준이 낮은 직장인은 Subprime Mortgage 금융회사로 가서 조금 높은 금리로 대출을 받는다.

주택매입의 경우 대체로, 30년까지 허용되는 장기대출을 받을 수 있다. 직장만 있으면 은행 대출로 집을 비교적 쉽게 살 수 있다. 물론 돈을 빌려주는 은행은 대주로서 차주가 이자를 제대로 내지 못하는 경우를 대비하여 집을 담보로 잡아두게 된다. 이것은 법적 차원에서 대주를 보호하는 제도에 해당한다.

그러나 미국에서는 완전하지는 않으나, 은행 돈을 쓰는 차주도 보호받고 있다. 만일 차주가 집을 산 후에, 이자를 갚을 수 없는 상태에 이르게 되면 집 소유권은 은행으로 넘어간다. 이것을 'foreclosure'라고 부른다. 그리고 차주에게는 남아 있는 빚이 없는 것으로 해준다. 그래서 대주와 차주 관계도 끝나게 된다. 그런데 이것이 '서브프라임 모기지 사태'를 몰고 온 주요 원인 중 하나가 되었다.

2007년 서브프라임 모기지 부실 사태는 미국 2위 모기지 대출회사, 뉴 센츄리 파이낸셜(New Century Financial)이 파산신청을 함으로써 시작되었다. 이어서 같은 해 8월 미국 10위권 American Home Mortgage Investment 회사가 파산법원에 파산보호를 신청했다. 은행파산으로 인하여 보험금을 책임지는 미국 최대 보험회사인 AIG도 수십억 달러의 손실을 보게 되었다. 미국 금융회사뿐만이 아니었다. 세계 3위 은행인 HSBC(Hong Kong Shang Hai)은행이 미국 주택시장에 뛰어들었다가 낭패를 보았다. 2007년 8월 프랑스의 최대 은행인 BNP 파리바 은행도 고초를 당했다.

2008년에 들어서도 서브프라임 모기지 대출회사의 파산은 계속되었으며 이를 수습하기 위하여 미국 재무부와 연방준비제도는 안간힘을 썼다. 미국 재무부는 2008년 9월 6일 주택시장 침체와 모기지 손실로 유동성 위기에 직면한 2개의 후원회사, Fannie Mae와 Freddie Mac을 국유화하고 각 회사에 대해 1천억 달러씩, 총 2천억 달러 규모의 공적자금을 투입하기로 했다. 이 두 회사는 미국 전체

모기지 채권의 50% 정도를 발행하고 있었다.

'Fannie Mae'의 원래 명칭은 'Federal National Mortgage Association'(FNMA)이었으며 1938년 대공황 시기에 설립되었다. 사람들이 쉽게 기억하도록 여성 이름처럼 들리는 'Fannie Mae'가 공식 명칭이 되었다. Fannie Mae의 설립 목적은 주택저당증권 형태의 모기지 대출증권을 매입하고 이를 유동화하여 일반 투자자에게 판매함으로써 주택담보대출 규모를 확대하는 것이었다.

'Freddie Mac'의 원래 명칭은 'Federal Home Loan Mortgage Corporation'(FHLMC) 인데 남성 이름처럼 들리는 'Freddie Mac' 가 정부의 공식 명칭으로서 주택담보대출 시장을 확장하기 위해 1970년에 설립되었다. Freddie Mac은 Fannie Mae와 함께 모기지 (Mortgage)를 사들이고 이를 주택저당증권을 만들어 일반 투자자들에게 판매하는 것이었다.

그런데 불행하게도 Fannie Mae와 Freddie Mac 두 모기지 회사는 주택시장의 침체와 모기지 손실로 유동성 위기에 직면하게 되었으며 2008년 9월 6일 미국 재무부는 그동안 지원하여 오던 두 회사를 국유화하였다.

2. 미국 리먼 브라더스(Lehman Brothers) 투자은행의 2008년 파산 충격

리만 브라더스(Lehman Brothers)는 독일 유태인 출신의 Henry, Emanuel, Mayer Lehman 3형제가 미국에 건너가서 1847년 면화 장사로 출발한 회사이었다. 3형제는 면화 사업에서 큰돈을 번

후 금융업으로 전환했는데 엄청난 대박을 2007년에는 골드만삭스 (Goldman Sachs), 모건 스탠리(Morgan Stanley), 메릴린치(Merrill Linch)에 이어 뉴욕 월 스트리트의 4위 투자은행으로 성장하였다. 여기까지는 승승장구, 탄탄하고 안정된 금융기업으로 크게 성장하였다.

1990년대 말부터 리만 브라더스는 Mortgage 주택저당 대출시장에 뛰어들었다. 1997년에 콜로라도(Colorado)에 있는 Aurora Loan Service 회사를, 2000년에는 서부지역에 있는 BNC Mortgage 회사 2개를 인수해서 Mortgage 거래를 본격적으로 시작하였다. Aurora Loan Service는 Prime(우량)과 Subprime(비우량)의 중간인 Alt-A 등급 모기지를 거래했으며, BNC Mortgage 는 비우량 등급 전문회사이었다. 그러나 2천 년 이후부터 리만 브라더스는 투자은행업을 포기하고 모기지 전문 헤지펀드(Hedge fund)로 변신하였다. 그 이유는 등락을 거듭하는 주식시장보다 당시 항상 상승세를 유지하고 있는 주택금융시장이 훨씬 좋게 보였기 때문이었다. 그러나 위험성도 크다는 사실을 간과한 것이 큰 실수이었다.

헤지펀드는 소수의 투자자를 비공개로 모집해서 수익을 남기는 펀드이다. 그러나 헤지펀드는 Leverage 기법을 쓰는 것이라 위험이 매우 크다.

Leverage는 '지렛대'라는 뜻인데 금융에서는 자본금을 지렛대로 삼아 더 많은 외부 자금을 차입하는 것이다. 일반적으로 Leverage 비율은 기업의 부채의존도를 가리키는데 타인자본 의존도와 이자의 지급 능력을 판단하는 비율이다.

리만 브라더스는 당시에 Leverage의 명수라고 사람들로부터 인정받았다. 주택저당채권을 사서 그것을 담보로 해서 대출을 받아 수

익성 있는 파생상품을 매입하고 그것으로 대출을 받아 또 다른 연동 상품을 사는 방식으로 Leverage를 일으켰다. 리만 브라더스는 불확실성과 위험을 안고 수익을 키워갔다. 그래서 2008년 전에는 자본이 225억 달러이었던 회사가 파산되기 전에는, 회사가 6,800억 달러의 자산을 가지게 된 것이었다. 자산이 엄청나게 부풀려진 것이다.

Leverage 비율도 크게 jump 했는데 2006년 1분기에는 6% 수준이던 것이 2008년 파산 시에는 33% 수준으로 급등하였다. 그러나 2008년 2분기에는 28억 달러 손실이 발생하였다. 이 손실을 메우려고 경영진은 60억 달러의 신주발행을 추진하였다. 그러나 상황은 여의치 않았고 상반기 회사 주가는 73% 하락했으며 돈을 빌려주는 곳이 없었다.

결국 9월 15일 리만 브라더스는 뉴욕지방법원에 파산보호 신청서를 제출하였다. 리먼 브라더스의 파산은 미국 역사상 최대의 파산이었다. 160년 동안 금융업을 해온 리만 브라더스는 미국의 제4위 대형 금융회사였다. 6,390억 달러 자산과 6,130억 달러 부채, 그리고 450억 달러의 시장가치를 지녔던 리만 브라더스가 주말을 견디지 못하고 갑자기 무너져 내렸다.

리만 브라더스의 파산은 미국 금융시장을 강타했다. Subprime Mortgage 채권의 부실화 사태로 인하여 2006~2008년 기간 동안 부도를 맞은 9개 금융기관은 다음과 같다. 베어스턴스(Bear Stearns), 시티그룹(Citigroup), 메릴린치(Merrill Lynch), 모건 스탠리(Morgan Stanley), 골드만삭스(Goldman Sachs), 프레디맥(Freddie Mac), 패니메이(Fannie Mae), 메트라이프(MetLife) 그리고 하트포드 파이낸셜 그룹(Hartford Financial Group)이었다.

미국의 투자자들은 패닉 상태에 빠졌다. 예금자는 은행으로 달려가 예금을 빼기 시작하였으며 최대증권사 메릴린치는 뱅크 어브 아메리카(Bank of America)에 인수되었다. 본격적인 금융 쓰나미가 전 세계를 강타하기 시작하였다.

3. 한국을 피해간 2008년 글로벌 금융 쓰나미

그러나 다행히 2008년 세계적 금융 쓰나미는 한국을 피하여 갔다. 사실 우리도 큰일날 뻔하였다. 앞에서 잠깐 언급했지만, 2008년 2분기에 발생한 28억 달러 손실을 메우기 위하여 리만 브라더스 회사는 60억 달러의 신주발행을 추진하면서 한국산업은행에 매각 의사를 타진하였다. 당시 산업은행 민유성 총재는 리만 브라더스 인수에 적극적이었다. 8월 22일 그 소식이 보도되면서 리만 브라더스(LB) 주가가 5% 정도 상승하기도 하였다. 그러나 한국 정부의 부정적인 견해와 산업은행의 자금조달 어려움으로 한국의 LB 인수 협상은 무산되었다. 그러자 LB 주가는 곤두박질쳤으며 한국 국영기업인 산업은행의 인수 포기 이후 9월 15일 리만 브라더스는 뉴욕지방법원에 파산보호 신청서를 제출하였다.

4. 벤 버냉키(Ben Bernanke)의 양적완화 정책

벤 버냉키(Ben Bernanke)는 미국 연방준비제도(미 연준) 이사회의 이사 자격으로 2002년 11월 프리드먼(Friedman) 교수의 90회 생신을 축하하기 위하여 시카고대학에 왔었다. 그리고 뜻있는 메시지를 남졌다. 1929~32년의 세계 대공황이 일어나게 된 것은 밀턴 프리드먼 교수와 안나 슈워츠(Anna Schwartz) 박사가 옳게 지적했듯이 당시 세계 금본위제도 시대에 금 유출을 막으려고 연준이 무리하게 미국 통화량을 1/3로 줄였기 때문이었다고 인정하면서 그 시절 선배 연준의 장을 대신해서 정중하게 사과하였다. 자신은 MIT 대학원 시절에 프리드먼 교수가 은유법으로 설명했던 "helicopter money", 즉, 공중 헬리콥터에서 돈을 뿌려서 많은 사람이 주워 빨리 사용할 수 있게 하는 통화정책을 배웠다고 하였다.

그 후 벤 버냉키는 2006년부터 2014년까지 연준의장직을 맡았다. 바로 이 기간에 Subprime mortgage 은행 부도 사태가 발생함으로써 미국은 엄청난 금융위기를 맞았다. 미국의 금융위기는 즉각적으로 세계 금융위기로 확대되었다. Subprime mortgage 은행은 물론이고 뉴욕 월가에 있는 주요 투자은행과 대형 보험회사가 연쇄적으로 파산하는 상황이 벌어졌다. 이러다간 미국뿐 아니라 전 세계가 금융위기를 맞을 것을 우려한 미국의 재무장관 헨리 폴슨(Henry Poulson)과 '헬리콥터 맨', 벤 버냉키 연준의장은 의회를 찾아가 도움을 요청하였다. 그 결과 연준의장은 돈을 살포하여 위기를 모면하는 양적완화(QE: Quantitative Easing) 정책을 쓸 것을 의회로부터 어렵게 허락받았다.

양적완화 정책은 이미 일본이 10여 년 전에 먼저 시행했던 것인데 미 연준이 벤치 마킹(bench marking)하였다. 양적완화 정책은 중앙은행이 신권화폐를 발행한 후 그 화폐로 국채 또는 민간이 소유하고 있는 신용 등급 이상의 채권을 매입함으로써 시중에 유통되는 통화량을 늘리는 적극적인 통화정책이었다. QE는 중앙은행의 발권력을 이용하여 중앙은행 대차대조표의 규모를 늘려가는 효과를 발휘한다. 그러나 아무 때나 QE 정책을 쓸 수 있는 것은 아니다. 중앙은행의 기준금리가 0이거나 극도로 낮아서 통화량을 늘여도 이자율이 내려가지 않는 특별한 때에만 쓰는 것이다. 2008년 금융위기 때에는 경기 호황에 따른 과도한 유동성을 주택 모기지 시장이 감당하지 못했기 때문에 버블이 터졌다는 주장도 있었으나 파산하여 쓰러져 가는 모기지 회사, 투자은행, 보험회사 등을 살리기 위하여 폴슨 재무부 장관과 버냉키 연준의장은 QE 양적완화 정책을 통하여 미국경제를 살리고 나아가 세계 경제를 살리기 위해서 화폐 유동성을 대폭 늘였다.

그러나 일정 기간이 지나면 중앙은행은 양적완화의 규모를 서서히 줄여가는 "Tapering off" 정책을 쓰려고 하였다. 그러나 2020년 1월 Corona-19 virus가 전 세계를 휩쓸게 됨으로써 어쩔 수 없이 세계 각국이 저금리 통화공급을 대량 실행한 적이 있다.

5. 안나 슈워츠(Anna Schwartz) 박사의 공헌

안나 슈워츠(Anna Schwartz) 박사는 1915년 11월 11일 출생했다. 1964년 뉴욕 콜롬비아(Columbia) 대학에서 경제학 박사학위를 받았으며, 시카고 대학의 밀턴 프리드먼(Milton Friedman) 교수와 공동으로 900쪽의 〈미국의 100년 통화 역사(A Monetary History of the United States, 1867~1960)〉를 저술하였다.

슈워츠 박사는 2008년 리만 브라더스(Lehman Brothers)의 파산과 더불어 미국이 금융위기를 맞게 된 것은 전적으로 'Home Ownership Policy' 때문이었다고 정부를 신랄하게 비판하였다. 미국의 경우, 남의 집에서 월세를 내고 살든 자기 소유 집에서 살든 비용은 거의 비슷했다. 그러나 정부는 저소득자 국민에게 소유의 장점을 과하게 강조하면서 가능하면 집을 사도록 장려하였다.

정부가 오랫동안 지원해 왔던 2개의 거대한 비우량 모기지 회사인, 패니메이(Fannie Mae)와 프레디맥(Freddie Mac)을 통하여 소득수준이 낮아도, 신용도가 조금 낮은 사람도 집을 살 수 있도록 기존의 까다로운 조건들을 낮추거나 없앴다. 그래서 결국 패니메이와 프레디맥의 거대한 두 개의 모기지 회사도 엄청난 손실을 보고 정부에 의해 국유화된 사실을 독자들에게 상기시켰다.

슈워츠 박사는 2009년 7월 New York Times 논평란에 벤 버냉키가 연준의장에 재임명된 것은 잘못된 결정이라고 비판했다. 미국의 금융정책은 지나친 확대 통화공급 정책이었으며 새롭게 고안된 금융상품은 가치 측정이 어렵다는 사실을 투자자들에게 자세히 알리거나 경고하지 않았기 때문이라고 주장하였다.

6. 세계로 퍼져나간 "월가를 점거하라!" 시위 구호

"월가를 점거하라(Occupy Wall Street)!"는 2011년 9월 17일 토요일 미국 뉴욕 주, 뉴욕 월가에서 시작되었으며 가까운 즈카트 공원에서 이틀 밤을 새운 시위대는 월요일 아침이 되자 거리로 나섰다. 월가 시위를 모델로 다른 도시에서도 시위가 퍼졌다. 보스턴(Boston), 워싱턴(Washington D.C.), 시카고(Chicago), 로스앤젤레스(LA), 샌프란시스코(SF), 샌디에이고(San Diego) 등 100여 개 도시에서도 시위가 일어났다. 그리고 같은 해 10월에는 세계 각지로 퍼졌다.

미국 내 또 다른 시위대는 "We are the 99%!"라고 부르짖었다. 미국의 소득 재분배가 크게 왜곡된 것으로 생각하고 "가난한 자는 99%, 부자는 1%이다"라는 구호를 외치면서 시위했다. 한때는 심각한 사회분열 단계로 갈 우려도 있었다. 이런 구호와 시위가 미국뿐 아니라 유럽 여러 나라에서도 동시에 일어났으나 다시 잠잠해졌다. 러시아, 북한 등의 소수 국이 핵무기로 자유민주 시장 자본주의 국가를 위협하고 있는 상태에서 자유 민주 국가들은 오히려 한마음으로 단결할 수도 있다. 이때를 이용하여 자유민주 국가는 소득분배 구조를 꾸준히 개선하여 갈 것이 요구된다.

제11편 | 약육강식 시대, 러시아의 우크라이나 침략

1. 약육강식 시대의 도래

'약육강식(弱肉強食)'이란 우리 주위에서 자주 들을 수 있는 말인데 말 그대로 풀이하면 "약한 자는 고기가 되어 강한 자의 먹이가 된다."라는 뜻이다. 이 말은 매우 오래전 중국에서 내려온 것인데 식인종의 의미는 전혀 아니고 은유법으로 쓰인 것이라고 한다. 그러나 현대에 와서 '약육강식'은 특정 시기의 무법 시회를 비판하는 용도로 자주 쓰이고 있다.

21세기에 들어 세계는 '약육강식'의 시대를 맞고 있다. 공산 러시아의 푸틴 대통령은 2014년 우크라이나의 크림반도를 침략하여 속전속결로 러시아에 합병시켰다. 그리고 러시아는 2022년 2월 우크라이나를 재공격하여 4개 지역을 점령하고 지금도 우크라이나와 전쟁을 하고 있다.

세계 제2 경제대국이 된 중국 또한 자유 홍콩을 접수한 후 자유 대만을 무력으로 차지하기 위하여 위협을 가하면서 기회를 엿보고 있다. 공산 독재 체제의 북한은 과거 10년 이상 세계를 속여가며 핵무기 개발에 성공하였다고 자랑하고 있다. 북한은 중국과 러시아를 방패로 하여 자유민주 시장경제 체제 국가들을 위협하고 있다.

2. 러시아 영토확장을 위한 푸틴의 결심

푸틴이 대통령이 되기까지 그에게 많은 영향을 준 사람은 제일 먼저 그의 부친을 꼽을 수 있다. 다음에는 푸틴과 국가 권력을 나누고 또 그에게 넘겨준 두 사람이 있었는데 소련의 마지막 대통령, 미하일 고르바초프(Mikhail Gorbachev: 1931~2022)와 러시아의 첫 번째 대통령 보리스 옐친(Boris Yeltsin: 1931~2007)이었다.

푸틴(Vladimir Vladimirovich Putin)은 1952년 10월 7일에 태어났다. 그의 부친(Vladimir Spiridonovich Putin, 1911~1999)은 소비에트 사회주의 공화국 연방의 충직한 군인이었다. 레닌그라드가 나치 독일군에 포위되었을 때 결사 항전한 용감한 군인이었다고 전해진다. 푸틴은 두 형이 있었으나 어린 나이에 병으로 사망했다.

푸틴은 상트페테르부르크 대학교 법학부에 입학하여 1975년에 학사를 취득했다. 그는 대학을 졸업하고 국가보안위원회(KGB)에서 15년간 일했으며, 1998년 KGB 후신인 연방보안국의 국장으로 취임하였다. 푸틴은 학문에도 열정이 있었다고 한다.

푸틴에게 큰 영향을 준 두 번째 인물은 소련의 마지막 대통령이었던 미하일 고르바초프이었다고 전해진다. 고르바초프는 소련공산당 중앙위원회 제6대 서기장을 했으며 소련 최고회의 상무회 주석과 최고회의 주석을 역임한 바 있다. 그리고 그는 1985년부터 1991년까지 6년간 소련의 처음이자 마지막 대통령으로서 그리고 최고 권력자로서 엄청난 개방(글라스노스트)과 개혁(페레스트로이카)을 추진하였다. 그러나 안타깝게도 그의 선의의 개방과 개혁 정책이 성공하지는 못하였다.

고르바초프 대통령의 소련 내부 비간섭 노선은 1989년 베를린 장벽의 붕괴를 가져왔으며 동유럽의 민주화와 혁명을 부추겼다. 그는 1989년 5월 중국 베이징을 방문하여 덩샤오핑을 만나 중국과 화해하였다. 그리고 1989년 12월 미국의 조지 부시와 정상회담을 가지면서 1945년 이후부터 이어져 오던 냉전의 종결을 공식적으로 선언하였다. 이로써 고르바초프는 1990년에 노벨 평화상을 받았다. 고르바초프는 소련의 마지막 대통령으로서 퇴임하였다.

고르바초프의 후임으로 보리스 옐친은 소련이 아닌 러시아의 초대 대통령으로서 러시아 내부 상황을 이끌어갔다. 옐친 대통령은 직선제를 통해 1991년 7월, 러시아 공화국의 초대 대통령으로 당선되었다. 약간의 반대 세력이 있었으나 1991년 말부터 소련 해체를 주도하고 중요한 정치개혁을 단행하면서 1999년까지 러시아 대통령으로 8년간 재직하였다. 옐친 대통령은 집권 초기에 신자유주의 개혁을 추진함으로써 러시아 시민들의 열광적인 지지를 얻었으나, 경제개혁은 실패했다. 서구식 자유주의 시장경제의 결실이 너무 천천히 나타나게 됨으로써 몇 년을 버티지 못하고 러시아의 기업들이 줄줄이 몰락하기 시작했다.

불행하기도 옐친이 원했던 만큼 경제실적이 따라주지 않았다. 경제가 특정 산업에 편중되었으며 예금자산의 휴지화로 대다수 일반인은 빈민층으로 전락해다. 이로써 옐친 대통령은 8년 임기를 끝냈다.

엘친은 자신의 정치적 입지가 없음을 알고 1999년 12월 31일 당시 총리였던 푸틴에게 대통령직을 넘기고 정계에서 은퇴하였다.

푸틴은 15년 동안 일하던 KGB에서 나와 정계에 진출하여 2000년 5월 그가 48세 때 러시아 공화국의 제2대 대통령에 당선되었으며 2004년 5월 재선되어 2008년 5월까지 8년간 대통령직을 맡았다. 러시아 헌법상 대통령 임기가 2회 연임으로 제한되어 있었기에 푸틴은 2008년부터 2012년까지 총리를 지냈으며, 이 기간에 드미트리 메드베데프가 제3대 대통령이 되게 하였다.

푸틴은 두 번에 걸쳐 대통령에 당선되어 총 16년간 대통령직을 역임하였다. 소련의 마지막 대통령이었던 고르바초프가 소련을 해체하고 서방세계의 자유주의 시장제도를 충분한 준비가 없이 성급하게 실시함으로써 사회주의 국가들의 경제가 무너지는 것을 푸틴은 분명히 보았다. 그리고 러시아의 자유 시장제도의 성급한 실시가 러시아 경제를 망치는 것을 지켜볼 수밖에 없었다. 자유주의 시장경제가 러시아에는 절대로 적합하지 않다는 사실을 푸틴은 결심하게 되었다.

푸틴은 실질적으로는 2000년 5월부터 2022년 5월까지 구 헌법상 22년간 러시아의 유일한 통치자이었다. 거기다가 2021년 4월 푸틴은 대선에 두 번 더 출마할 수 있는 수정안을 포함하는 법률개헌에 서명하였으며 이로써 푸틴은 본인의 대통령 임기를 2036년까지 연장하였다.

3. 푸틴의 크림반도 점령

러시아는 미국이나 영국처럼 좌우에 바다가 있는 나라가 아니고 거대한 대륙 국가이라서 러시아의 국가지도자들은 러시아와 인접한 영토가 모두 완충지대가 되기를 원했다고 학자들은 지적하고 있다. 푸틴 역시, 우크라이나도 러시아의 완충지대가 되기를 원하고 있음이 명백하다.

그러나 21세기에 들어서서 북대서양 조약기구, NATO 30개국을 포함하여 서양의 자유 민주주의 국들이 합세하여 푸틴의 계획을 반대하고 있어서 우크라이나 전체가 러시아를 위한 완벽한 완충지대가 되기는 매우 어렵게 되어 있다.

러시아가 우크라이나 전체를 점령하기 어려운 이유가 또 있다. 1986년 4월 26일 체르노빌 원자력 발전소 폭발한 사고가 발생하였다. 피폭자가 22~83만여 명으로 추산되고 있으나 정확한 숫자는 알 수 없다. 결국 이 문제로 인하여 1989년 구소련의 붕괴를 불러왔다고 고르바초프 전 소련 서기장이 내서닐 시오그래픽(National Geographic)과의 인터뷰에서 토로한 적이 있다. 체르노빌 원폭 지역의 복구작업을 위해 엄청난 국가 예산을 사용하였으나 앞으로 들어갈 복구 비용도 상상을 불허할 정도의 비용이 된다고 추산되고 있다.

지금은 방사능이 석관 밑에 봉인되어 있을 뿐 방사능은 아직 없어지지 않았다. 우크라이나 정부는 2065년까지 체르노빌 원자력 발전소를 해체하고 정화 작업을 완료할 예정이다. 이런 상황에서 러시아가 전면전쟁을 하여 우크라이나 전체를 강제로 뺏을 이유가 별로 없을 것 같기도 하다.

4. 우크라이나와 크림반도와의 관계

크림반도(Crimea Peninsula)는 우크라이나의 남쪽 흑해로 돌출한 반도로서, 러시아에는 군사적으로 매우 중요한 지역이다. 러시아는 크림반도 남부 항구도시인 세바스토폴에 230년간 러시아 함대를 주둔시켜 왔다. 이곳은 터키(튀르키에) 북부를 마주하고 있으며 중동이나 발칸 반도 지역에 영향력을 행사하기 매우 좋은 곳이다.

소련 수립 당시에 크림반도는 러시아 소비에트 연방 사회주의 공화국에 속해 있었다. 이때 크림 타타르족의 자치공화국인 크림 소비에트 사회주의 자치공화국이 설립되었다. 크림 타타르족은 크림 칸국의 후예들이다. 크림 칸국은 13세기 몽골족이 크림반도를 중심으로 세운 왕조였으나 1783년 제정 러시아에 의해 멸망했다. 크림 타타르족이 강제로 다른 곳으로 쫓겨나기 전까지는 그들의 숫자가 훨씬 많았다. 그러나 1944년 제2차 세계대전이 끝날 무렵 크림 타타르족이 딴 곳으로 강제로 이주하여 크림 소비에트 사회주의 자치공화국이 크림州로 격하되었다.

크림 자치공화국은 우크라이나의 법률상 자치공화국으로 크림반도에 위치하며 세바스토폴 특별시를 제외한 크림반도의 모든 지역을 통제하고 있다. 세바스토폴은 러시아가 230년 이상 자국함대를 주둔시켜 온 항구도시이다. 이곳은 터키 북부를 마주하고 있으며 지중해와 이어져 중동이나 발칸반도 지역에 영향력을 행사할 수 있다. 그래서 러시아는 세바스토폴 항구를 절대로 포기할 수 없는 상황에 있었다.

1991년까지는 우크라이나와 러시아가 소련이라는 한 나라의 일부였으므로 갈등의 요소가 없었다. 문제는 소련 붕괴 후, 러시아는 근본적으로 우크라이나의 세바스토폴 지배를 인정하지 않았다. 사실은 세바스토폴뿐만 아니라 크림반도 전체에 대해 우크라이나의 지배를 인정하지 않았으며 그것이 계속 불씨로 남아 있었다.

1991년 소련이 해체되었다 하더라도 러시아는 세바스토폴까지 우크라이나에 내어줄 수는 없었다. 1993년 7월, 러시아 연방의회가 세바스토폴이 러시아 연방의 도시임을 선언하는 결의안을 통과시켰다. 이와 때를 같이 하여 크림 자치국 의회의 공산당 간부회가 자체적인 대통령직의 신설을 주장하기도 했다.

그러다가 1997년 5월, 러시아와 우크라이나는 평화 조약을 체결했다. 러시아는 이 조약을 통하여 세바스토폴 및 크림반도의 기지와 설비를 2017년까지 20년간 임차하고 그 뒤 5년마다 갱신하는 형식으로 사용할 수 있게 되었다. 그 대신 우크라이나는 크림반도와 세바스토폴이 우크라이나 땅임을 조약에 명시하는 성과를 얻어냈다. 이렇게 해서 세바스토폴의 소속에 대한 갈등은 일단락되었다고 우크라이나 측은 생각했겠으나 러시아는 여전히 세바스토폴은 러시아의 것이며 단지 일시적으로 분리되어 있는 상태라고 믿고 있었다.

2010년, 양국은 2042(2017+25)년까지 러시아가 해군기지를 임차하는 기간을 25년 연장하고 그 뒤 5년마다 갱신하는 조약을 비준하였다. 러시아의 세바스토폴 해군기지 임차 기간을 2042년까지 연장하는 비준에 대해 우크라이나 의회와 러시아 의회는 입장이 매우 달랐다. 조약을 비준하는 과정에서 우크라이나 의회는 찬성파와 반대파로 갈라져 격렬하게 싸웠으며 총투표의 52% 찬성표로 아슬아슬하게 비준되었으나, 러시아 의회는 98%의 높은 찬성률로 조약이 비준

되었다. 러시아 측은 세바스토폴 해군기지 임차 기간을 충분히 길게 잡아두는 것이 러시아에 유리하다고 생각했을 것이다.

5. 2014년 러시아의 전격적인 크림반도 접수

크림반도는 유럽, 중동, 러시아에 둘러싸여 있다. 기후가 따뜻하고 토지도 비옥하며 한겨울에도 바다가 얼지 않는다. 크림반도 동쪽에 있는 '아조프 海'에는 석유와 천연가스가 대량 매장되어 있다. 거기다가 지정학적인 중요성으로 인하여 역사적으로 오랫동안 전쟁이 끊이지 않았다. 13세기에는 몽골의 칭기스칸이, 16세기에는 오스만 제국이 크림반도를 차지했다. 그리고 18세기부터는 러시아가 장악하였다. 소련 시절 1954년 우크라이나 출신인 흐루쇼프 소련공산당 서기장이 우크라이나 합병 300주년을 기념하는 선물로 크림반도를 우크라이나에 이양하였다.

그러나 1991년 소련이 해체되자 러시아의 상황은 엄청나게 달라졌다. 과거 소련의 위성국들이 독립하였으며 다수 국가가 자본주의 국가로 전향하였다. 거기다가 그들은 러시아가 제일 크게 위협을 느끼는 북대서양 조약기구인 NATO에도 많은 수가 가입하였다. 이런 상황에서 비록 모스크바로부터 2000 km 이상 떨어져 있어도 러시아는 크림반도를 쉽게 포기할 수 없다.

2004년 우크라이나 대통령 선거에서 친서방 성향의 빅토르 유셴코가 정권을 잡았다. 그러나 신흥국 경제위기의 영향을 받아 우크라이나도 경제 상황이 워낙 좋지 않아서 2010년 대통령 선거에서는 친러파 빅토르 야누코비치가 당선되었다. 두 사람의 성은 달라도 이름은 우연히 같았다. 2001년 국세조사에 따르면 우크라이나인 77%, 러시아인 17.3%, 그리고 기타 민족들이었다.

문제는 친러 성향이 강한 야누코비치의 폭정과 독선적 정치가 국민의 반발을 일으킨 것이었다. 2013년 11월 21일, 야누코비치 대통령이 당시 진행 중이던 EU 가입 논의를 전면 중단하고 친러 정책을 주장한 것에 반대하여 우크라이나 수도인 키이우를 포함하여 서부 우크라이나에 대대적인 시위가 일어났다.

2014년 2월 야누코비치 대통령의 발포 명령으로 경찰이 무차별 발포를 하면서 유혈사태가 발생하고 그것이 더욱 악화하여 국민 시위가 국가 전역으로 퍼지면서 독재정권을 축출하려는 유로마이단 혁명이 일어난 것이다. 여기서 "유로"는 유럽을 뜻하고 "마이단"은 페르시아어 '메이단'에서 온 단어로 광장을 뜻하기에 유럽 광장이 된다. 결국 야누코비치와 그의 측근들이 러시아로 야반도주 하였으며, 우크라이나 최고 의회는 만장일치로 야누코비치를 탄핵하고 새로운 과도정권을 수립하였다.

이런 상황에서 우크라이나에 속해 있는 크림반도를 장악하기 위하여 러시아와 크림 자치공화국은 발 빠르게 움직였다. 2014년 3월 11일 크림 자치 공화국과 세파스토폴 특별 행정시는 우크라이나로부터 독립을 선포하여 크림 공화국을 결성하였다. 3월 16일 러시아와의 합병을 위한 투표를 실시하여 96.6%의 찬성으로 러시아 합병을 추진하였다. 당시 크림반도의 민족 구성은 약 60% 러시아계, 약 20% 우크라이나계, 그리고 15%의 타타르계로 구성되어 있었다. 바로 다음날 3월 17일, 푸틴 대통령은 다른 관련 인사들과 함께 모스크바 크렘린에서 러시아와 크림 공화국 합병조약에 서명했으며 3월 19

일에는 러시아 연방 헌법재판소가 만장일치로 합병조약이 합헌이라고 판결하였다. 이 모든 절차가 1주일 안에 속전속결로 진행되었다.

6. 2022년 2월 러시아의 우크라이나 침공

1991년 소련이 해체될 때 우크라이나는 의도하지 않게 크림반도에 176기의 핵미사일과 1,800여 기의 핵탄두를 보유한 핵 강국이 되어 있었다. 1994년 우크라이나 영토에 남아 있던 핵무기를 러시아에 이전하는 조건으로 우크라이나의 정치적 독립성과 영토주권을 보장하는데 우크라이나, 미국, 영국, 그리고 러시아가 합의하는 부다페스트 양해각서(Budapest Memorandum)를 체결했다. 이때 크림반도가 우크라이나에 소속된 것이다. 그래서 러시아가 크림 자치공화국을 8일 만에 합병한 것은 국제법 위반이라고 법학자들은 비판하고 있다.

러시아가 한 가지 추가로 책임져야 할 사실은 1986년 우크라이나 북부에 있는 체르노빌 원자력 발전소가 폭발하는 사고가 발생하였다. 아직도 그 당시 유출된 방사능이 지하에 묻혀 있는 석관 안에 봉인되어 있으며 2065년까지 문제를 해결하기로 되어 있는데, "이 문제를 러시아가 앞으로 어떻게 처리할 것인가?"도 양국이 풀어야 할 과제이다.

그래도 푸틴은 2014년 3월, 단기간 내에 크림반도를 점령하여 쉽게 러시아가 흡수하였다. 우크라이나에서 오래 살아온 러시아 출신들이 많다. 이들이 크림반도가 쉽게 러시아에 넘어간 것을 지켜보고 우크라이나 전체가 러시아에 합병되기를 원했다. 특히 우크라이나의 돈바스 지역에 집중적으로 모여 사는 러시아인들은 거리로 뛰쳐나와 우크라이나로부터 독립을 원한다며 우크라이나 정부에 위협을 가하기도 했다. 그중에서 도네츠크 인민 공화국과 루간스크 인민 공화국 2개 지역이 우크라이나에 반군(反軍)으로 돌변하여 우크라이나 정부에 대항함으로써 내전이 시작되었다.

그러다가 2014년 9월 5일 유럽 안보 협력기구(OSCE)의 중재로 휴전협정이 되었다. 휴전협정에 서명한 나라는 우크라이나, 러시아, 도네츠크 인민 공화국, 루간스크 인민 공화국이었으며 휴전협정 장소는 벨라루스의 민스크(Minsk)이었다. 이 협정은 '민스크 협정 1'이라고 사람들은 부른다. 그러나 휴전협정 체결 후 2주도 지나지 않아 협정이 유명무실해졌다. 해를 넘겨 2015년 2월 12일 메르켈 독일 총리, 올랑드 프랑스 대통령, 푸틴 러시아 대통령, 포로셴코 우크라이나 대통령, 그리고 도네츠크, 루한스크 대표들이 민스크에 모여 16시간에 걸친 협상 끝에 '민스크 협정 2'에 합의하였다.

그로부터 7년 후, 2022년 2월 24일 러시아는 우크라이나를 다시 전면으로 공격했다. 군사 약소국인 우크라이나가 군사 강대국이 러시아를 상대로 전면전쟁을 시작했으며 지금도 계속하고 있다. 그동안 두 나라의 사상자를 합하면 50만 명을 넘는다고 하는데 이것은 제2차 세계대전 이후 국가 대 국가 전쟁으로는 가장 많은 사상자 기록이 될 것이다. 군사 약소국인 우크라이나가 군사 대국인 러시아를 상대로 전쟁한다는 게 무모한 것이지만 미국과 영국을 포함하여 자유진영 국가들이 우크라이나에 군수품, 의약, 돈 등을 보내주고 있어서 사상자는 나지만 전쟁이 길어지고 있다. 우크라이나 국민은 결사 항전으로 러시아 군대와 싸우고 있다. 2025년 6월 말 현재 우크라이나 전쟁이 언제 끝날지 아직 불확실하다.

제12편 | 한국의 안보와 경제

1. 북대서양 조약기구(NATO)의 확대

NATO는 North Atlantic Treaty Organization의 줄인 단어이며 북대서양 조약기구 또는 북대서양 정치 및 군사동맹이라고 사람들은 부른다. NATO 회원국 수는 2023년 12월 현재 31개이다. NATO의 목적은 정치적, 군사적 수단을 통하여 회원국의 자유와 안전을 보장하는 것이다. 이 조약은 머리말, preamble과 14개 조항으로 이루어져 있다. NATO는 제5조에서 한 회원국에 무력행사가 가해지면 이를 전체에 대한 공격으로 간주하고 모든 회원국이 공동으로 대응하겠다는 '집단안보' 내용을 명시하고 있다.

NATO의 본부는 벨기에의 브뤼셀에 두고 있다. 창립 국가는 12개 국가로서 미국, 영국, 프랑스, 이탈리아, 캐나다, 노르웨이, 네덜란드, 벨기에, 덴마크, 포르투갈, 아이슬란드, 룩셈부르크이었다. 1952년 그리스와 터키가 가입하여 NATO는 총 14개국이 되었고, 1955년 5월 8일 서독이 가입하여 NATO는 총 15개국이 되었다. 그후 1982

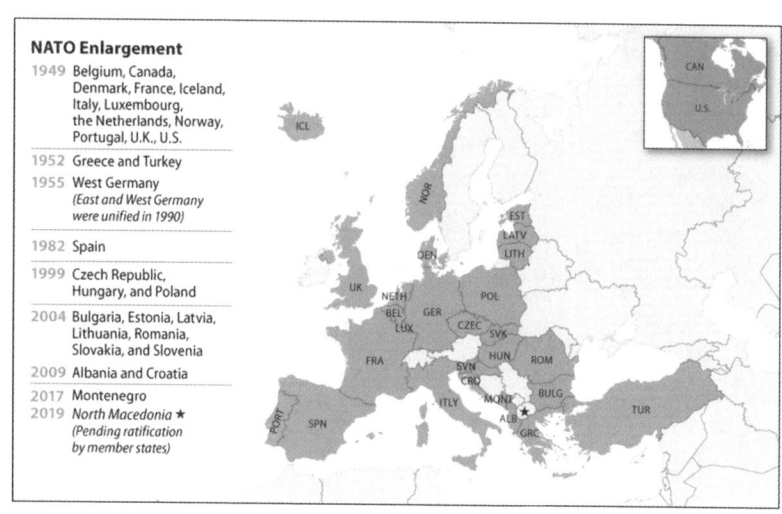

〈NATO On The Map〉

년 스페인이 가입하여 NATO는 총 16개국이 되었다.

1999년 과거 바르샤바 조약기구 회원국 중 체코, 헝가리, 폴란드 3개국이 NATO에 가입함으로써 NATO는 총 19개국이 되었다. 2004년에는 7개국이 함께 가입함으로써 NATO 회원국 수는 총 26개국이 되어 규모가 갑자기 커지게 되었다. 그들은 불가리아(Bulgaria), 루마니아(Romania), 슬로바키아(Slovakia), 슬로베니아(Slovenia), 에스토니아(Estonia), 라트비아(Latvia) 그리고 리투아니아(Lithuania)이다. 특히 여기서 에스토니아, 라트비아, 리투아니아 3개국은 발트 3국이라고 불리기도 하는데 이전에는 소비에트 공화국에 소속되어 있었다. 2009년 크로아티아(Croatia)와 알바니아(Albania)가 가입하여 NATO는 총 28개국이 되었으며, 2017년 몬테네그로(Montenegro)가 가입함으로써 NATO는 총 29개국이 되었다. 2020년 북마케도니아(North Macedonia)가 가입하여 NATO는 총 30개국이 되었고, 2023년 4월 핀란드(Finland)가 회원국이 됨으로써 NATO는 총 31개국이 되었다. 같은 해 7월 10일 NATO 정상회의(7월 11~12일)가 시작되기 하루 전, 에르도안 튀르키에 대통령이 스웨덴의 나토 가입 반대입장을 전격 철회함으로써 NATO는 곧 32개국 동맹 연합국이 되었다.

그러나 러시아는 우크라이나의 NATO 가입을 절대적으로 반대하고 있다. 러시아는 2014년 크림반도를 합병했으며 2022년 2월 다시 우크라이나를 침략해서 현재 4분의 1을 차지하고 있다. 자유주의 국가들은 러시아가 국제법을 어기고 있다고 비난을 해도 푸틴 대통령은 아랑곳하지 않는다.

2. 중국의 대만합병 위협

지난 2022년 10월, 중국공산당 제20기 당 대회 개막식이 있었다. 여기서 중국공산당 총서기 겸 국가주석 시진핑의 3연임이 확정되었다. 그는 개막식 연설에서 대만에 관하여 자신의 확실한 의지를 밝혔다. "우리는 평화통일을 위해 최대한의 성의와 노력을 하겠으나 무력 사용을 포기하지 않을 것이며 조국의 완전한 통일을 반드시 실현할 것"이라고 했다.

시진핑 주석의 이 같은 선언은 2014년 우크라이나의 크림반도를 9일 만에 점령하여 러시아에 강제로 편입시킨 것과 맥을 같이 하는 것이다. 이제는 군사 강대국이 약소국가를 강제로 병합해도 UN이 어쩌지 못하는 시대가 된 것이다. 이래서 미국이 이끌어 가는 NATO 조약기구가 빠르게 확대되고 있다.

중국은 2005년 반분열국가법(反分列國家法)을 제정하여 무력으로 대만을 통일하는 3가지 상황을 법률로 규정하고 있다. 중국이 대만에 대한 무력 통일을 감행할 수 있는 3가지 상황이 있다. (1) 대만 당국에 의한 독립선언, (2) 대만 독립에 대한 국민투표 실시, (3) 미국의 대만에 대한 외교적 승인이다. 이것은 독립을 향한 대만의 어떠한 움직임도 중국은 용납할 수 없는 레드라인 (Red line)으로 규정했다.

중국의 무력 통일을 촉발하는 두 번째 상황은 군사적 대치가 발생하는 경우가 된다. (1) 중국에 대한 대만의 군사적 공격, (2) 대만 내 대규모 폭동 발생, (3) 대만의 핵무기 개발 재개 (4) 대만 내 외국군 배치, 대만에 대한 공격성 무기 판매 또는 임대, 미국 핵무기의 대만 재배치 등을 포함한다.

중국의 무력 통일의 네 번째 상황은 '평화통일 가능성이 완전히 상실된 경우이다. 평화통일에 대한 공감대가 형성되지 않은 상황에서 대만이 지속적으로 평화통일을 지연시키는 경우이다. 이 조항은 중국이 마음만 먹으면 언제든지 무력으로 대만을 통일하러 나설 수 있다는 것이다. 21세기 약육강식의 표본이다.

미국의 실수로 판명이 났지만, 미국은 수년 동안 공을 들여 공산중국을 도와 2002년에 WTO 회원국이 되게 하였다. 미국의 도움으로 중국은 세계로부터 주문만 받으면 만들어내는 기술력이 있으며 세계의 공장이 되었다. 이렇게 해서 중국은 20년 만에 세계 제2 경제대국이 되었다.

3. 대만 보호를 위한 미국의 법률과 정책

1) 대만관계법(1979)

1978년 중화인민공화국 중국공산당 행정부는 소련에 대항하여 미국, 일본, 서유럽과 공동전선을 구축하였으며 이를 계기로 미국은 1979년 중국과 외교관계를 맺었다. 미국의 카터 대통령은 중화민국(ROC 대만)과의 중미 상호방위조약(SAMDT: The Sino-American Mutual Defense Treaty)을 취소했다.

그 대신 미국은 대만과 새로운 관계를 설정한 대만관계법(Taiwan Relations Act)을 제정하였다. 그 내용은 "서태평양의 평화, 안보 및 안정을 유지하고 미국 국민과 대만 국민 간의 상업적, 문화적, 기타 관계의 지속을 승인함으로써 미국의 외교 정책을 촉진하기 위한 법안"이다. 이 법안은 1979년 3월 13일 하원을 통과했으며 다음날 1979년 3월 14일 상원을 통과하였고 1979년 4월 10일 지미 카터 대통령이 법안에 서명하였다. 그리고 이 법은 1979년 1월 1일부터 소급 발효되었다.

이 법, TRA는 "중화민국"이라는 용어를 인정하지 않고 "대만에 대한 통치 당국"이라는 용어를 사용하며 한마디로 "대만"이라고 한다. 대만관계법 TRA는 공식 정부 대표나 공식 외교 관계없이 컬럼비아 특별구 법률에 따라 설립된 비영리 법인인 AIT(American Institute Taiwan)의 형태로 비공식 관계를 통해 상업, 문화 및 기타 관계를 유지하기 위한 것이다. 또한 이 법은 미국이 "대만에 방어적 성격의 무기를 제공하고 대만의 안보나 사회 또는 경제를 위태롭게 하는 무력이나 다른 형태의 강압에 저항할 수 있는 미국의 능력을 유지할 것."

을 요구하고 있다.

2) 대만 여행법(2018)

대만 여행법 법안은 2018년 3월 16일 트럼프 대통령에 의해 법으로 제정되었다. 대만관계법의 후속 조치로 이 법안은 미국의 고위 관리가 대만을 방문하거나 그 반대의 경우도 마찬가지이다. 대만 여행법은 2016년 스티브 샤봇 하원의원과 마르코 루비오 상원의원에 의해 미국 의회에 제출되었다. 2018년 1월 미국 하원에서 만장일치로 통과되었으며 2018년 3월 16일 트럼프 대통령은 이 법에 서명하였다.

차이잉원 대만 총통은 자신의 트위터 계정을 통해 "대만의 민주주의를 지지해준 미국 의회에 감사를 표하면서 대만 여행법이 양안(중국과 대만)의 오랜 파트너십을 강화할 것이라고 믿는다."라고 밝혔다.

3) 타이페이 법안(TAIPEI Act)

'타이페이'는 전 중화민국(현 대만)의 수도로 불렸다. 그러나 여기서 다루고 있는 타이페이(Taiwan Allies International Protection and Enhancement Initiative) 법안이 제정된 이유는 중공(中共)이 대만의 수교국을 압박하여 외교관계를 끊어 대만이 국제적으로 고립되도록 했기 때문이었다.

타이페이 법안은 미국 하원이 2019년 9월에 처음 발의하였다. 그리고 2020년 3월 상원의원 4명이 법안 일부를 수정한 후, 상 하원 모두가 만장일치로(찬성 415표, 반대 0표) 이 법안을 정식으로 입법화하였다. 이 법안은 수년간 대만을 압박해 온 중공을 견제하고 무역, 외교, 국제교류 분야에서 대만의 입지를 강화하고 국제사회에서 대만의 위상을 높이기 위한 것이었다. 이 법안의 제5조는 미국이 대만에게 방어적 성격의 무기 제공에 관한 것이며 제6조는 대만을 위협하는 무력에 대해 저항할 미국의 군사력 유지에 관한 것이다. 이 법으로 인해 중국이 섣불리 무력으로 대만을 침공하지 못하고 있다.

4) 미·중 관계의 변화

1950년 6월~1953년 3월 기간 한반도 전쟁 시기에 UN군과 미군은 동맹국으로서 중공군을 주적으로 알고 격렬하게 싸웠다. 그러나 1971년 미-중 간 핑퐁외교를 거쳐 1972년 미국 닉슨 대통령과 중국 모택동 주석은 서로 외교관계를 맺었다. 그 결과, 중국은 UN 회원국이 되었고 동시에 UN의 안전보장이사회의 막강한 5대 상임이사국의 일원이 되었다. 불행하게도 자유중국은 UN에서 탈퇴할 수밖에 없었다. 그뿐 아니라 서울에 있던 중국 대사관도 공산 중국에 넘겨주어야 하는 비운을 당하였다.

한편 미국과 공산 중국의 관계는 더욱 좋아졌다. 공산 중국은 국제 무역 기구(WTO)에 들어가면 중국경제가 빠르게 성장할 것임을 알고 미국의 도움을 청했으며, 미국은 경제가 좋아지면 공산 중국이 자유중국으로 변할 줄 알았다. 그러나 유럽의 여러 나라는 공산 중국의 WTO 가입을 반대하였다. 그러나 미국은 수년간 강력하게 자유 진영 세계를 설득하여 결국 2002년 공산 중국이 WTO 회원국이 될 수 있었다.

중국은 그로부터 15년 이상 동안 세계의 공장 역할을 담당하면서 엄청난 돈을 벌어 이제 중국은 확실하게 세계 제2 경제대국이 되었다. 그러나 부자가 되면 중국이 자유중국으로 변하는 것이 아니었다. 2013년 시진핑 주석이 권력을 갖게 되자 오히려 그는 인민들에게 중국몽(中國夢)으로 인민을 세뇌하여 중국을 다시 공산 체제로 되돌려 놓았다. 시진핑은 러시아의 푸틴처럼 자신의 통치 기간을 장기화하여 자신의 정책을 계속 밀고 나갈 것이 예상된다.

4. 한국방위산업의 급성장

한국의 방위산업이 오늘과 같은 수준에 오게 된 이유는 박정희 대통령 때문이었다. 1971년 주한 미군 2만여 명이 갑자기 철수하게 되자 국가안보에 위기감을 느낀 박 대통령은 자주국방을 결심하고 고도화된 무기 산업을 일으키고자 하였다. 그러기 위하여 우선 중화학공업을 확충하기 시작하였다.

2012~2016년 기간에만 하더라도 한국의 무기 수출은 세계시장에서 1%에 불과하였다. 그러나 2017년부터 2021년까지 무기 수출은 177% 폭등하였다. 이렇게 된 것은 크게 두 가지 이유가 있었다. 하나는 2014년 3월 러시아가 우크라이나의 크림반도를 무력으로 점령했기 때문이며 또 하나는 그동안 러시아의 "약육강식"을 두려워하여 러시아 인근에 있는 여러 작은 나라들이 빠르게 NATO에 가입했기 때문이었다. 그 결과 새 회원국들이 한국으로부터 값싸고 효과 좋은 무기를 대량 사들였다.

이에 대비하여 자유주의 국가들은 뜻을 같이하여 몸집을 계속 불리면서 간접적으로 우크라이나를 돕고 있다. 우크라이나는 군사 강국인 러시아와 오랫동안 전쟁을 계속할 수는 없다. 그러나 자유주의 국가들로부터 무기를 비롯하여 의약품과 식량을 지원받고 있다. 그리고 자유와 풍요를 자식과 자손들에게 물려주기 위해서 죽기를 각오하고 러시아와 싸우고 있다.

다행히 근년에 들어 한국의 방위산업이 눈에 띄게 성장하고 있다. 외국 언론들이 한국의 방위산업이 빠르게 성장하고 있다는 뉴스를 경쟁적으로 세계에 알렸다. 미국 CNN은 2022년 8월 한국이 조용하게 방위산업 메이저 리거(Major Leaguer)가 되었다고 자주 보도하고 있다. 미국 포브스(Forbes)는 2022년 11월 "한국이 조용히 세계적 무기 공급자 중 하나가 되었다."라고 보도하였다. 영국의 로이터(Reuters)도 한국의 방위산업 육성 전략과 무기 수출 동향을 비중 있게 다루었다.

5. 한미상호방위조약

한미상호방위조약은 한미동맹의 법적 기반이다. 이 조약은 6.25 전쟁 후 1953년 10월 1일 워싱턴 D.C.에서 한국 외무장관과 미국 국무장관이 조인하여 1954년 11월 18일 발효한 대한민국과 미국 사이의 군사동맹에 관한 조약입니다. 이 조약의 기본 내용은 다음과 같다:

"본 조약의 당사국은, 양국의 국민과 양국 정부가 평화적으로 생활하고자 하는 희망을 재확인하며, 또한 태평양 지역에 있어서 평화 기구를 공고히 할 것을 희망하고, 당사국 중 어느 1국이 태평양 지역에 있어서 고립하여 있다는 환각을 어떠한 잠재적 침략자가 갖지 않도록 외부로부터의 무력 공격에 대하여 자국을 방위하고자 하는 공동의 건의를 공공연히 또한 정식으로 선언할 것을 희망하고, 또한 태평양 지역에 있어서 포괄적이고 효과적인 지역적 안전보장 조직이 발달 될 때까지 평화와 안전을 유지하고자 집단적 방위를 위한 노력을 공고히 할 것을 희망하여 다음과 같이 동의한다."라는 내용이다. 이 때문에 지난 70년 동안 한반도에 전쟁이 없었다.

그런데 지금은 과거와는 다른 상황이 전개되고 있다. 우선 UN이 강대국 러시아의 군사적 침략행위를 제어하지 못하고 있다. 거기다가 공산 중국도 대만을 점령하려고 군사적으로 위협하고 있다. 북한은 러시아와 중국을 방패로 하여 오랫동안 재래식 무기와 핵무기를 꾸준히 개발하여 옴으로써 세계는 점점 더 불안한 상황으로 치닫고 있다.

지금 상황에서 한국의 선택은 분명하다. 세계 어느 나라이든지 홀로 국방을 하지 못한다. 한국은 자유민주와 시장경제를 채택하는 나라들과 경제와 안보를 공유해야 한다. 한국은 지리적으로 북대서양에 속하지 않으므로 NATO 회원국이 될 수는 없다. 그러나 아시아 태평양의 (한국, 일본, 호주, 뉴질랜드) 4개국이 NATO의 Partner 국가로서 서로 도울 기회가 많다. 제3차 세계대전을 피하려면 자유민주주의 국가들이 함께 뭉쳐 압도적인 무력을 행사할 수 있음을 공산 진영 국가들에 보여주면 전쟁을 피할 수 있다.

2025년 6월 24-25일 이틀 동안 네덜란드(Netherlands) 수도인 Hague에서 북대서양 조약기구인 NATO의 頂上會議가 개최되었다. 현재 NATO 회원국은 미국을 포함하여 32개국이며 회의 참석자는 각국의 대표자로서 대통령이나 총리이다. 이번 정상회의의 주요내용은 미국을 제외한 NATO 회원국들이 러시아의 잠재적 공격에 대비하여 향후 10년 기간이내에 회원국의 국방비를 자국 GNP의 5%까지 올려갈 것을 확정하는 것이었다. 특히 러시아 경계선과 아주 가까운 에스토니아(Estonia), 라트비아(Latvia), 리투아니아(Lithuania)의 발트 3개국은 일찍부터 국방비 증액을 결정하였다.

전과 다르게 NATO 회원국들은 미국이 부담하기로 되어있는 상황에서 NATO회원국은 트럼프 미국대통령의 NATO방위결심을 과거 어느 때보다 앙망하고 있다. 특히 NATO 사무총장을 맡고 있는 마르크 루터(Mark Rutte)와 네덜란드의 현직 장관들은 2025년 6월 NATO 정상회의가 시작되기 약 20일 전에 방위비 3.5%와 추가적으로 방위 관련 예산 1.5% 목표를 이미 결정하였다. 새로운 5% 지출 목표는 두 부분으로 나뉘었다. 3.5%는 군인급여, 무기, 탄약과 같은 직접적인 군사비용에 해당되며 나머지 1.5%는 국방관련 활동에 사용된다.

네덜란드의 이러한 사전조치는 트럼프 미국 대통령이 NATO에 대한 지속적인 지지와 실용적이며 정교한 사전계획 덕분으로 트럼프 대통령의 마음을 긍정적으로 움직였다고 세계 언론이 대대적으로 발표하였다. 네덜란드의 Ben Bot 前 외무장관은 마르크 루터 전임 총리의 실용적이며 정교한 사전계획 덕분으로 트럼프 미국 대통령이 NATO에 대한 지속적인 지지와 우크라이나에 대한 지속적인 지원을 아끼지 않을 것으로 내다보았다.

2025년 6월 NATO정상 회의에서 맺은 결론은 다음과 같다. 첫째, 러시아는 다시금 NATO 동맹국에 대한 장기적인 위협으로 식별되었다. 둘째, 모든 NATO 회원국은 어떠 나라이라도 외부의 적으로부터 공격을 받으면 이것은 NATO 위원국은 어떤 나라이라도 외부의 적으로부터 공격을 받으면 이것은 NATO 회원국 전체가 공격을 받은 것으로 인정하고 합병하여 적국을 물리친다. 셋째, 이번 2025년 6월 NATO 회원국은 러시아와의 전쟁에서 어렵게 전쟁하고 있는 우크라이나를 지속적으로 지원할 것임을 확인하였음. 따라서 이번 2025년 6월 NATO 회의에서 다음과 같은 결론을 내렸음. 네덜란드 왕국의 후한 환대에 감사를 드리며 다음회의는 2026년 회의는 튀르키에에서, 그리고 그 다음 2027년 회의는 알바니에서 개최할 예정임.

제13편 | 영국의 EU 탈퇴

1. 서론

영국은 2020년 1월 2020년 1월 31일 날짜로 47년 만에 EU를 공식적으로 탈퇴했다. 좀 더 구체적으로 말한다면 한국시간으로 오후 11시부터 브렉시트 (Brexit)가 시작되었다. 'Brexit'는 'Britain's Exit'의 약어이며 영국의 유럽 탈퇴를 가리키는 신조어이다. 영국이 유럽연합을 탈퇴하는 것을 한마디로 줄여서 만든 것이 'Brexit' 단어이다.

2017년 영국의 국민투표에서 EU 탈퇴를 결정한 후 3년 정도의 어려운 절차를 거쳤다. 당시 영국의 보리스 존슨 총리는 "EU는 지난 50여 년간 자체적으로 장점과 훌륭한 점이 많았으나 이제는 영국에게 어울리지 않는 방향으로 가고 있어서 EU를 탈퇴할 수밖에 없었음을 전 세계에 널리 알렸다.

세계 5위 경제 대국인 영국이 EU에서의 탈퇴를 선택했으니 세계 경제와 정치에 큰 변화가 올 것이 예상되기도 한다. Brexit가 유럽연합에 큰 영향을 주겠지만 동시에 영국도 큰 영향을 받을 것이다. 그뿐만 아니라 전 세계도 브렉시트의 영향을 받을 것이다. 오늘은 영국이 유럽연합을 탈퇴한 배경을 살펴보고 향후 영국의 국제무역과 국제금융에서의 활동을 짚어보기로 한다. 우선 제2차 세계대전(1939~1946) 6개국의 소규모 유럽공동체가 1993년 27개국의 유럽연합으로 확대되어 온 과정을 간단히 살펴보기로 한다.

2. 유럽연합(European Union)의 역사

1) 1945년 2월 얄타(Yalta) 회담과 7월 포츠담(Potsdam) 회담

제2차 세계대전이 막바지로 치닫고 있을 때 이탈리아가 항복선언을 했다. 나치독일도 패전할 기미가 보이자 연합국 지도자들이 1945년 2월 4~11, 8일 동안 소련 영역의 크림반도의 휴양지인 얄타에 모여 회담했다. 루스벨트 미국 대통령(1882~1945), 처칠 영국 총리(1874~1965) 그리고 스탈린 소련 당 서기장(1878~1953) 3인이 합석했다. 주뒤 의제는 전후 독일 처리, 전생 배상금, 전후 국경선 설정, 새로운 국제기구인 유엔의 의사결정 방식 등이었다.

처칠 총리와 루스벨트 대통령은 서방 연합국의 대표자로서 손을 잡고 소련의 스탈린 서기장을 압박하여 서방 연합국의 공동이익을 얻어내고자 했다. 그러면서도 노련한 루스벨트 대통령은 스탈린의 합리적인 주장은 들어주었다. 노련한 정치가로서 루스벨트는 스탈린으로부터 받을 것은 받고 줄 것은 내주면서 소련과 영국 사이의 중재자 역할을 했다.

한편 프랑스는 제2차 세계대전 초반, 독일에 항복함으로써 국가

《유럽 기》 유럽 기(Flag of Europe)는 1955년 말, 유럽평의회(Council of Europe)에 의해 유럽 전체를 상징하는 기로 공식 채택되었음. 유럽평의회는 유럽의 여러 기구들에게 유럽 기를 채택할 것을 촉구하였으며 1985년 유럽 공동체(European Union)가 유럽 기를 채택하였음. 2017년 16개 EU 회원국과 이에 프랑스를 포함하여 유럽 기를 EU의 상징으로 공식화하였음. 유럽 기는 파란색 바탕 가운데에 하나의 원을 형성하고 있는 12개의 금색 별이 그려진 디자인을 띠고 있음. 별들이 원을 형성하고 있는 디자인은 단결을 의미함.

대표자가 없었다. 1940년 프랑스가 독일에 항복하자 프랑스의 드골 장군은 런던으로 망명하여 자유 프랑스 민족 회의를 결성하였다. 파리 해방 이후 연합국들은 드골의 위상을 인정하였으나 프랑스 내에서 드골의 평판은 다소 부정적이었다. 프랑스의 좌파 정치인들은 드골이 가톨릭교도인 출신이라 그를 싫어했으며 우익진영은 그가 국민적 영웅인 패탱 장군을 배신한 반역자로 취급하는 정도였다. 그러나 그는 1944년 프랑스 해방과 함께 임시정부 주석에 취임했으며 동년 9월 9일 드골은 파리로 개선하였다.

그러나 프랑스 지도자인 드골 장군은 1945년 2월 8일간의 얄타 회담(1945:2.4~11)과 1945년 7월 15일간의 포츠담회담(1945:7.17.~

8.2)에 초대받지 못하였다. 드골 장군은 이것은 미국의 루스벨트 대통령의 발상에 따른 것이며 외교적으로 심각한 모욕에 해당한다고 분통을 터뜨렸다. 그러나 소련은 드골의 얄타 회담에 포츠담 회의에 드골의 참여를 반대하였다. 만일 드골 장군을 포츠담회담에 초대한다면 드골의 성격상, 그는 자신의 명예를 지키기 위하여 얄타 회담에서 결정되었던 모든 사항은 포츠담회담에서 다시 거론되어야 함을 주장할 것을 소련 대표는 우려하였기 때문이었다.

문제는 여기서 끝나지 않았다. 영국의 처칠 수상은 드골을 몹시 싫어하여 드골의 레지스탕스 운동에 대한 지원을 포기하려고까지 했다. 처칠은 1943년 5월 21일 런던의 애틀리 부총리와 이든 외무장관 등에게 보내준 전문에서 프랑스의 드골을 다음과 같이 심하게 비난했다. 드골은 독일과의 전쟁에서 쓰라린 군사적 패배를 겪었음에도 마치 자신이 모든 프랑스 국민을 대표하는 내세우고 있다고 비난했다." 그리고 "드골은 영국과 미국에 철저히 비우호적인 인사이며 공산주의에 동조하고 심지어 파시스트적인 성향도 있는 사람이다"라고 묘사했다. 이런 사실이 알려지자 드골은 분노했으며 차후 영국의 EU 가입신청을 두 번씩이나 반대한 결과를 초래하였다.

2) 유럽공동체의 발전

A. 1952년 7월 23일 6개국의 유럽 석탄 철강 공동체(ECSC) 창립. 창립 회원국은 베네룩스 3국(벨기에, 네덜란드, 룩셈부르크)와, 프랑스, 이탈리아 그리고 서독이 파리 조약에 석탄과 철강은 전쟁 무기를 만드는 데 가장 필요한 자원이라는 데 동의하고 석탄과 철강생산을 6개국 공동체가 합의하도록 하였음.

B. 1957년 로마조약에 따라 1958년 1월 1일, 유럽경제공동체 (European Economic Community)가 설립되었음.

C. 1967년 7월 1일, 유럽 석탄 철강 공동체(ECSC), 유럽경제공동체(EEC), 유럽원자력공동체(EURATOM)의 3개 공동체의 조직이 통합되면서 유럽공동체(European Community, EC)가 설립되었음.

3) 유럽공동체(EC)의 확대

1973년 1월 1일(제1차 확대): 덴마크, 아일랜드, 영국이 EC에 가입.

1981년 1월 1일(제2차 확대): 그리스 EC에 가입.

1986년 1월 1일(제3차 확대): 포르투갈, 스페인이 EC에 가입.

1990년 10월 3일: 동서독 통일에 따라 옛 동독이 서독에 편입됨.

4) 유럽연합(European Union)의 설립과 확대

1992년 2월 7일 마스트리흐트 조약이 체결되어 유럽연합이 설립됨.

1995년 1월 1일(제4차 확대): 오스트리아, 핀란드, 스웨덴이 EU에 가입.

2004년 5월 1일(제5차 확대): 키프로스, 체코, 에스토니아, 헝가리, 라트비아, 리투아니아, 몰타, 폴란드, 슬로바키아, 슬로베니아 EU에 가입. 이로써 유럽연합은 15개 원국에서 25개 회원국으로 확대되었음.

2007년 1월 1일(제6차 확대): 불가리아, 루마니아 EU에 가입. 2007년 12월 13일, EU 회원국 대표들이 리스본조약에 서명하고 2009년 12월 1일 리스본조약이 발효함.

2013년 7월 1일(제7차 확대): 크로아티아 EU에 가입함.

2016년 6월 23일 영국이 EU 회원국 국민투표를 통해 영국의 EU 탈퇴 결정.

3. 유럽경제공동체(EEC) 가입을 위한 영국의 오랜 노력

미국이 제공한 마셜 플랜 덕택으로 제2차 세계대전 때 황폐된 유럽이 놀라운 속도로 회복되었다. 1947년 7월부터 4년 동안 유럽은 미국으로부터 지금 가치로 약 1,300억 달러의 원조로 서독만 제외하고 유럽경제는 대체로 전쟁 이전의 상태로 회복되었다고 역사가들은 호평하였다.

1951년 6개국(벨기에, 프랑스, 서독, 이탈리아, 룩셈부르크, 네덜란드)은 유럽 석탄 철강 공동체(ECSC)를 통하여 석탄과 철강생산을 공동으로 계획 경영하여 생산성을 크게 높였다. 이를 바탕으로 1957년 ECSC 6개국은 로마조약에 사인하고 유럽경제공동체(EEC)를 발족하였다. EEC는 사람, 상품, 서비스의 자유 이동을 목표로 하는 '유럽공동시장(Common Market)'을 지향하는 것이었다. 이때 프랑스의 드골 대통령은 자신과 서독과의 특별한 관계를 바탕으로 하여 향후 EEC를 'Franco-German Alliance(불 독 동맹국)'관계로 하고 나머지 4개국은 관련 위성국으로 대우하려고 결심했다.

이런 상황인 줄 모르고 1963년 EEC 가입지원서를 제출했으나 프랑스의 드골 대통령이 거부권을 행사하여 퇴짜를 놓았다. 이에 영국은 크게 실망했다. 그리고 1967년 EEC 가입지원서를 제출하였으나 드골은 두 번째도 퇴짜를 놓았다. 그가 외부로 발표한 그의 거부 이유는 두 가지이었다. 하나는 개인적인 이유이며, 또 하나는 영국의 EEC 가입은 농산물거래에 있어 프랑스에 크게 불리하기 때문이라고 하였다. 개인적인 이유는 영국은 지나치게 미국의 입장만 두둔하기 때문이라고 했다. 이것이 바로 제2차 세계대전 말기 독일군의 패망이 짙어진 1945년 2월 영국의 처칠 수상은 미국의 루스벨트 대통령을 대동하고 소련의 얄타 휴양지에서 스탈린과 회담한 사실 때문이었다.

1969년 드골이 대통령직을 사임하자 영국은 세 번째 EEC 가입원을 제출하여 EEC 회원국이 되는 절차를 밟았다. 영국 의회에서 1972년 유럽공동체 안을 통과시켰으며 1973년 1월 1일 영국은 공식적으로 유럽 경제 공동체(EEC)의 회원국이 되었다. 그동안 참으로 어렵고도 고통스러운 과정을 겪었다.

1950년 영국의 1인당 GNP는 유럽 6개국 평균액보다 33% 이상 높았다. 그러나 그 후로 영국의 소득은 계속 내려와 오히려 10% 낮아졌다. 그런데 영국이 EEC 회원국이 된 후로는 비교적 안정을 유지했다. 이것은 영국과 그 외 EEC 회원국의 소득 비율이 상대적으로 더 이상 나빠지지 않았음을 보여 주었다.

4. 영국은 왜 유럽연합을 탈퇴했는가?

영국이 1973년 EEC에 가입하여 한동안 경제가 좋아지는 듯했으나 유럽연합(European Union) 회원국이 되면서부터 점점 나빠지기 시작하였다. 마스트리흐트 조약의 발효로 유럽연합이 설립되면서 회원국 수가 빠르게 늘어나기 시작하였다. 1952년 유럽공동체는 6개국의 유럽 석탄 철강 공동체로 시작되었다. 그러나 1995년 유럽연합으로 확대되었을 때 회원 수는 27개국으로 늘어났다. 영국, 프랑스, 독일, 그리고 영국 이외의 EU 회원국들은 대부분 경제가 어렵고 소득 수준이 낮은 나라들이다.

영국 국민이 브렉시트를 결정한 이유는 다음과 같다:

1) 유럽연합 내에서의 주도권 싸움에서 밀릴 수밖에 없다. 특히 통일독일은 예전의 서독이 아니다. 유럽 1위 경제대국이자 인구 대국인 통일독일이 EU에서 중요한 정책을 결정한다. 2015년 기준 EU 내의 영국 투표권은 8%에 지나지 않는다. 그래서 EU 내에서 발언권이 적다. 이 때문에 영국 국민에게 "영국은 EU에 막대한 분담금을 내지만 영향력은 약하다"라는 반EU 정서가 넓게 확산하였다.

2) 2008년 글로벌 금융위기 이후 위축됐던 영국의 경제가 살아나면서 동유럽으로부터 이민자들이 일자리를 구하기 위하여 대거 몰려들어왔다. 영국의 장년층과 저소득층의 불만이 커지면서 브렉시트 찬성을 크게 외쳤다.

3) 영국이 EU 회원국이 되었어도 다른 회원국처럼 유로화를 택하지 않았다. 금융 왕국으로 수세기 동안 이름을 날린 영국은 비록 EU 회원국이 되었으나 영국의 파운드 화폐를 택하고 있다. 그동안 유로화폐와 파운드 간의 일정 비율을 정하고 있어서 2009년과 금융위기가 발생하면 엄청난 금융 손실을 볼 수 있다.

5. EU에 미치는 BREXIT 충격

2020년 1월 31일 영국(UK)이 유럽연합(EU)을 탈퇴함으로써 유럽연합 가입국은 2025년 현재 27개국이며 이들 국가는 다음과 같다: 벨기에, 룩셈부르크 프랑스, 독일, 이탈리아, 네덜란드, 덴마크, 아일랜드, 그리스, 스페인, 포르투갈, 스웨덴, 오스트리아, 핀란드, 폴란드, 체코, 헝가리, 슬로바키아, 리투아니아, 슬로베니아, 라트비아, 에스토니아, 키프로스, 몰타, 루마니아, 불가리아, 크로아티아.

영국이 2020년 EU를 탈퇴하기 전과 후의 유럽연합의 GDP 성장률 차이는 다음과 같다: 2016(1.9%), 2017(2.8%), 2018(2.1%), 2019(1.9%), 2020(-5.6%), 2021(6.4%), 2022(3.5%), 2023(0.5%), 2024(1%). 2020년의 -5.6% 마이너스 성장률은 영국의 EU탈퇴 때문만이 아니다. 영국의 EU탈퇴 논쟁은 2020년 전부터 수년간 진행되어 왔으므로 BREXIT의 효과는 EU에 남게 될 회원국에게 그동안 조금씩 영향을 주어왔다. 그러나 2020년 초에 갑자기 지구 전체에 위협을 준 Corona-19 전염병(COVID-19)이 즉각적으로 EU에 높은 마이너스 성장률을 가져왔다.

2020년 초에 영국이 EU를 탈퇴하자, 독일, 프랑스, 이탈리아, 스페인 등의 강국이 리더십을 가지고 EU를 이끌어 가기로 하였다. 유럽의회의 의석 수에 관하여, 독일 96석, 프랑스 79석, 이탈리아 76석, 스페인 59석, 폴란드 51석으로 결정하였다. EU의 성장과 발전을 위한 주요국의 GDP-분담금비율은 다음과 같다: 독일 19.90%, 프랑스 17.76%, 이탈리아 13.57%, 스페인 9.15%, 폴란드 3.07% 등이다.

이제부터 EU는 새롭게 성장해갈 조건이 마련된 것으로 보인다. 2024년 EU의 27개국의 총 인구는 약 5억 명이 되며 같은 해에 미국의 인구는 약 3억 5천만 명이다. 2024년 EU의 GDP는 약 19조

4,000억 달러이나 미국의 GDP는 약 28조 7,800억 달러이다. 그리고 중국의 GDP는 약 18조 8천억 달러이다. 앞으로도 중국이 공산주의를 지속적으로 강화한다면 향후 EU의 GDP는 공산중국보다 더욱 높아질 것으로 예상된다.

1) 무역의 변화

계속 남아 있는 EU 회원국과의 무역은 관세 의무 때문에 당장 손실이 날 수 있다. 그러나 교역상품의 질을 높이고 對 고객 신뢰감을 높이면 비록 관세를 내더라도 기존의 고객으로부터 오히려 수익이 더 늘어날 수도 있다. AI를 적용한 신상품을 개발하면 기존의 고객들부터의 수요가 더욱 늘어날 수 있다.

2) 중국의 공산화와 러시아의 침략성 확산

중국은 이제 자유—시장 경제국이 아니다. 세계 시장에서 조만간에 새로운 자유시장 질서가 생길 것이다. 영국이 비록 EU를 떠났다 하더라도 중국과 러시아의 횡포 대문에 영국과 EU 회원국 간의 경제협력은 브렉시트 전보다 더 활발해질 수 있다.

3) 영국은 여전히 브렌트유 산유국

2023년 현재, 영국은 자국에서 여전히 값비싼 브렌트유를 생산하는 산유국이다. 아직도 매장량이 절반 이상이 남아 있다. 지구환경 보호와 미래 후손을 위하여 지금은 석유를 조금씩 채굴하고 있다. 석유 고갈과 지구온난화에 대처하고 있다. 영국은 북동쪽 바다인 북해에서 석유를 시추한다. 북해산 경질유 브렌트유는 노르웨이와 영국

영역에 대부분 묻혀 있다. 이런 석유 자원을 가진 나라는 신의 축복을 받은 나라이다.

6. EU 경제의 빠른 회복과 그 이유

영국이 EU를 떠나간 후 EU에 남은 회원국들은 경제적인 어려움을 다소 겪었다. 그래서 EU에 남은 사람들이 영국을 많이 비난하기도 하였다. 그러나 1-2년이 지나면서 곧 경제가 회복되기 시작하였다. 왜냐하면 EU에 남은 27개국의 사람들이 생각을 바꾸었기 때문이었다. 어쩌면 그들은 다음 이유들 때문에 자신들의 생각을 바꾸지 않을 수 없었을 것이다. 첫째, 빨리 끝날 줄 알았던 러시아-우크라이나 전쟁이 언제 끝날지 알 수 없었다. 둘째, 미국-중국 간의 경제전쟁이 점점 심각해지고 있음을 감지하였다. 셋째, EU 회원국들은 서로 간에 심각한 종교적 갈등이 없었다. 그러므로 이들은 BREXIT에 크게 동요되지 않았으며 EU 회원국들 간에 상호신뢰가 자연스럽게 형성될 수 있었다. 그 때문에 그들은 경제회복을 위한 방법을 비교적 쉽게 찾을 수 있었다.

필자는 EU 경제가 비교적 빠르게 회복된 이유를 찾기 위하여 2025년 10월 중, 10일 동안 스페인의 주요 5개 도시—마드리드(Madrid), 바르셀로나(Barcelona), 발렌시아(Valencia), 세비야(Sevilla), 그리고 코르도바(Cordoba)를 방문하였다. 마드리드는 스페인의 수도이기 때문에 일자리가 많았으며 특히 정부기관에서 일할 수 있는 자리를 많이 제공하고 있었으며, 특히 호텔을 포함하여 새로운 높은 건물을 많이 짓기 시작하였다. 그 이외 4개 도시는 과거 궁전이나 유명한 건물을 수리함으로써 외국인 관광객을 유치하고자 하였다.

　5개 도시를 돌아보니, 영업시간이 모두 길었다. 음식과 커피, 맥주 등을 파는 멋진 가게와 편의점이 아침 6시부터 밤 9시까지 오랫동안 고객을 유치하고 있었다. 그리고 무엇보다도 인상 깊은 것은 젊은 가게 주인들이 모두 영어를 자연스럽게 구사하고 있었다. 영국이 EU 회원국일 때에는 가게 주인이 그렇게 쉽게 영어를 쓰지 않았지만 지금은 정확한 영어를 자주 쓴다고 하였다. 그러나 필자가 들은 영어는 조금 딱딱한 영국식 억양이 있는 영어가 아니라 아주 친절하게 들리는 미국식 억양이 담겨 있는 영어였다.

제14편 | 21세기 초, 자본주의 시장경제의 위력

1. 인도 뉴델리에서 열린 2024 MPS 총회에 참석

본인은 지난 9월 중순에 2024년 MPS(Mont Pelerin Society) 인도총회에 참석했다. 이번 MPS 총회는 9월 22~26일 기간 동안 인도의 뉴델리에서 열렸다. 40여 개 나라에서 350여 명이 참가했는데, 참석한 사람들은 연륜이 있는 교수들과 연구원, 정부 관료 그리고 국제기구 직원들이었다. MPS에 관해서는 앞에서 설명한 적이 있는데 MPS는 Mont Pelerin Society 세 단어의 첫째 알파벳을 합친 것이다. 1947년 4월, 당시 오스트리아학파의 좌장이었던 하이에크(Hayek) 교수가 시작한 국제 자유민주 경제학회를 가리킨다. 자유 민주주의 시장경제의 장점을 국제적으로 알리는 학회이다. 2024년에는 인도가 주축이 되어 5일 동안 행사를 잘 진행하였다. 인도는 역사적으로 생각이 깊은 학자가 많은 나라로 알려져 있다.

2024년 MPS 뉴델리 총회에서 인도가 세계를 향하여 알린 회의 주제는 "세계 60억 인구의 자유와 번영을 위하여"이었다. 2024년 현재

이 사진은 2024년 가을, 인도 뉴델리에서 열린 Mont Pelerin Society 회의 중, 쉬는 시간에 찍은 사진임. 왼쪽에 서 있는 분부터, 나고야 (Nagoya) 대학 명예교수 유코 아라야마(Yuko Arayama), 시카고대 노벨교수 제임스 헤크먼(James Heckman), 그리고 성균관대학(Sungkyunkwan University) 명예교수 김인철(Inchul Kim).

지구 총인구는 83억 명인데 여기서 약 23억 인구는 자유 민주주의 시장경제 체제를 갖춘 부유한 나라의 국민이지만 나머지 60억 인구는 경제적으로 가난한 국민이라서 주최 측인 인도는 이번 행사를 통하여 60억 인구의 경제적 자유와 번영을 위한 대책을 모색할 것임을 널리 알리고자 하였다.

이번 행사에 참여한 연사 중에서 가장 인상 깊은 발표자는 시카고 대학의 제임스 헤크먼(James J. Heckman) 원로 교수님이었다. 그는 2000년 12월에 이미 계량경제학 분야에서 노벨경제학상을 받았다. 그는 1944년생으로 한국 나이로 80세가 넘었으나 아직도 왕성한 체력과 지력으로 중요한 연구를 계속하고 있다. 그가 오랫동안 연구한 과제는 자녀 교육의 중요성에 관한 것이었다. 자유 민주주의와 자본주의 시장경제 체제에서 누구에게나 교육의 기회가 쉽게 주어진 것은 매우 귀중한 것이라고 했다.

헤크먼 교수가 지난 15년 이상 단독으로 연구한 과제는 자녀의 교육효과에 관한 것이었다. 자녀의 교육에는 집에서의 교육과 학교에서의 교육이 있지만 집에서의 교육은 부모가 가르치는 인성교육이고 학교에서의 교육은 학교 선생님의 지식교육이다. 학교에서 지식교육의 효과는 학교 선생의 교육 능력과 학생 자신의 인성에 달려 있다. 집안에서의 교육에 관하여 헤크먼 교수가 연구한 결과, 아이가 3살 때부터 초등학교 3학년 때까지 부모의 교육이 가장 효과가 크다고 했다.

여기서 우리가 생각해볼 것은, 자유 민주주의 국가에서는 모든 국민은 교육받을 자격이 있다는 사실이다. 누구든지 원하면 기술자가 될 수 있고 의사도 될 수 있다. 그리고 자본가도 될 수가 있고 지주나 건물 주인도 될 수 있다. 자유 민주주의 국가에서는, 그 어떤 누구도 이런 선택의 자유를 막을 수가 없다.

2. 확실성이 높은 인도의 경제발전

2024년 현재, 세계 인구는 81억 6,200만 명으로 세계은행의 통계에 잡혀 있다. 중국은 14억 2,000만 명이고 인도는 14억 5,000만 명이다. 인도 인구가 중국 인구보다 더 많아졌다. 중국 정부는 1가정 1명 자식을 권장한다고 하니 인도 인구는 머지않아 중국 인구보다 더 많아질 것이다. 그리고 인도는 자유 민주주의와 자본주의 시장경제 체제를 유지할 것이므로 향후 인도의 경제는 공산 중국보다 훨씬 빠르게 성장해 갈 것으로 보인다. 그리고 가장 인도에 유리한 것은 중국과는 다르게, 인도의 전 국민이 영어를 정확하게 구사할 수 있으므로 경제와 문화에 있어서 경제강대국들과 어깨를 맞대고 지낼 수 있는 시기가 빨리 다가올 것으로 예상된다.

특히 21세기에 들어와 새로운 냉전 시대를 맞은 상황에서 중국은 확실하게 공산주의 경제체제로 돌아섰다. 따라서 "중국은 세계의 공장이다."라는 시대는 이제 사라졌다. 그러나 인도는 자유 민주주의와 자본주의 시장경제를 추구하고 있어서 인도가 중국경제를 추월하는 것은 시간문제라고 인도 사람들은 생각하고 있다.

3. MPS가 주관하는 '대학생을 위한 자본주의 시장경제교육'

MPS 총회 때마다 청중이 특별한 관심을 가지고 듣는 토론회가 있다. 이 토론회는 대학생이 논문을 발표하면 청중이 듣고 질문을 하고 발표자가 답을 하는 세션이다. 청중은 주로 교수들이며 일반 지식인과 다른 분야의 전문가들도 있다. 이 토론회가 시작된 지 이제 10년을 넘었다. 이 토론회를 통하여 자본주의 시장경제에 대한 대학생들의 관심이 많고 그들의 식견도 꽤 높아졌으나 여전히 대학 신입생들은 칼 마르크스(Karl Marx: 1818~1883)가 1867년에 쓴 '자본주의(Das Kapital)'에서 자본주의(capitalism)는 자본가가 노동자에게 갈 임금을 착취한다는 주장에 관심이 많다.

그러나 20세기에 들어와 자유 민주주의 시장경제 체제에서 사용되는 자본주의 개념은 세계적으로 그 의미가 크게 달라졌다. 19세기 초반과는 다르게 누구든지 원하면 자본가가 될 수 있으며 투자자도 될 수 있다. 처음에는 소자본가로 시작하여 사업이 성공하면 자유시장경제 체제에서 대자본가도 될 수 있다. 대자본가가 된다고 해서 옆에서 말리는 사람도 없다. 그 대신 국내시장이든 세계시장에서든 불확실성과 투자의 위험성에 대해서는 항상 자본가나 투자자 당사자가 책임지는 것이다.

4. 청소년을 위한 자본주의 시장경제 교육의 강화

지난 30여 년 동안 정부산하의 KDI(한국개발연구원) 연구기관을 비롯하여 주요 언론기관과 대학에서 청소년을 비롯하여 대학생을 상대로 자본주의 시장경제의 장점을 가르쳐 왔지만, 별 효과를 내지 못하였다. 그 이유는 자본주의 시장경제, 사회주의, 공산주의의 개념을 아이들에게 확실하게 설명하지 않았기 때문이었다. 또 한편으로는 우리나라에서도 그동안 좌편향으로 기울어져 있는 정치인들이 많이 생겼기 때문이기도 하다.

그러나 누구라도 대한민국의 국민이라고 자처한다면 사회주의 개념과 공산주의 개념을 정확하게 알아야 한다. 그리고 '자본주의 시장경제'가 무엇인지 정확하게 알아야 한다. 그런데 다행히 많은 학생이 공산주의 사상은 싫어하더라도 사회주의 사상은 나름대로 근사한 개념이라고 생각한다. 그래서 결국 이들은 머지않아 자기 함정에 빠지는 것이다.

젊은 학생들과 대화를 해보면 그들이 아는 사회주의 개념은 공산주의 개념과 별개로 공존하고 있다고 믿고 있다. 그들의 생각은 이러하다. 사회주의 사회에서는 공공의 이익을 위해 정부가 통제하며 사회주의의 목표는 부의 재분배를 통해 사회적 불평등을 줄이는 것이라고 한다. 그러나 결국은 사회주의 사상이 공산주의 체제로 가기 위한 전 단계라는 사실을 모르고 있어서 문제가 되고 있다. 젊은이들은 아직 세상 경험이 부족해서 사회주의 개념을 잘 알 수가 없다. 그러나 21세기에 들어와 자유 민주주의 시장경제 체제를 버리고 사회주의 체제로 가면 모든 사람이 가난해질 것이며 결국 주변 사회주의 강대국의 속국이 되어버린다는 사실을 알아야 한다.

자본주의 시장경제 체제하에서는 누구든지 자본가가 될 수 있으며 지주도 될 수 있다. 생산자와 소비자 그리고 투자자도 자유시장을 통하여 자신의 만족을 충족할 수 있다. 그리고 옛날과는 달리 21세기에는 자유 민주주의와 자본주의 시장경제 체제를 갖추어야 굳건한 동맹국도 생기고 튼튼한 경제력도 가질 수 있게 된다.

대학생이라 하더라도 아직은 실제 경제 활동 경험이 없어서 자본가를 충분히 이해할 수 없으며 회사근무자의 입장도 정확히 알 수는 없다. 그러나 선배나 친척을 통하여 회사의 근무 상황이 어떤지 대충 짐작은 할 수 있다. 대학생들은 정부가 경제정책을 좀 더 잘하면 좋겠고 기업주는 종업원들에게 좀 더 후하게 대우해 주면 좋겠다고 생각할 것이다.

5. 실패할 수밖에 없는 사회주의(Socialism)

지난 9월 인도 뉴델리에서 열린 MPS 총회 기간 중 있었던 일이다. 서양에서 온 어느 교수가 자신의 강의 시간에 있었던 일화를 들려주었다. 그가 교실에서 학생들에게 민주적 사회주의(Democratic

Socialism)와 민주적 자본주의(Democratic Capitalism) 중에 어떤 것이 좋으냐고 물었더니 다수의 학생이 민주적 사회주의(Democratic Socialism)가 민주적 자본주의(Democratic Capitalism)보다 더 좋겠다고 해서 크게 당황했다고 했다.

이에 대하여 마크 스쿠젠(Mark Skousen) 원로 교수는 다음과 같이 대응하였다. 대학생과 청년들은 아직도 생각이 단순해서 단어 자체에 의미를 너무 많이 부여하기 때문이라고 했다. 보통 수준의 대학생들은 우선 Capitalism이라는 단어에 대하여 부정적인 견해를 가지고 있어서 '자본주의' 단어에 대하여 좀 더 자세한 설명을 해주어야 한다고 했다. 동서양을 막론하고 '자본주의' 단어가 나오면 학생들은 1867년 칼 마르크스가 쓴 'Das Kapital'에서 자본가는 노동을 착취하는 자로 자리매김을 했다는 사실을 기억하고 '자본주의 capitalism'은 무조건 나쁜 것으로 알고 있다. 그래서 우선 'Democratic Capitalism' 즉 민주적 시장경제 체제에서 'capitalism' 하면 자본가를 포함하여 모든 사람이 득을 얻을 수 있다고 설명할 것이 필요하며 종업원은 물론이고 기업 간부, 고객, 공급자, 투자자 그리고 지역사회 모두가 이익을 볼 수 있다는 사실을 학생들에게 설명해 주어야 한다고 했다. 우리나라 교수와 학자들도 지금 사용되는 "자본주의(Capitalism) 시장경제"와 붙어 있는 자본주의는 현대적 의미의 자본주의로 바꿀 필요가 있다.

현대적 의미의 "Capitalism" 개념에 대한 학생들의 의구심을 풀어주기 위하여 다음과 같은 설명을 할 수 있다. 우선 '민주적 사회주의'의 모순을 지적하는 것이다. 예컨대 미국 학교에서는 개인이 연간 필요한 생활비가 얼마인가를 물어본다. 지역에 따라 조금씩 다르겠으나 교실에 있는 학생들은 대충 연간 5만 달러가 필요하다고 가정해 본다.

그리고 민주적 사회주의 국가에서는 능력에 따라 일하고 필요에 따라 정부가 예컨대 5만 달러의 돈을 쓰게 해준다고 가정해 본다. 능력이 많은 사람은 5만 달러 이상의 돈을 벌어 쓸 수 있으나 5만 달러 이상 번 돈은 정부가 걷어 5만 달러를 벌지 못한 사람에게 필요한 만큼 차액을 나누어 주게 된다.

그러나 이런 봉급 시스템이 얼마 동안 유지될까? 처음엔 애국심을 가지고 능력이 많은 사람이 열심히 일해서 5만 달러 이상의 돈은 국가에 헌납할 수 있으나 이런 제도가 오래 지속될 수가 없다. 만일 모두가 될수록 적게 일하고 5만 달러를 얻고자 하면 조만간 모두가 못 살게 되는 것이 뻔하다. 이렇게 뻔한 이유로 Socialism이 오래갈 수가 없다는 것이다.

6. 자본주의 시장경제의 단점과 보완책

자유 민주주의, 시장경제 자본주의도 단점은 있다. 소득분배가 매우 나빠질 수가 있다는 것이다. 세계시장에서 경합을 벌이는 현재 상황에서 새로운 분야에 투자를 하기 위해서는 엄청난 규모의 자본도 계속 필요하다. 이 문제를 해결하기 위해서는 정부의 현명한 조세정책과 신규 투자 보조금 정책이 필요하다. 그러나 역시 자본가의 기발한 아이디어도 필요하다.

미국의 경우 자동차 산업을 크게 일으킨 헨리 포드(Henry Ford)의 운영 방법이 매우 유명하다. 1914년 포드 사장은 자동차가 불티나게 팔림으로써 큰돈을 벌게 되자 종업원에게 하루 5달러의 임금을 지급하였다. 그 당시 그 정도의 임금은 상당한 돈이었다. 그 돈이면 종업원 자신도 자동차를 살 수 있었다. 자신들이 만든 자동차를 실제로 타고 출퇴근을 할 수 있어서 종업원들은 너무도 기뻤다. 그래서 종업원들은 더욱 세심하고 꼼꼼하게 좋은 자동차를 생산할 수 있었다.

그러나 20세기 후반에 들어 국민의 소득 불균형이 점점 악화하고 있음을 주시하고 노벨경제학상을 받은 교수들은 민주적 자본주의도 개선이 꼭 필요함을 주장하고 있다. 이들 교수에 의하면 인간은 본능적으로 과도한 소득불균형을 싫어하기 때문이라는 것이다. 그러나 우리가 당면한 문제는, 사람의 본능은 정부의 권력이나 사회적 압력으로 고치기가 쉽지 않다는 것이다. 그래도 선진국의 유명한 기업주 중에는 과도한 소득불균형 문제를 자발적으로 풀어가고 있어서 매우 다행이다. 예컨대 미국의 회사 마이크로소프트(Microsoft) 스톡 옵션 (stock option) 제도를 둠으로써 기업주와 종업원들이 서로 win-win 하는 결과를 경험하고 있다. 마이크로소프트의 12,000명의 종업원이 모두 수백만 달러를 가진 부자가 되기도 하였다. 이런 회사들이 세계적으로 많이 나오면 이 지구는 좀 더 살기 좋은 곳이 될 것이 분명하다.

| 참고문헌 |

Becker, Gary S., and Guity Nashat Becker. 1997. *The Economics of Life*. New York: McGraw-Hill.

Boettke, Peter J. 2001. *Calculation and Coordination: Essays on Socialism and Transitional Political Economy*. London: Routledge.

Bohm-Bawerk, Eugen. 1984 [1898]. *Karl Marx and the Close of His System*. Philadelphia: Orion Editions.

Burns, Arthur F., ed. 1952. *Wesley Clair Mitchell: The Economic Scientist*. New York: National Bureau of Economic Research.

Clark, John Bates. 1895. "The Origin of Interest." Quarterly Journal of Economics 9 (April), 257-78)

Coase, Ronald H. 1976. "Adam Smith's View of Man." *Journal of Law and Economics* 19, 529-46.

Friedman, Milton, and Anna J. Schwartz. 1963. *A Monetary History of the United States, 1867-1960*. Princeton University Press.

_____, 1968. *The Invisible Hand in Economics and Politics*. Singapore: Institute of Southeast Asian Studies.

_____, and Rose Friedman.1998. *Two Lucky People*. Chicago: University of Chicago Press.

Gordon, Robert J. 1974. Milton Friedman's Monetary Framework. Chicago: University of Chicago Press.

Hayek, Friedrich A. 1975. *Monetary Theory and the Trade Cycle*. New York: Augustus M. Kelly.

_____, 1979. *A Tiger by the Tail: The Keynesian Legacy of Inflation*. Washington, DC: Cato Institute.

Hobbes, Thomas. 1996 [1651]. *Leviathan*. New York: Oxford University Press.

Keynes, John Maynard. 1973 [1936]. *The General Theory of Employment, Interest and Money*. London: Macmillan.

Kirzner, Israel. 1973 [1936]. Competition and Entrepreneurship. Chicago: University of Chicago Press.

McCloskey, Deirdre. 1998. *The Rhetoric of Economics*, 2d ed. Madison: University of Wisconsin Press.

Marx, Karl, and Friedrich Engels. 1964 [1848] The Communist Manifesto. New York: Monthly Review Press.

Menger, Carl. 1976 [1871]. Principles of Economics, trans. James Dingwall and Bert F. Hoselitz. New York: New York University Press.

Mises, Ludwig von. 1966. Human Action, 3d ed. Chicago: Regnery.

1980 [1952]. *Planning for Freedom*, 4th ed. Spring Hill, PA: Libertarian Press.

Montesquieu. 1989 [1848]. The Spirit of the Laws. Cambridge: Cambridge University Press.

Ricardo, David. 1876. Works of David Ricardo. London: John Murray.

Rothbard, Murray N. 1970. *Power and Market: Government and the Economy*. Menlo Park. CA: Institute for Humane Studies.

_____, 2002. "Milton Friedman Unraveled." Journal of Libertarian Studies 16:4 (Fall), 37–54. Reprinted from *The Individualist* (1971).

Samuelson, Paul A. 1962 "Economists and the History of Ideas." Vol. 2. American Economic Review 52: 1 (March), 1–18.

_____, 1966. Collected Scientific Papers of Paul A. Samuelson. Vol.2. Cambridge. MA: MIT Press.

Schumpeter, Joseph A. 1934. *The Theory of Economic Development*. Cambridge, MA: Harvard University Press.

Skousen, Mark. 1990. *The Structure of Production*. New York: New York University Press.

_____, 2008. EconoPower: *How a New Generation of Economists Is Transforming the World*. New York: Wiley & Sons.

Smith, Adam. 1965 [1776]. *The Wealth of Nations*. New York: Modern Library.

Smith, Vernon L. 1987. "Experimental Methods in Economics." In the New Palgrave: *A Dictionary in Economics*, vol. 2, 241–49, London: Macmillan.

Stigler, George. 1941. *Production and Distribution Theories*. New York: Macmillan.

_____, 1966. The Theory of Price. 3d ed, New York: Macmillan.

Viner, Jacob. 1965. "Guide to John Rae's Life of Adam Smith." In John Rae, *Life of Adam Smith*. New York: Augustus M. Kelley.

1977년 시카고 대학교에서 김인철 씨를 처음 만났을 때, 그는 이미 신생 아시아 유학생들에게 정보의 중심지로 인정받고 있었습니다. 그는 저보다 약 2년 먼저 학업을 시작했으며, 당시 경제학부 교수진 사이에서는 이미 잘 알려진 인물이었습니다.

우연히 김인철씨와 저는 게리 베커 교수님의 가격 이론 강의에 함께 참석했습니다. 그때 베커 교수님은 1977년 시카고 대학교를 떠나 스탠퍼드 대학교 후버 연구소에 합류했던 밀턴 프리드먼 교수님을 자주 언급하셨습니다. 그 이후로 김인철 교수와 저는 절친한 친구로 지내고 있습니다.

베커 교수님의 추천으로 김인철 교수와 저는 몽펠랭협회(Mont Pelerin Society) 회원이 되었고, 지난 20년 동안 거의 매년 MPS 회의에 참석해 왔습니다. 말할 필요도 없이 MPS는 프리드리히 하이에크와 밀턴 프리드먼에 의해 처음 설립되었습니다. 베커 교수님은 프리드먼 교수님의 뒤를 이어 MPS 회장이 되셨습니다.

제가 아는 한, 김인철 교수는 미국에서 강의를 하다가 일찍 한국으로 돌아와 교수가 되었습니다. 교수가 되기 전에는 정부 지원으로 운영되는 Korea Development Institute(한국개발 연구원)에서 한국 경제 정책에 대한 광범위한 연구를 수행했습니다. 최근에는 유튜브에 중요한 경제 관련 에세이들을 한국어로만 제공했습니다. 그러나 다행히 이번에는 그 내용을 영어로 번역하여 해외 독자들을 위한 책으로 출간했습니다. 이 책이 한국 경제만 아니라 국제 정치에 대한 폭넓은 이해를 제공하기를 기대합니다.

나고야 대학 명예교수, 유코 아라야마

(미국 시카고 대학교 경제학 박사 취득)

　　김인철 교수는 스승인 미국 시카
고 대학의 밀턴 프리드먼 교수의 자
유주의 시장경제 사상을 이어받아
그동안 자유시장경제의 장점을 알리
는 데에 주력해 왔다. 1947년 창립
된 자유주의 시장경제 학자들의 모
임인 몽펠르랭 소사이어티(MPS)에
서 정회원과 임원으로 있으면서 자
유 시장경제 성과 확산에도 큰 역할
을 했다. 최근 들어 자유시장경제 체제는 중국과 러시아 등 정부개입
을 늘리려는 국가들로부터 다양한 도전을 받고 있다. 본서는 그동안
김 교수가 유튜브 방송과 언론에 기고한 자유시장경제 관련 원고들
을 모은 것이다. 경제학 전공자는 물론 일반 독자들이 자유주의 시장
경제 체제의 성과와 최근의 도전을 이해하는 데에 있어 많은 도움을
줄 것으로 기대한다.

연세대학교 명예교수, 김정식 경제학 박사

(미국 Claremont 대학교 경제학 박사학위 취득)

김인철 성균관대 명예교수는 성균관대학교 출판부를 통하여 새 책을 출간하였다. 김 교수는 지난 2년 전부터 1년 동안 유튜브에 올린 내용을 다소 수정하여 책으로 만들었다. 김인철 교수는 한국인 최초로 시카고대학 경제학과에서 박사학위를 받았다. 김 교수는 성균관대학에서 재직하면서 스승인 시카고대의 밀튼

프리드만이 주장하는 자유시장경제에 대한 연구를 꾸준히 해 왔다. 이 번 책은 그 결정판이라 할 수 있다. 자유주의, 민주주의 그리고 자유시장의 개념과 그 유래를 심도있게 설명하였다. 책의 핵심은 경제학의 양대 산맥인 시카고학파와 오스트리아학파를 주도한 경제학자들의 학술적 공헌을 명쾌하게 비교했다는 것이다.

한편 2008년 글로벌 금융위기 전개 과정과 그 영향을 소개하면서 자유시장경제의 문제점도 지적하고 있다. 그 밖에 영국의 유럽연합 탈퇴, 러시아의 우크라이나 침공 등 국제적인 문제들, 그리고 한국의 안보 문제들도 체계적으로 분석하였다. 이 책을 통하여 독자들, 특히

젊은 학생들에게 앞으로 세계가 어떻게 달라질 것인가를 그려보는데 많은 도움이 될 것이다.

홍익대학교 명예교수, 백승관 경제학박사

(미국 Berkeley 대학교 경제학 박사학위 취득)

Liberal Democracy and
Free Market Economy in Korea
자유민주주의와 시장경제

초판 1쇄 인쇄 2025년 11월 26일
초판 1쇄 발행 2025년 11월 28일

지은이 김인철
펴낸이 유지범
책임편집 신철호
편집 현상철 · 구남희
마케팅 박정수 · 김지현

펴낸곳 성균관대학교 출판부
등록 1975년 5월 21일 제1975-9호
주소 03063 서울특별시 종로구 성균관로 25-2
대표전화 02)760-1253~4
팩스밀리 02)762-7452
홈페이지 press.skku.edu

© 2025, 김인철

ISBN 979-11-5550-677-6 93320